侯会 著

诸子百家

ZHU ZI
BAI JIA

讲给孩子的国学经典

（三）

生活·讀書·新知 三联书店

Copyright © 2020 by SDX Joint Publishing Company.
All Rights Reserved.

本作品版权由生活・读书・新知三联书店所有。
未经许可,不得翻印。

图书在版编目(CIP)数据

讲给孩子的国学经典.第三册,诸子百家/侯会著.—北京:
生活・读书・新知三联书店,2020.8 (2023.6重印)
ISBN 978 – 7 – 108 – 06832 – 3

Ⅰ.①讲… Ⅱ.①侯… Ⅲ.①国学-青少年读物②先秦哲学-通俗读物
Ⅳ.① Z126-49 ② B22-49

中国版本图书馆 CIP 数据核字(2020)第 060923 号

责任编辑	王海燕
装帧设计	蔡立国
责任校对	常高峰
责任印制	董 欢
出版发行	生活・讀書・新知 三联书店
	(北京市东城区美术馆东街22号 100010)
网 址	www.sdxjpc.com
经 销	新华书店
印 刷	北京隆昌伟业印刷有限公司
版 次	2020年8月北京第1版
	2023年6月北京第2次印刷
开 本	635毫米×965毫米 1/16 印张 19.75
字 数	210千字 图36幅
印 数	10,001-13,000册
定 价	48.00元

(印装查询:01064002715;邮购查询:01084010542)

目录

总序　该不该学点国学 / 1
前言　诸子先秦竞自由 / 7

辑一　《老子》：言尽五千，上善若水
老子姓什么 / 1
"道可道，非常道" / 3
百姓是草编狗吗 / 5
"反"是道的灵魂 / 8
"大器晚成，大音希声" / 11
车毂、瓦罐：空有空的用处 / 14
"绝圣弃智""见素抱朴" / 17
"上善若水""柔之胜刚" / 19
老子是阴谋家吗 / 21
"无为"不是当甩手掌柜 / 23
为啥说"治大国若烹小鲜" / 25
"损有余而补不足"的天道 / 28
"民不畏死"是啥信号 / 30
华夏反战第一人 / 32

【文摘一】
　　善为士者不武（《老子》）/ 35
　　用兵有言（《老子》）/ 35
"小国寡民"绘蓝图 / 36
道家、道教有分别 / 38

辑二 《庄子》：鹏飞万里，蝶梦庄生

庄周与《庄子》/ 40
附录：
　　《庄子》目录 / 42
《逍遥游》：鲲鹏展翅待高风 / 42
可悲的知了与朝菌 / 45
五石的大葫芦能干啥 / 48

【文摘二】
　　不龟手之药（《庄子》）/ 50
逍遥树下：没用才是大用 / 51
"沉鱼落雁"，原来如此 / 53
庄周梦蝶还是蝶梦庄周 / 55
《养生主》：屠宰的艺术与哲学 / 58
《大宗师》：相忘江湖，等同生死 / 62

【文摘三】
　　人相忘乎道术（《庄子》）/ 65
　　安时而处顺（《庄子》）/ 66
《应帝王》：巫咸相面与浑沌之死 / 66

制轮工匠也知书 / 68

《秋水》：当河伯遇到海若 / 71

四海如蚁穴，中国似粟米 / 73

【文摘四】

  四海之在天地之间（《庄子》）/ 75

"坎井之蛙"与"邯郸学步" / 76

濠梁鱼乐有谁知 / 79

蜗牛角上称大王 / 81

"涸辙之鲋"与"得鱼忘筌" / 84

任公子钓鱼："小说"一词由来 / 86

庄子说剑：利剑三把任你选 / 89

"舐痔得车"与"龙颔探珠" / 92

《天下》篇：道术方术，以儒为宗 / 94

庄子"三言"：为啥有话不好好说 / 97

《庄子》又是成语宝库 / 99

附：《列子》：一部备受称赞的伪书 / 101

杞人忧天有深意 / 101

"愚公移山"与"扁鹊换心" / 104

"纪昌学射"与"小儿辩日" / 107

辑三 《墨子》：兼爱非攻，节用尚俭

墨子与墨家 / 109

  附录：

    《墨子》目录 / 112

《墨子》五十篇,"兼爱"光不灭 / 113

楚王爱细腰,齐宫多恶衣 / 115

【文摘五】

  晋文公好恶衣(《墨子》)/ 117

"兼"与"别"的辩证 / 118

【文摘六】

  寄家室于何人(《墨子》)/ 120

《非攻》:旗帜鲜明的反战宣言 / 120

墨子义责公输盘 / 123

救宋功臣无处避雨 / 126

反战是最大的"节用" / 129

"节葬"易俗,死生之利 / 132

《非命》:墨子不认命 / 135

墨家逻辑:两害相权取其轻 / 137

《经》与《经说》:科学原理早知道 / 139

"城守"诸篇:军事科学开先河 / 141

辑四 《荀子》:劝学辩性,兼及儒法

荀子其人其书 / 144

  附录:

    《荀子》目录 / 147

《劝学》篇:青出于蓝,登高望远 / 147

"积善成德,神明自得" / 150

【文摘七】
　　肉腐出虫，鱼枯生蠹（《荀子》）／ 153
尊师隆礼，君子贵全／ 153
【文摘八】
　　君子之学与小人之学（《荀子》）／ 156
咄咄逼人的《非十二子》／ 156
《性恶》篇：人性善恶，挑战孟子／ 159
对付"人性恶"的撒手锏／ 162
荀子骂谁"猪狗不如"／ 165
"僧多粥少"怎么办／ 167
【文摘九】
　　不同而一（《荀子》）／ 169
荀子主张"法后王"／ 170
【文摘一〇】
　　俗儒（《荀子》）／ 172
荀子侃侃话秦国／ 173
【文摘一一】
　　荀子答范雎问（《荀子》）／ 175
《成相》篇：打起"相"鼓唱起歌／ 176
《赋》：荀子的谜语你猜到了吗／ 179

辑五　法家流脉远，韩非集大成
儒家先生教出法家学生／ 182
管子：仓廪实则知礼节／ 183

"四维不张，国乃灭亡" / 186

"画卵雕薪"与"百年树人" / 189

法家人物：从李悝到商鞅 / 191

重农愚民，君主至上 / 194

韩非的悲剧人生 / 197

附录：

《韩非子》目录 / 199

《五蠹》：揭开"禅让"的秘密 / 199

烈火熔金，大盗缩手 / 202

驱除儒侠，以法为教 / 205

"五蠹"不除，后果严重 / 208

【文摘一二】

五蠹之害（《韩非子》）/ 211

《韩非子》里"数字"多 / 212

《说林》：韩非的"卡片箱" / 215

"纣为象箸"与"隰子止伐" / 219

"伯乐授徒"与"三虱争讼" / 222

梦见灶头是啥征兆 / 225

"亡其半"与"三人成虎" / 228

"掩袖工谗"与"炙上绕发" / 231

"皇帝新衣"有中国版 / 234

公仪休的"吃鱼哲学" / 237

【文摘一三】

郢书燕说（《韩非子》）/ 240

郑人买履(《韩非子》) / 240

　　宋人酤酒(《韩非子》) / 241

辣手撰文抒"孤愤" / 241

辑六　杂家推《吕览》，兵书地位高

名家惠施多怪论 / 244

"白马非马"说公孙 / 245

阴阳家：邹衍创立"五行"说 / 248

天下九州：足不出户的"地理大发现" / 250

合纵连横，苏秦、张仪 / 253

杂家名著《吕氏春秋》 / 255

半抄半纂的《吕览》 / 258

吕氏与你探讨养生之道 / 260

曲歌"候人"，琴听山水 / 263

《吕览》中的寓言 / 266

【文摘一四】

　　疑人偷铁(《吕氏春秋》) / 269

　　刻舟求剑(《吕氏春秋》) / 269

　　掩耳盗钟(《吕氏春秋》) / 270

　　三豕涉河(《吕氏春秋》) / 270

　　荆人遗弓(《吕氏春秋》) / 271

　　子罕之宝(《吕氏春秋》) / 271

《淮南子》：汉代的杂家典籍 / 272

兼容百家，颇多神话 / 274

【文摘一五】
  女娲补天(《淮南子》)／277
"杂家"一门笔记多／278
农家著述有残篇／279
"医家"属子部,"类书"卷帙繁／281
不入流的小说家／283
哪些作品可称"小说"／285
《孙子兵法》,"庙算"决胜／287
"不战"是兵家的最高境界／290
时移世变,兵书留痕／293

总序 该不该学点国学

一

孩子们要不要学一点国学？常有朋友提出这个问题。就让我们看看什么是"国学"吧。

"国学"一词有二义。最早是指设在京城的太学（又叫"国子监"），等同于帝制时期的"中央大学"。到了近代，"国学"又成为中国传统学术文化的统称。这后一义的产生和使用，是与清末"西学东渐"的大趋势分不开的。

那时国门半开，许多人对外来文化不无抵触情绪，于是便有了"临潼斗宝"式的反应：你有西医，我就祭起"国医"（中医）；你展示西画，我就挑出"国画"；你唱西洋歌剧，我就敲起"国剧"（京剧）的锣鼓；你有拳击，我就报以"国术"（中华武术）……西来学术统称"西学"，中国传统学术就称作"国学"。然而"不打不成交"，两种文化经过比拼较量，在众多领域形成中西合璧、互生互补的良性文化生态，这又是人们始料未及的。

时至今日,"国学"已定格为传统学术的同义语。宽泛地讲,这个"大筐"里无所不装:"四书五经"、诸子百家、"二十四史"、医方兵书、诗文小说……几乎所有的传统典籍,都成为国学研究的对象。

二

也常听到不同的意见:都什么时代了,还搬出这些"陈谷子烂芝麻"来"难为"孩子?持此论者,不妨听听钱穆先生的一席话。

钱穆是当代著名的历史学家,他在《国史大纲》一书开篇说:"任何一国之国民,尤其是自称知识在水平线以上之国民,对其本国已往历史,应该略有所知。"在"略有所知"的同时,尤其要"附随一种对其本国已往历史之温情与敬意"。

这种"温情与敬意",表现为"至少不会对其本国已往历史抱一种偏激的虚无主义(即视本国已往历史为无一点有价值,亦无一处足以使彼满意),亦至少不会感到现在我们是站在已往历史最高之顶点(此乃一种浅薄狂妄的进化观);而将我们当身种种罪恶与弱点,一切诿卸于古人(此乃一种似是而非之文化自谴)"。钱穆认为,只有明白这一点的人越来越多,这个国家才有向前发展之希望。

类似的话,大学者陈寅恪先生也说过。他认为,我们对祖先及本民族的历史,应秉持一种"了解之同情"。

三

朱自清先生是现代散文大家,他也主张学国学吗?——不但积极提倡,还身体力行,写过一本《经典常谈》,为年轻读者引路。谈到写书的缘起,他说:传统教育专注于"读经",固然失之偏颇;不过终止"读经教育",并不等于取消"经典训练"——那应是"中等以上的教育"中"一个必要的项目"。而"做一个有相当教育的国民",至少应对本国经典"有接触的义务"。

《经典常谈》以作品为纲,依次介绍了《说文解字》、《周易》、《尚书》、《诗经》、"三礼"、"《春秋》三传"、"四书"、《战国策》、《史记》、《汉书》等;另有"诸子""辞赋""诗""文"等篇,因涉及作品太多,只能笼统言之。——朱先生在书中没提"国学"这个字眼儿,但这本小册子所划定的,正是国学经典的范畴。

书以"常谈"为名,我理解,便是以聊天的口吻、通俗的语言,把艰深的学术内容传达给读者;是"切实而浅明的白话文导言","能启发他们(指读者)的兴趣,引他们到经典的大路上去"(朱自清《经典常谈·自序》)。

大教育家叶圣陶先生称赞朱先生这种"嚼饭哺人的孜孜不倦的精神",并打比方说,读者如同参观岩洞的游客,朱先生便是向导,"自己在里边摸熟了,知道岩洞的成因和演变",在洞外先向游客讲说一番,使游客心中有数,"不至于进了洞去感到迷糊"(《重印〈经典常谈〉序》,三联书店1980年)。

四

我年轻时每读《经典常谈》,常生感慨:一是省悟大师的白话散文如此优美,应与他蓄积深厚的国学功底密切关联;二来又感到遗憾——书的篇幅不长,正读到繁花似锦处,却已经结束了。

我日后动手撰写《中华文学五千年》(后更名为《讲给孩子的中国文学经典》),便是受朱先生《经典常谈》的感召与启发。书稿中除了对历代文学家做概括介绍,也挑选一些诗文辞赋、小说戏曲的代表作,予以讲解。——明眼的朋友还能从行文中看出对《经典常谈》的学习与模仿。

我的这套小书(包括不久后续撰的《世界文学五千年》,即《讲给孩子的世界文学经典》)问世二十七年,先后在大陆和台湾多家出版社再版,总数达二十多万套(四十余万册),可见即便不是大师之作,青少年学子对此类书仍是有需求的。

只是这套书的内容局限于文学,对经史、诸子着墨不多。几年前,有位出版界的朋友笑着问我:有没有新设想,把"文学经典"扩展到经学、史学、哲学、伦理等方面,写一套《讲给孩子的国学经典》?——我听了不禁心动:那正是《经典常谈》所"谈"的范畴。

然而国学典籍浩如烟海,又该从何谈起呢?我想到了《四库全书》。那是清代乾隆年间按"经、史、子、集"四部分类法编纂的一套大型丛书,尽管存在着这样那样的问题,但该丛书收入了有较高文化价值的传统典籍三千五百余种(连同存目部分，超过万种），在保护、传承传统文化典籍方面，功不可没。

受此启发，我把《讲给孩子的国学经典》分为"儒家经典"（经）、"史书典籍"（史）、"诸子百家"（子）和"文集诗薮"（集）四个分册；从《四库全书》的四部中分别选取十几部乃至几十部经典之作，对各书的作者、内容、主题、艺术做概括介绍，并精选其中有代表性的篇目或片段，做出详注简析；另又采用"文摘"形式，力图把尽量多的精彩内容呈献给孩子们。

有大师开创的"常谈"模式，加上此前编写"文学经典"的点滴体验，本书秉承的仍是一如既往的形式和风格：不端"架子"，不"转（zhuǎi）文"，力求让严肃的经典露出亲切的笑容，使佶屈聱牙的文字变得通俗入耳，在古老经典与年轻读者之间搭起一座畅行无碍的桥梁……

撇开"训练""教育"这些略显沉重的字眼儿，年轻的朋友（还包括各年龄段的读者）完全可以抱着轻松好奇的态度来翻阅——好在不是侦探小说，不必一行不漏地从头读起；对哪册感兴趣，有需求，便可读哪册。也不妨翻到哪里，就从哪里读起。我深信，经典是有"磁性"的，以其自身的丰富、优美、睿智、理性、深邃，总能吸引到你。你也很容易发现，当个"有相当教育的国民"，承担对本国经典"接触的义务"，其实一点也不难，眼下的阅读，便是"现在进行时"。

顺带说到，本书所引古代诗文，以目前通行的版本为依据。注释及译文凡有歧义处，也尽量采用较权威的说法，恕不一一列出，特此说明。

前言
诸子先秦竞自由

"礼崩乐坏",诸子登场

这是《讲给孩子的国学经典》的第三册,介绍与"经""史"并立的"子部"经典,以先秦诸子为主。

"诸子"既指人,也指他们的著作。如提到老子,是指老聃这位先贤,也可指他的著作《老子》。其他墨子、庄子、荀子、列子也莫不如是。——与"经""史"相似,诸子同是中华文化的瑰宝,是每个中国人一生中不可不读的经典。

周朝本来是大一统江山,分封诸侯、制礼作乐,制度完备、文化统一。然而进入春秋时代,周天子的天下共主地位已名存实亡,诸侯各自为政,强者称霸,没人再理会礼制王法。所谓"王纲解纽,礼崩乐坏",说的就是当时的情景。

政治控制的松弛,引来思想文化的"井喷"。在这场来势汹涌的思想大潮中,"士"阶层迅速崛起——士本来属于贵族的最低一级,又有文士、武士之分。不过后人提到士,多半指文士,有点类似今天的知识分子。

士往往具有某一方面的知识和专长,受君王贵族的供养,食人之禄，忠人之事。然而时移势易，主子坍台，本来依附于贵族的士，倒也因祸得福，获得驰骋的空间，得以八仙过海，各显神通。或游说求官，或授徒教学，当然也有混得不济，沦为引车卖浆之流的。

一方面，身份的变更，催生了独立的人格和自由的思想；竞争的激化，又需要他们不断砥砺学问、磨炼本领。士人各逞才智、标新立异，纷纷提出自己的学说主张：有提倡仁政的，也有主张法治的；有倡言守旧的，也有力主革新的；有积极入世的，也有明哲保身的；有身体力行的，也有夸夸其谈的……战国时齐国稷下学宫百家争鸣的盛况，就是这场文化解放的象征！

另一方面，诸侯在弱肉强食的兼并混战中，也悟出"不为刀俎，即为鱼肉"的生存铁律，急需有才智之士替自己出谋划策，以求逃厄运、得生机。也只有此刻，君主们才真正意识到"选贤举能"不只是一句漂亮话！——面对"学得文武艺，货与帝王家"的士，两者可谓一拍即合。

作为士中的佼佼者，诸子就是在这样的背景下，走上了历史舞台。

"九流十家"是怎么回事

"诸子"这个概念可大可小。因著书立说而留名后世的先秦学者何止百人，说"百家"，并非夸大其词。不过真正形成流派产生影响的，却只有几十家。学者又从中遴选出十家作为代表，即所谓"九流十家"。

替诸子做总结的是汉代人。西汉史官司马谈（？—前110）是《史记》作者司马迁的父亲，他首次提出"诸子六家"的说法，乃是阴阳家、儒家、墨家、名家、法家和道家（《论六家要旨》）。

至西汉末年，刘向、刘歆父子编写《别录》《七略》，将图书分为六类："六艺略""诸子略""诗赋略""兵书略""术数略""方技略"。其中"诸子略"便是对诸子著作的大检阅。内中又涵括十家，依次为儒家、道家、阴阳家、法家、名家、墨家、纵横家、杂家、农家和小说家。——东汉班固著《汉书》，依《七略》撰为《艺文志》（下称"汉志"），保留了"十家"的格局，不过班固认为小说家不入流，因而有了"九流十家"的说法。

最早改用经、史、子、集四部分类法的，是《隋书·经籍志》（下称"隋志"）。其中"子部"全盘接收了六分法中的"诸子略"，又有所增益。其"子部"下分为十四类：儒、道、法、名、墨、纵横、杂、农、小说、兵、天文、历数、五行、医方。

那么到了《四库全书总目提要》（以下简称《四库总目》）中，"子部"又有何变化？仍分十四类，内容却有不小变化，依次是儒、兵、法、农、医、天文算法、术数、艺术、谱录、杂、类书、小说以及释、道。

我们注意到，"汉志""隋志"中独立的"名""墨""纵横""阴阳"四家不见了，分别并入《四库总目·子部》下面的"杂家""术数"等类中。至于《四库总目·子部》中的"艺术""谱录""类书"三类，则是新添门类。此外，"释类"也是新添的——在"隋志"中,"佛经"与"道经"是作为附录,附于四部典籍之后的。

本书的讲解,拟以先秦诸子为主,依各家兴盛的时间先后排列,同时兼顾《四库总目·子部》所列门类,各做扼要介绍。

轻轻松松听故事

本书在写作上,仍然遵循几条自拟的原则。

一是有话则长,无话则短。如《老子》《庄子》《墨子》《荀子》《韩非子》等,都是重要的诸子经典,在本书中各用一辑的篇幅介绍。余下各家,则总为一辑,一并介绍。

二是内容取舍,兼顾理、趣。诸子之作属哲学范畴,理论阐释多,一些玄而又玄的论述、似是而非的术语,充斥其间。本书在介绍这类内容时,尽量取精择要、删繁就简,以能申明诸子观点为度,避免连篇累牍的枯燥引述。凡有征引,必有注释解说,务求平实明了。当然,诸子说理又有具体生动的一面,多以历史故事、寓言传说相佐证。本书对此每有引述,以增阅读之趣。

三是在叙述语言上,仍保持前书的特点,追求平易,多用口语,力避"学术腔",努力营造围炉夜话的亲切氛围。

旧时北京天桥撂地摊耍把式的有句开场白:"光说不练假把式!"——多说无益,就请各位打开书本,国学课开讲啦!

辑一 《老子》：言尽五千，上善若水

老子姓什么

道家学派的创始人是老子——可不是"老子天下第一"的那个"老子"，而是姓"老"名"聃"的这位先生。

也有人认为，老子姓李名耳，"聃（dān）"是他的谥（shì）号——"谥号"是古代名人显贵死后被授予的名号。"聃"字本义是耳朵又长又大，替老子造像的画师可别忘了这一点。至于那个"老"字，应是尊称。

老子是春秋时期楚国苦县（今河南鹿邑）人，大约生于公元前571年，比孔子年长二十来岁。相传他在周王室的图书馆做典守官（"周守藏室之史也"），有条

老子

件读尽天下典籍，他的学识修养也就无人能比，要不怎么孔子也去向他请教呢！

后来周室衰颓、内乱不断，图书典籍也散失了不少。老子深感失职，索性辞官不做，骑了青牛出函谷关，准备西游。——把守函谷关的令尹名叫喜，早就闻知老子的大名，拦住他说：您干吗不写点东西留下来呢？

老子也早想把自己对世事和人生的思考记录下来，"乃著书上下篇，言道德之意五千余言"。这五千字的大作，就是我们见到的这部《老子》，又叫《道德经》。

若在今天，五千字的文章都不好意思拿出手。可老子写下的这五千字，被后世学者研究了两千多年，也还是没有钻研透！这下你该明白人们为什么尊崇老子，连孔子也对他佩服得五体投地了！

据司马迁在《史记》中记载，孔子到洛邑"问礼于老子"，老子回答：您问的这些东西有点过时啊，那些讲求"礼"的圣人，连骨头都烂没了，只留下些言词罢了。君子赶上好时机呢，就乘高车、做大官；赶不上机会呢，就像蓬草一样，被风吹到哪儿就落到哪儿算了。我听说，高明的商人把宝货藏起来，总像一无所有的样子；高尚的君子修养深厚，表面上却大智若愚。您啊，要去掉傲气和欲念，收起踌躇满志和想入非非，这些都无益于人的身心。这就是我要告诉您的。

老子送孔子出门时，又找补说：我听说富人送人钱财，仁人送人善言。我不富有，但还算个仁人，就送您两句善言吧：喜欢议论别人的，无疑是耳聪目明、明察秋毫，可离死就不远了；爱揭别人短的，能言善辩、无所不知，但就要陷入危险了。您的生命不是自己的，是爹妈给的；您的生死也不由自己决定，因为还有君王呢。您好自为之吧！

老子说话坦率，显然没把孔子当"外人"。那么孔子对老子又怎么看呢？离开老子后，孔子对弟子说：我知道鸟是能飞的，鱼是能游的，野兽是能跑的。能跑的可以拿网兜住，能游的可以用线钓起，能飞的可以使箭射下。至于龙这种神物，我却搞不清它是怎么乘着风云飞上天的。今天见到老子才明白：他就是龙啊！

司马迁生活在汉武帝时期，儒家的独尊地位刚刚确立。在此之前，西汉统治者更重视"黄老（黄帝和老子）之术"——我们看司马迁的记述，还带着明显的"扬道抑儒"的倾向，这在一定程度上，还是受社会思潮影响的结果吧。

"道可道，非常道"

《老子》一书最早不分章。在长沙马王堆汉墓中出土的帛书《老子》，就是连片抄写，一气呵成的。

不知从何时起，五千言被分成八十一章。各章长短不一：长的一两百字，短的只有二十几字。全书又以三十七、三十八章为界，分为上、下两篇。上篇称"道经"，下篇称"德经"。——不过汉墓帛书《老子》却是"德经"在前，"道经"在后的。

上篇称"道经"，自然从"道"谈起。——"道"的本义是道路，也常用来借指某种思想主张或事物的发展规律。主张和规律也是道路，只是眼看不见、脚踩不到罢了。

不过在老子这里,"道"有着更丰富的含义:它既是宇宙万物的本原,又是万物发展的动力和规律,其中也包括人类的行为准则。总之,天地万物都由"道"创造并支配着,它潜力无边、动力无限,无所不在又玄妙无比,难以捉摸!

且看第一章的前半段:

道可道,非常道;名可名,非常名。无名天地之始,有名万物之母。(一)

◎道:这里有名词(道理)和动词(讲说)的不同用法。
◎名:这里有名词(名称,名号)和动词(命名,描述)的不同用法。

元代书法家赵孟頫书写的《道德经》

这开头六个字里,出现了三个"道"字。第一个和第三个,是名词的"道";中间一个则是动词,有"言说"之意。这两句翻成白话便是:可以用言词来讲说的"道",都不是"常道"。——"常道"是指永恒不灭的"道",也就是老子所说的难以捉摸的"道"。

以下"名可名,非常名",句式与前句相同,意思是:事物的名称若可用语言来描述,便不是永恒的名称（"常名"）。——这个"常名"的内涵，也仍是指玄妙的"道"，区别在于"名"是表，"道"是里。

"道"无法解说、无以名状，然而它却孕育了天地万物。天地万物都是可以名状（即描述）的，而孕育了它们的"道"却无以名状。因而老子又说："无名天地之始，有名万物之母。"无以名状的"道"是天地万物的本原，它孕育了可以名状的万物，因而成为万物之母——有形源于无形，这就是我们常说的"无中生有"吧？

这第一章的下半段是：

> 故常无，欲以观其妙；常有，欲以观其徼。此两者同出而异名，同谓之玄。玄之又玄，众妙之门。（一）

◎徼（jiào）：边际。◎玄：玄妙深奥。

这里仍是围绕"无"和"有"来谈，说要常常把握"无"，用以观照"道"的幽深玄妙；又要常常把握"有"，以观照"道"的范围和边际。"无"和"有"是同一个源头（都源于"道"），只是名称不同罢了。两者同样可以用"玄"来描述，玄而又玄，天下一切变化之妙，都从"道"这扇门中诞生出来！——这话可真够"玄"的！

百姓是草编狗吗

孔子不大迷信鬼神，曾说过"敬鬼神而远之"的话；虽然偶然也提"天命"，实际上更重视人事。老子同样不迷信天地鬼神，例如他说：

> 天地不仁，以万物为刍狗；圣人不仁，以百姓为刍狗。天地之间，其犹橐籥乎？虚而不屈，动而愈出。多言数穷，不如守中。（五）
> ◎刍狗：用草扎成的狗，供祭祀时摆放。◎橐籥（tuóyuè）：风箱，冶炼时用以鼓风助燃。橐，以牛皮制成的气囊。籥，与橐连接的吹风竹管。◎不屈：不竭。动：鼓动。愈出：指鼓动空气不断吹向火焰。◎多言：指政令烦苛。数穷：加快失败。数，通"速"。守中：守冲，持守虚静状态。也有人说，"中"即"道"。

前两句说：天地没有仁心、无所偏爱，看待万物如同祭祀用的草编狗，用毕就扔掉了，哪里有什么生死牵挂？圣人也没有仁心，把百姓看作祭祀用的草编狗，任其自生自灭，同样无所挂怀。

在儒家经典里，"不仁"是十分严重的指责。孟子转述孔子的话说，统治的道路只有两条，"仁与不仁而已"。"不仁"就是残暴地对待百姓，程度严重的，将导致"身弑国亡"；不严重的也会"身危国削"。（《孟子·离娄上》）——那么老子所说的"不仁"，也是这样讲吗？当然不是。

老子所说的"天地不仁"，只是说"天地"乃客观的自然存在，并没有人类的情感，也不存在神的意志。万物只是在天地间循着自然法则（"道"）产生并发展罢了。而"圣人"秉承"道",当然也不必对百姓及万物格外施爱——有了"仁爱",必然会有干预,一干预,也便破坏了自由发展的规律,违背了"道"的"无为"原则。

老子又说:天地之间就像冶炼时用的鼓风皮囊("橐籥"),中间是空虚的。这个空可不是荡然无物,而是孕育着永不穷竭的生命力;一旦鼓动起来,便生生不息,绵绵不绝!

也正因如此,统治者应当像"橐籥"那样持守着虚静无为的状态("守中"),尽量别干预百姓的生活和生产,哪怕你自以为是在施"仁政"也罢。政令烦苛,反会加速败亡("多言数穷")!

"天地不仁"的思想,有时又表述为"天道无亲",看看这一章:

> 和大怨,必有余怨,(报怨以德,)安可以为善?是以圣人执左契,而不责于人。有德司契,无德司彻。天道无亲,常与善人。(七九)

◎和:调和。报怨以德:以德来回报怨恨。按:"报怨以德"一句原在第六十三章,有学者认为应移至此处。◎左契:契即合同。古人订立合同,刻木为契,分剖左右,双方各执一半。左契由债权人收执,作为收债的凭证,如同今天的借据。责:索债。◎司契:持有借据。司彻:掌管税收。彻,周代的税法。◎无亲:无所偏爱。与:同,和;另有支持、相助之意。

这是说,调和大仇大怨,总还会留有未解的余怨。拿恩德回报仇怨,又怎么算是妥善处理呢?换了圣人怎么做?他就像债主一样,手里捏着借据,却不向欠债人催讨。——区别就在这儿:有德之人如同拿着借据而不去催讨的圣人,无德之人则像收税的小吏,不讨到手就不肯罢休!

这段话是对统治者讲的。老子告诫他们:仇怨宜解不宜结,一旦结了怨,你怎么调解也没用,哪怕"报怨以德",也不能从根本上解决问题。你要学习有德的圣人,千万别学无德的税收官,那是要招怨的!

老子的结论是:"天道无亲,常与善人。"——天道无所偏爱,但它有一个根本的法则,便是常助善人。

这不是矛盾吗?既然"天地不仁""天道无亲",怎么又"常与善人"呢?其实,善人得助,乃是"善有善报"的结果,是自己帮助了自己,这后面起作用的,也依然是"天道"!

"反"是道的灵魂

《老子》中还有这样几句话:

大曰逝,逝曰远,远曰反。(二五)
◎曰:相当于"而""则"。逝:流动,消逝。反:同"返"。

前面说过,老子不知如何描述"道",乃"强为之名曰'大'"。这里接着说:"道"广大无边而周流不止("大曰逝");周流便会远离("逝曰远");不过别担心,远离之后,还会自已返回的("远曰反")。这里特别值得注意的,就是这个"反"字。——古文中的"反"有两种词义:一是"正反"之"反",一是"往反(返)"之"反"。

在老子哲学中,"反"是个大命题。不是说"道"代表着事物运动发展的规律吗?其中的总规律,便是一个"反"字:一方面,事物全都朝着相反的方向运动;另一方面,事物的运动又总要返回到原始状态。——学者把这称为"相反对立"和"返本复初"。而"远曰反",便是指"返本复初"。

《老子》第二章已接触到一个"反"字:

> 天下皆知美之为美,斯恶已。皆知善之为善,斯不善已。故有无相生,难易相成,长短相形,高下相倾,音声相和,前后相随,恒也。(二)

◎斯:这个。恶:丑。◎相生:相互依存。成:成就。形:比较。倾:依靠。音声:音乐和人声。和:和谐。恒:恒常,永远。

普天下都知道美是怎么一回事,于是也便有了丑的概念;都知道善是怎么一回事,于是便有了恶的概念。正因如此,"有"和"无"是相互依存的,"难"和"易"是相互成就的,"长"和"短"也是相互比较而显现的,"高"和"低"也是相互依赖的,乐器和人声也因差异的调和才显出美,"前"和"后"也相异相随。因此,众多概念需要依靠其反面而存在,也就成了永恒的真理!

关于"反",老子还有两条著名的论断。一条是:

反者道之动,弱者道之用。天下万物生于有,有生于无。(四〇)

◎动:运动,运动规律。弱:弱小,柔弱。用:应用,效用。

事物总是朝向反面发展,这是"道"的运动定律。难道不是吗?每个生命从诞生那一刻开始,便一步步走向它的反面——死亡;而月盈则亏、花开易谢,也无不昭示着"反"的定律。

"弱者道之用"则是说以柔弱自居是"道"应对世界的根本立场。一般人认为,为人做事要表现出强势,治理国家要运用"铁腕"。然而"道"的表现正相反,这涉及老子的"无为"主张,我们后面还要说到。

至于"天下万物生于有,有生于无",前头已经讲过,"无中生有"嘛!而"有"和"无"也恰是一对相反的概念,彰显着"反"的自然规律。

老子关于"反"的另一名言是:

祸兮福之所倚,福兮祸之所伏,孰知其极?(五八)
◎倚:倚靠。伏:隐藏,隐伏。孰:谁。极:终极,究竟。

这是说:灾祸跟幸福是邻居,幸福之中又潜伏着灾祸,有谁能探知它的究竟呢?

有个"塞翁失马"的故事，恰好可以给这句名言做注脚。"塞翁"是家住塞上的老翁，他饱经世故、通达哲理。他儿子的一匹马跑丢了，人们都替他家惋惜，老人却说：怎见得不是好事呢？果然，过了几个月，那马自己跑回来，还带回一匹胡地骏马。

人们都来庆贺，老人又说：怎见得不是祸事呢？结果他儿子因骑马而摔断了腿。人们纷纷来慰问，老人仍是那句话：怎见得就不是好事呢？一年以后，胡人大举入侵，塞上的年轻人都应征入伍，十去九不归；唯独老人的儿子因残疾而免于征召，始终陪伴在老父身边。

故事讲述者最后总结说："故福之为祸，祸之为福，化不可极，深不可测也。"（《淮南子·人间训》）这里说的，正是老子"祸兮福之所倚，福兮祸之所伏"的道理！

总之一句话，若问"道"的灵魂是什么，恐怕非"反"莫属了！

"大器晚成，大音希声"

孔子喜欢把人群分出不同层次，譬如把学习的人分为"生而知之者""学而知之者""困而学之者""困而不学者"。老子也喜欢把人分出层次来。例如《老子》四十一章，便把学道者分成"上士""中士""下士"：

上士闻道，勤而行之；中士闻道，若存若亡；下士闻

道，大笑之。不笑，不足以为道。（四一）

◎上士：见识高明的人。以下"中士""下士"依此类推。
◎若存若亡：若有若无，这里有将信将疑之意。

见识高明的人（"上士"）闻听"道"，就去努力遵行；见识一般的人（"中士"）闻听"道"，抱着将信将疑的态度；智力低下的人（"下士"）闻听"道"，则会哈哈大笑——笑就对了，不被愚蠢的人嘲笑，就不足以成为"道"啊！

老子接着说：

故建言有之：明道若昧，进道若退，夷道若颣，上德若谷，广德若不足，建德若偷，质真若渝，大白若辱，大方无隅，大器晚成，大音希声，大象无形，道隐无名。夫唯道，善贷且成。（四一）

◎建言：立言，名言。昧：暗昧。夷道：平坦的道。颣（lèi）：不平，崎岖。谷：川谷。建德：刚健之德，建通"健"。偷：这里意为怠惰。质真：质朴纯真。渝：污浊。辱：黑。按："大白若辱"原在"上德若谷"之后，有学者以为当移至此。大方：最方正的。隅：角落，棱角。大器：宏大贵重的器物。希声：无声。◎贷：施与。

老子在这里列举了一长串警句：光明的道却似暗昧，前进的道却似后退，平坦的道却似崎岖，崇高的德低洼如谷，广大的德恰似不足，刚健的德却似懈怠，质朴纯真如同污浊，

河南鹿邑是老子故里

洁白无瑕却似染垢,最方正的反而没有棱角,宏大贵重的总是最后完成,最大的声音反而听不到,最大的形象反而不见其形,真正的道反而无可名状。——也只有"道",不吝施与,成就万物!

老子所举的种种现象,在铺排夸饰中,多少带着点玄虚的色彩。不过有些又确有道理,如那"晚成"的"大器",无论是鼎彝重器,还是硕士才人,"晚成"恰恰是久经淬砺研磨的结果。再如"大音希声",如果从声音的尖锐度来理解,频率过高的超声波,人耳反而听不到,因此也是有科学根据的。此外"大象无形"也如是,人的视觉可以辨识一定范围中的物体,小到蚂蚁,大到山川;但却很难辨识宇宙,因为它太大了,大到不可思议!

总之,老子列举种种现象,无非是在提醒人们:观察任何事物,都要同时看到它的反面,不要被表象所迷惑;而物极必反则是事物发展的普遍规律。面对万事万物,不要轻易地否定；小心成为圣人眼中的"下士"，在讥笑别人时，恰恰暴露了自己的愚昧无知！

车毂、瓦罐：空有空的用处

类似的正反思考，在《老子》中随处可见。如这一章：

大成若缺，其用不弊。大盈若冲，其用不穷。大直若屈，大巧若拙，大辩若讷。（四五）

◎大成：最完善、最完美的事物。不弊：不坏，不朽。◎盈：满。冲：这里有空虚之意。◎屈：曲。辩：雄辩能言。讷（nè）：不善言辞，话语迟钝。

这里是说，最完善的倒像有缺欠，但它的效用是不朽的。最充盈的反似空虚，但它的用途是无穷的。最正直的反似弯曲，最灵巧的反似笨拙，最善辩的倒像是言慢语迟。

就说"大盈若冲"这个判断吧，这是老子的一贯思想。他还说过这样的话：道看上空虚的，它的作用却是永无穷尽的（"道冲而用之或不盈"，《老子》四），那是从反面论证。

说到底，老子在这里讲的是"有"和"无"的辩证关系。这一点，《老子》第十一章讲得最清楚：

三十辐，共一毂，当其无，有车之用。埏埴以为器，当其无，有器之用。凿户牖以为室，当其无，有室之用。

故有之以为利，无之以为用。（一一）

◎辐：车轮上的辐条。毂（gǔ）：车轮中心的鼓形圆木，与车辐条连接，中间有孔，用以穿车轴。无：这里指车毂中空的地方。下文中的"无"分别指陶器及房屋中的空间。◎埏埴（shānzhí）：和泥。埏，和。埴，土。◎户牖（yǒu）：门窗。

老子用车毂、陶罐和屋子打比方。他说：你看那车轮，三十根辐条都集中到车毂上，而车毂的中心是个窟窿，是用来贯穿车轴（车轴就是连接两个轮子的杠子）的，这样车子才能跑起来。糅和黏土制成陶罐，那陶罐的膛是中空的，也正是有了中空的膛，陶罐才成了有用之物。开窗凿门建造屋室，正是有了门窗四壁围起的这块空间，才能住人储物。

所以说，"有"给人带来好处，但"无"的作用谁也离不开：没有车毂、陶罐、房屋的"无"，人们就只好徒步行走、掬水而饮、树栖野处，跟野兽无异了。

凡事都从正反两方面考察，成为老子的思维习惯。再看这一章：

五色令人目盲，五音令人耳聋，五味令人口爽，驰骋畋猎令人心发狂，难得之货令人行妨。是以圣人为腹不为目，故去彼取此。（一二）

◎五色：指青、赤、黄、白、黑。五音：指宫、商、角、徵（zhǐ）、羽。五味：指酸、甜、苦、辣、咸。口爽：口病，爽有味觉败坏意。驰骋畋（tián）猎：奔走射猎。行妨：伤害操行。◎为腹不为目：为，谋求。腹，这里指吃饱肚子的简朴生活。目，这里指追求耳目之欲的奢靡生活。去：摒弃。彼：指"为目"的生活。此：指"为腹"的生活。

这是说，五彩缤纷容易让人眼花缭乱，五音齐奏容易让人听觉失常，五味杂陈容易让人舌尖迟钝，驰骋射猎容易让人心志放荡，珍稀宝货容易让人品行堕落……面对外界的纷繁诱惑，圣人又是怎样做的呢？他们只求吃饱肚子，不求眼花缭乱，因而总是抛弃声色犬马，选择简朴的生活。

这种相反相成的思想，贯穿《老子》全书，直至最后一章：

信言不美，美言不信。善者不辩，辩者不善。知者不博，博者不知。圣人不积，既以为人，己愈有；既以与人，己愈多。天之道，利而不害；人之道，为而不争。（八一）

◎信：信实之言，真话。美言：华美的言词，好听的话。◎辩：巧辩。◎知者：有专一知识的人。◎积：积藏。为人：帮助别人。◎人之道：人间的法则。此句或作"圣人之道"。

老子警示人们：表象跟本质有着巨大差异，大实话往往不好听，好听的却不一定是实话；心地善良的言语迟慢，巧舌如簧的多半不是良善之辈（这与儒家的"巧言令色鲜矣仁"倒是一致的）；有真才实学的不一定事事皆通，无所不懂的却往往没一样"拿得起"。圣人了解其中道理，从不贪婪积蓄，一心助人，自己反而更充实；一心奉献，自己反而更丰富。天之道总是有利万物而非加害万物；人之道应当效仿天之道，只管干就是了，不要与人争竞！

"绝圣弃智""见素抱朴"

老子犹如一位杂技大师，常常头朝下、脚朝天，倒立着观察天下与人生。你认为有些东西是天经地义的真理，像仁啊，义啊，礼啊，智啊，可老子偏偏告诉你：那都是世风日下的产物，是诱导人们背离"大道"的坏东西。他说：

> 大道废，有仁义；智慧出，有大伪；六亲不和，有孝慈；国家昏乱，有忠臣。（一八）
> ◎智慧：智巧、智谋。伪：诈伪。◎六亲：指父、子、兄、弟、夫、妇。◎昏乱：政治混沌。

人人赞赏仁义，可是老子说，这正是大道弛废的结果；言外之意，假如大道通行，仁义乃是人人皆备的品质，又有什么好颂扬的呢？此外，正因人们推崇智谋机巧，这才产生大奸大伪。而只有家庭不和、六亲纷争，也才显出父慈子孝的可贵；国家政治混沌，也才出现所谓忠臣。——"疾风知劲草，板荡识诚臣"，应当便是对老子思想的演绎。

老子说得对。人在空气中生活，不觉得空气的存在；鱼在水中悠游，也不知水的重要。只有当空气稀薄、池水干涸时，人和鱼才感到空气和水的可贵。

那么怎样才能让百姓回归"道"的境界呢？他说：

绝圣弃智，民利百倍；绝仁弃义，民复孝慈；绝巧弃利，盗贼无有。此三者以为文不足，故令有所属：见素抱朴，少私寡欲，绝学无忧。（一九）

◎绝：弃绝，抛弃。圣：这里有自作聪明之意。智：智巧。◎复：恢复。◎巧：巧诈。利：货利。◎文：文饰。属：归属。素：本色的丝。朴：未经雕琢的木头。绝学：弃绝"仁义圣智"之学。

"圣"本指崇高的人格、超常的智慧，不过在《老子》中，"圣"常常要加上引号，含有自作聪明的意思。至于"仁义"，那是儒家言必称颂的美德善性，老子对此也并不"感冒"。至于"巧利"，在老子的词典中多用来指无用的机巧、可鄙的货利。——也就是说，"圣智""仁义""巧利"这些一般人眼中的"正能量"，都是老子所极力否定的。

老子说：抛弃你们的聪明智巧，百姓反能获利百倍；抛弃你们挂在嘴边的仁义，百姓反能恢复慈孝天性；抛弃种种机巧求利的引诱，盗贼自会消失得无影无踪。用这三者来装点我们的人生，是远远不够的。人还是要有所归属，回归人性的起点：像是未经染色的生丝和不事雕琢的原木，清心寡欲，弃绝圣智仁义之学，才能达到无忧无虑的"道"的境界。

"上善若水""柔之胜刚"

先秦哲人讲道理,总喜欢以水为喻。如孔子有"逝者如斯"的感叹,那是夫子借流水喻光阴的。孔子还说过"仁者乐山,智者乐水"的话。作为智者的老子,当然也对水很感兴趣,不仅有"为天下溪"的隐喻,还有更直接的说法:

> 上善若水。水善利万物而不争,处众人之所恶,故几于道。居善地,心善渊,与善仁,言善信,政善治,事善能,动善时。夫唯不争,故无尤。(八)
> ◎上善:上善之人。◎"处众"二句:是说水总是处在众人所厌恶的低处,所以接近道。恶,厌恶。几,接近。◎居善地:居处善于择地。渊:形容沉静的心态。与:跟人交往。政善治:为政善于治理。能:发挥能力。时:把握时机。◎尤:过失,怨尤。

这是说,上善之人有水一般的品质。水能滋润万物,却不与物相争,总是处于众人所讨厌的低洼处,因而水的品质最接近"道"。

得"道"之人有七"善":善于择地而居,善于保持内心沉静,善于以爱心待人,善于信守承诺,善于为政治国,善于发挥能力,善于把握时机。——只因他总是做好自己,与世无争,因而也就没有过失,难招怨尤。

除了"善利万物""不争""处下",老子还特别称赏水的

"柔弱":

> 天下莫柔弱于水,而攻坚强者莫之能胜,以其无以易之。弱之胜强,柔之胜刚,天下莫不知,莫能行。是以圣人云:"受国之垢,是谓社稷主;受国不祥,是为天下王。"正言若反。(七八)

◎易:替代。◎垢:污垢,屈辱。社稷主:诸侯。◎不祥:灾祸。◎正言若反:正面的话(真理)听上去像是反话。

天下没有比水更柔弱的东西了,但任何坚硬的物质在与水对抗时全都败下阵来,水的力量真是无可替代!——此话不假,"水滴石穿"的道理无人不晓,屋檐下的石阶,总被檐溜冲出一排坑坑儿;河滩上浑圆的石子,原本是有棱有角的石块,经过千年流水的冲刷,竟变成现在的模样。

不过老子又说:弱能胜强,柔能克刚,这个道理天下无人不晓,却没人去实行。圣人因此提醒在位者:不要表现得那么强势吧,能负载起一国的屈辱,才配当诸侯国的君主;能承担起全国的

汉代帛书《道德经》

灾难，才配做天下的王！

"软弱""处下""不争"，反而能取胜。统治者只有忍辱负重、谦和包容，才能保住位子。——可惜这个道理大多数统治者都听不进，因而老子感叹说"正言若反"，意思是：在这些蠢材耳朵里，真理听上去总像是反话。

老子是阴谋家吗

老子关于"弱之胜强，柔之胜刚"的论述还有不少，如这一章：

> 人之生也柔弱，其死也坚强。草木之生也柔脆，其死也枯槁。故坚强者死之徒，柔弱者生之徒。是以兵强则灭，木强则折。强大处下，柔弱处上。（七六）
> ◎坚强：这里是指人死后尸体的僵硬状态。◎死之徒：属于死亡的一类。下文中的"生之徒"用法同。◎木强则折：树木高大就会遭到砍伐。此句也可理解为树木缺乏柔韧度则容易被风吹折。

这依然是打比方：人活着时身体柔软，死后就变得僵硬；草木活着时枝柔叶嫩，死后便干枯了。所以说，坚硬的东西属于死亡的阵营，柔软的事物属于有生机的群体。由此推知，用兵逞强就难免灭顶之灾，树木高大多半会被风摧折。总之，强大的反容易处劣势，软弱的却总能占上风。

在另一则语录中，关于弱与强的辩证关系，讨论得更深入：

将欲歙之，必固张之；将欲弱之，必固强之；将欲废之，必固兴之；将欲取之，必固与之。是谓微明。柔弱胜刚强。鱼不可脱于渊，国之利器不可以示人。（三六）

◎歙（xī）：收敛，聚拢。张：张大、扩张。◎微明：不易察觉的先兆。◎利器：国家的权柄，也指治国的权力及刑罚手段。示人：向人炫耀。

有人说，老子擅长玩弄权谋，是个"阴谋家"。看看他的"经验之谈"：打算让它聚合，定先让它扩张；打算削弱它，定先让它强大；打算废黜它，定先让它兴盛；打算剥夺它，定要先给予。——这难道不是耍阴谋吗？

然而，老子是反对权诈的，他的思想核心是虚静无为，怎么会搞这一套？有的学者解释说，老子其实是在阐述事物的发展规律：一种事物将要收敛时，必先扩张；将要变弱时，必先变强；将要弛废时，必先兴盛；将要被剥夺时，必先得到。谁是背后的推手？不是阴谋家，是自然规律。

你没见到，黎明前的夜色是最黑暗的；花朵枯败之前，正是它开得最灿烂的时刻；久病者忽然有起色，医生便摇头说：那是"回光返照"。西谚曰："上帝要他灭亡，必先教他疯狂！"也是这个意思。

老子不是阴谋家，不过他从强者易败的自然规律受到启发，说是弱者不必畏惧强者，事物一旦刚强过头，离灭亡也就不远了。不过弱者故意示弱,让刚强者信心"爆棚",是否也是促使其灭亡的小伎俩呢?

以下"鱼不可脱于渊",是说鱼离开水就失去了凭借;同样道理,"国之利器不可以示人"。——"国之利器"是指国家权柄,也指镇压之权,那是一个政权赖以存在的武器和工具。不过这东西只宜深藏,不宜拿来向人炫耀。别忘了,强大的身后紧随着衰败的幽灵,对统治者来说,频频示强可不是什么好兆头!

"无为"不是当甩手掌柜

既然"国之利器不可以示人",统治者又该怎么做呢?老子的答案很简单——无为。

《老子》第二章讲到"天下皆知美之为美,斯恶已",又说:

> 是以圣人处无为之事,行不言之教;万物作焉而弗始,生而弗有,为而弗恃,功成而弗居。夫唯弗居,是以不去。(二)
> ◎无为:顺其自然,不作为。◎作:兴起。弗始:不带头,不倡导。有:占有。恃:依仗,凭借。◎去:丢掉。

这是说:得道的圣人总是啥也不做、啥也不说,以无所作为的态度处理世事,以无言的形式推行教化。万物兴起而不加倡导,生养万物而不据为己有,出了力而不自恃己能,功业成就也不居功自傲。正因如此，他的功业也便不会被夺走。——谁能夺走不曾拥有的东西呢？

关于"无为"，这里还要多讲几句。因为在老子看来，"无为"是"道"的本质。他说：

> 为学日益，为道日损。损之又损，以至于无为。无为而无不为。取天下常以无事，及其有事，不足以取天下。
>
> （四八）

◎益：增益。损：减损。◎取：这里是治理的意思。

"为学日益"是说一个人只要努力学习，他的知识学问便会一天天增益。"为道日损"则是说修道的过程跟"为学"相反，是一天天减损——减损什么？是指人的欲望吧？一个人的私欲杂念越少，内心也离道越近，损之又损，至于"无为"，也便达到了道的最高境界。

"无为"并非当"甩手掌柜"，是指不妄思妄为，是顺应"道"的规律去做该做的事。在这个范围里，便可以无所不为，没啥干不成的了。

老子因此说：治理天下的关键是"常以无事"；也就是不要没事找事，打搅百姓。统治者出于私欲私利，总爱指挥百姓干这干那：今天修花园，明天盖宫殿，后天又征粮征丁、开疆拓土。这样的统治者就不配领导天下。

那么统治者无为，百姓会不会走邪路呢？老子说：

> 道常无为而无不为。侯王若能守之，万物将自化。化而欲作，吾将镇之以无名之朴。镇之以无名之朴，夫亦将无欲。不欲以静，天下将自正。（三七）
>
> ◎自化：自我教化，自生自长。◎欲作：贪欲萌生。镇：镇压，镇住。无名之朴：道之真朴。◎自正：自然走上正轨。"正"一作"定"。

诸侯若能把握"无为而无不为"的大道，万物（主要指百姓）便会自生自养、自然化育。不过自然化育也会萌生出贪欲（"化而欲作"），此刻便要用"无名之朴"来镇住这贪欲。——所谓"镇"，其实是引导，引导百姓去除贪欲、心静神安，天下自会和谐安定，走上正轨。

为啥说"治大国若烹小鲜"

关于"无为"，老子的论述还有不少，像这一章：

> 以正治国，以奇用兵，以无事取天下。吾何以知其然哉？以此：天下多忌讳，而民弥贫；人多利器，国家滋昏；人多伎巧，奇物滋起；法令滋彰，盗贼多有。故圣人云："我无为而民自化，我好静而民自正，我无事而民自富，我无欲而民自朴。"（五七）
>
> ◎正：清静无欲之道。奇：奇巧，诡诈。取天下：治理天下。◎知其然：知道是这样的。◎以此：因为这个（指下面所举

之例）。忌讳：禁忌，禁令。弥：更加。◎利器：一说兵器，一说权谋。当指百姓个人的特出本领。滋：更加，越发。◎伎巧：工艺智巧。奇物：邪事，不合制度的器物。◎彰：彰明，森严。

老子说：治国、用兵、统治天下，所用方法不同。治国要用正道，用兵须出奇制胜，统治天下则不要生事扰民。怎么知道该这样做呢？是因为这个——下面老子罗列了一串因果加以证明。

他说，统治者的禁忌越多，百姓便越贫困；人人都有"撒手锏"，国家就越混乱；人的技艺越奇巧，"邪门"的东西就造得越多；国家法令越森严，盗贼反而越猖狂。

那么圣人又该如何？老子开出的仍是一张"老药方"：我"无为"，百姓会自我化育；我好静，百姓自会走正道；我不生事，百姓自然富足；我没有贪欲，百姓会自动归于淳朴。

老子还有个生动的比喻：

治大国，若烹小鲜。以道莅天下，其鬼不神；非其鬼不神，其神不伤人；非其神不伤人，圣人亦不伤人。夫两不相伤，故德交归焉。（六〇）

◎烹小鲜：煎小鱼。◎莅：莅临。其鬼不神：鬼不起作用。神，通"伸"，灵验。◎非：非但。其神不伤人：神不会侵犯人。◎两不相伤：指鬼神与圣人都不侵犯人。德交归焉：指所有福祉都归于民，则天下相安无事。德，德惠，福祉。

古人常拿烹调来比喻治国。相传商汤的宰相伊尹就是厨师出身，做官后运用烹饪之道来治理国家，大获成功。想来老子也是烹调高手，常常亲自下厨做个小菜什么的，因而有着独到的经验。

怎么叫"治大国，若烹小鲜"呢？这里包含两层意思：一是视大如小，在位者只要掌握了"无为"之道，治理大国可以做得很轻松，如同煎小鱼一般。

另一层意思是：煎小鱼不宜多翻动，鱼小肉薄，多翻就烂了！治理大国也应把握这个原则，少发号施令，胡乱翻动；国家虽大，也像煎锅中的小鱼一样不禁折腾！

接下来的一段话，是对"烹小鲜"理论的进一步阐释。老子生活的时代，在位者普遍迷信鬼神，为了风调雨顺，保住社稷，他们一会儿拜鬼，一会儿祭神，杀牛宰羊，少不了折腾百姓。

老子对在位者说：你不必瞎折腾，只要把握好"道"就足够了。这样一来，鬼也奈何不得人；不但鬼奈何不得，神和圣人也都不会侵害百姓，所有的福祉都归于人，你就等着"小鲜"起锅，享受美味吧！

泉州清源山老子雕像

"损有余而补不足"的天道

老子的话,多少有点理想化,说着轻巧,做起来却有难度。——说什么"治大国若烹小鲜",一般君主有那个智慧和耐心吗?何况君主自己欲壑难填,又如何去教化百姓呢?

其实老子何尝不知?在老子眼里,一些当世的在位者简直糟透了。老子批判某些人君:

> 使我介然有知,行于大道,唯施是畏。大道甚夷,而人好径。朝甚除,田甚芜,仓甚虚;服文采,带利剑,厌饮食,财货有余。是为盗夸。非道也哉!(五三)

◎我:指统治者。介然有知:稍有知识。介然,微小貌。唯施是畏:只怕走上邪路。施(yí),邪,斜行。◎夷:平坦。径:斜路,小道。◎除:废弛。◎服文采:穿着华丽的衣服。厌:饱足。◎盗夸:盗魁,大盗。

老子警告君主们:假使我稍有见识,在大路上行走,唯一担心的是走上岔道。大路平坦宽广,可偏偏有人爱走小道!你看他,朝政一塌糊涂,田野一派荒芜,国库空虚无物;可他居然还穿着锦绣华服,挎着锋利的宝剑,饫甘餍肥,积财无数。这简直就是强盗头子嘛,离"道"太远啦!

想想看,跟这样的人君讲什么"无为而无不为",他能听得懂吗?

最让老子感到刺眼的，是社会上贫富悬殊的现象：

> 天之道，其犹张弓与？高者抑之，下者举之；有余者损之，不足者补之。天之道，损有余而补不足。人之道则不然，损不足以奉有余。孰能有余以奉天下。唯有道者。（七七）
>
> ◎张弓：这里指给弓安上弓弦。◎"高者"四句：这是以制弓为喻，弓的弧度小，就压抑使大；弧度大，就松弛使小。弓弦过长，就消减；过短，就续补。◎奉：奉送，献给。

老子拿安弓弦来打比方："天之道"（自然的法则）就像安弓弦一样，弓的弧度小（安弦的位置高），就要把弓身压低；相反的情况则应把弦位抬高。同样，弓弦有富余，则应消减；弓弦太短，则应补长。"天之道"便是如此，永远是减损多余的，弥补不足的（"损有余而补不足"）。

然而人间的现实却总是背"天"逆"道"：统治者本已锦衣玉食、高车驷马、仓满囷流，可仍旧无休止地搜刮劫掠。百姓本来已无立锥之地、隔夜之粮，可仍旧被捶楚、受盘剥。这分明是"损不足以奉有余"啊！

老子呼吁："孰能有余以奉天下。唯有道者。"——能把多余的奉献出来，救助普天下啼饥号寒的百姓，只有"有道者"才能做到。

老子显然是在向君主们喊话，可有几位能听得见、听得懂？

"民不畏死"是啥信号

"民不畏死，奈何以死惧之！"——《老子》第七十四章这句名言，是有背景的。先来看看它后面的一章：

民之饥，以其上食税之多，是以饥。民之难治，以其上之有为，是以难治。民之轻死，以其上求生之厚，是以轻死。（七五）

◎食税：靠赋税收入吃饭。◎有为：这里指在位者政令烦苛，胡作非为。◎轻死：不在乎死，不怕死。求生之厚：追求奢侈的生活、丰厚的供养。

这一章其实是补充说明"民不畏死"的原因。——百姓为什么饿肚子？还不是因为君主收税太多、吃得太撑，百姓才吃不饱？百姓为什么难治理？还不是因为君主无事生非、胡乱指挥，百姓难以支应？百姓为什么不在乎死？还不是因为君主生活太奢侈、享受太丰厚，百姓缺衣少食，活着毫无乐趣，死也就变得无所谓了！百姓连生死都置之度外，更别说威压恫吓了。在"民不畏死"章的前面，老子还有"民不畏威"的论述：

民不畏威，大威至矣。无狎其所居，无厌其所生。夫唯不厌，是以不厌。（七二）

◎威：威压。大威：大祸乱。◎狎：同"狭"，指狭窄。所居：居室。无厌其所生：此句有两种解释，一种是"厌"同

"压",意为不要压榨他们的生活;另一种解释是,"厌"即厌恶,意为不要让百姓厌倦生活。◎夫唯不厌,是以不厌:也有两种解释,一种是前一个"厌"同"压",后一个"厌"即厌恶;另一种解释,两个"厌"同为厌恶意。

这一章是说,百姓不畏惧当权者的威压,是因为活得太苦、了无生趣。所以权势者施压时,他们并不畏惧,索性铤而走险,于是便有大乱("大威")发生!老子警告当权者:不要再挤压百姓的居室,要让他们活得舒展些;不要让百姓失去生活的欲望,要让他们感受一点生活乐趣。只有他们不再厌倦生活,才能不厌恶他们的君主!

正是在这样的背景下,老子讲了"民不畏死"这番话:

民不畏死,奈何以死惧之?若使民常畏死,而为奇者,吾得执而杀之,孰敢?常有司杀者杀,夫代司杀者杀,是谓代大匠斫,夫代大匠斫者,希有不伤其手矣。(七四)

◎惧:恐吓。◎为奇者:作恶的人。奇,奇诡,邪僻。◎司杀者:负责杀人的,这里指天道。大匠:木匠,能工巧匠。斫:砍削。

老子说:老百姓不怕死,你干吗用死去恐吓他们啊?假如百姓一向怕死,那么只要我把敢于"作恶"的抓起来杀掉,看谁还敢出头?——话头一转,老子又说:即便要杀人,冥冥之中自有专管生杀的神灵，你不过是个人，却要代替天神去剥夺他人的生命；这就如同代替能工巧匠砍削木头一样，很少不伤着手的！

老子的话说得够明白：种瓜得瓜，种豆得豆，谁若把百姓逼到生不如死的份儿上，那后果可不止"伤其手"啊！

华夏反战第一人

诸侯的贪欲是无止境的，剥夺本国百姓还不够，还要侵夺别国，于是战乱也便成为春秋之世的一道惯常"风景"。

> 天下有道，却走马以粪。天下无道，戎马生于郊。祸莫大于不知足；咎莫大于欲得。故知足之足，常足矣。（四六）

◎却：退去。走马：善跑的马。粪：耕种，播种。◎戎马：战马。生：生育马驹。郊：郊野，两国接壤处。◎咎：罪过。

国家走正道，天下太平，战马自然都被放归南亩，犁地耕田。国家若偏离正道，导致战火连绵，恐怕连怀胎的母马也要被驱赶上阵，不得不在野外产驹了。灾祸没有比人心不足、贪得无厌更大的了。所以说，知道满足就收手的，才会永远满足啊！

你看，不要说人，就是马，生逢战乱也是不幸的！老子还有更明确的反战宣言：

以道佐人主者，不以兵强天下。其事好还。师之所处，荆棘生焉。大军之后，必有凶年。善有果而已，不敢以取强。果而勿矜，果而勿伐，果而勿骄，果而不得已，果而勿强。物壮则老，是谓不道，不道早已。（三〇）

◎佐：辅佐，辅助。强：逞强。◎还（xuán）：还报，报复。◎凶年：灾年，荒年。◎果：达到目的。取强：逞强。◎矜：矜持，自负。伐：自我夸耀。◎壮：盛壮。这里有恃力逞强之意。不道：不合于道。早已：早死，早完。

这是说，以道辅佐君主的，不靠武力来称雄天下。用兵打仗是很容易遭报复的，你攻我伐，还有个完吗？你没见：大军所到之处，必然荆棘丛生；大战之后，必然连着大荒之年。

真正善于用兵的，只求达到一定目的，并不是为了逞强。达到目的而不自负，达到目的而不夸耀，达到目的而不盛气凌人，达到目的只因出于不得已，达到目的而不逞强，这才是正确的态度。因为"物壮则老"——事物发展到盛壮之时，便是走向衰颓之日。违背这一点就是背离了道，也就离OVER（终结、出局）不远了！

紧接着这一章，老子为战争进一步定性：

夫兵者，不祥之器，物或恶之，故有道者不处。君子居则贵左，用兵则贵右。兵者不祥之器，非君子之器，不得已而用之，恬淡为上。胜而不美，而美之者，是乐杀人。夫乐杀人者，则不可得志于天下矣。吉事尚左，凶事

尚右。偏将军居左，上将军居右。言以丧礼处之。杀人之众，以哀悲泣之，战胜，以丧礼处之。（三一）

◎夫兵者：有些版本为"夫佳兵者"。兵：兵革，军事力量。物：即人。不处：不用。◎贵左：以左为贵。古代以左代表阳，以右代表阴，贵阳而贱阴。古人遇吉事，以左为上；遇凶事，以右为上。◎恬淡：安静，淡泊。◎美：得意。◎得志：达到目的，成功。◎偏将军：军中副帅。上将军：军中主帅。◎泣：有的版本为"立"，即"莅"，有身临之意。

老子说：兵甲是不祥之物，人们都厌恶它，因而有道者总是远离它。譬如说，君子平居总是以左为贵，但用兵时却以右为贵，这就暗示着用兵是"非正常状态"。正因如此，君子只有在不得已时才考虑动用武力。即使用兵，也保持着一颗平常心，打赢了也不得意扬扬。否则，就意味着你以杀人为乐，这种人又怎能统一天下呢！

下面老子又进一步解释"尚左""尚右"的规定：古礼说，吉庆之事以左为上，凶丧之事以右为上。打仗时偏将军居左，上将军居右，就说明用兵遵循着丧礼的规

赵孟頫书《道德经》片段

定。打仗要杀死很多人,应以哀痛悲悯的心情参与;打了胜仗,要以丧礼的方式低调对待。

关于战争,老子还提出"善战者,不怒;善胜敌者,不与"以及"抗兵相若,哀者胜矣"(文摘一)等理论,为后来的军事家所推崇。——我们后面还要讲到墨子和孙子,他们对待战争的态度,显然都受到老子的影响。

总之,老子是最早提出反战理念的中国学者,在世界上恐怕也是首屈一指吧。

【文摘一】

善为士者不武(《老子》)

善为士者,不武;善战者,不怒;善胜敌者,不与;善用人者,为之下。是谓不争之德,是谓用人之力,是谓配天古之极。(六八)

◎善为士者:善于带兵的。武:勇武。◎不与:不面对面争斗。◎为之下:指待人谦下。◎是谓用人之力:这叫善于运用别人的力量。配天古之极:完全符合自然之道。学者认为此句多一"古"字。

用兵有言(《老子》)

用兵有言:"吾不敢为主,而为客;不敢进寸,而退

尺。"是谓行无行，攘无臂，扔无敌，执无兵。祸莫大于轻敌，轻敌几丧吾宝。故抗兵相若，哀者胜矣。（六九）

◎为主：主动进犯、攻击。◎不敢进寸，而退尺：不敢进攻一寸，宁可退后一尺。◎行无行：虽有阵势，却像没阵势。行（háng），阵势。攘无臂：虽然要奋臂，却像是无臂可举。扔无敌：虽然强敌在前，却像是无敌可对。扔，就，向前。执无兵：虽有兵器，却像是无兵器可执。按：以上四句，是指临阵宁可低估自己的力量，也不要轻敌。◎吾宝：吾身。◎抗兵：相对的两军。相若：强弱相当。哀：哀悯，慈悲。"哀兵胜矣"是说不以用兵为喜，抱着不得已而为之的态度去作战，常能获胜。这仍是"以丧礼处之"的意思。

"小国寡民"绘蓝图

从根子上说，老子的思想有着虚静、不争、含蓄、内敛的特点。他不主张"读万卷书，行万里路"，因为在他看来，道就在心中，何需他求？因此他说：

不出户，知天下；不窥牖，见天道。其出弥远，其知弥少。是以圣人不行而知，不见而明，不为而成。（四七）

◎牖：窗子。◎弥：越。

这里说的当然是"圣人"。圣人不出家门，就能知闻天下事理；不看窗外，就能了解天道运行。在老子看来，那些整天在外面奔忙的人，跑得越远，所获知识就越少。或许是纷繁的世界让他们眼花缭乱、心浮气躁的缘故吧，这影响了他们对事物的准确判断和深刻洞察。圣人则不必走、不必看、不必动手，却已是无所不知、心明眼亮、功业有成了。

在圣人看来，世人整天为名利而奔走红尘；诸侯为土地财货而穷兵黩武、横征暴敛，都显得那么可笑！针对这充满诈伪、人欲横流的衰世，老子开出的治国良方，便是引领全社会回到人心淳朴的古代去。

在全书倒数第二章，老子勾画出他的治国蓝图：

小国寡民。使有什伯之器而不用，使民重死而不远徙。虽有舟舆，无所乘之，虽有甲兵，无所陈之。使人复结绳而用之。甘其食，美其服，安其居，乐其俗。邻国相望，鸡犬之声相闻，民至老死，不相往来。（八〇）

◎小国寡民：国家小，百姓少。◎什伯之器：各种器物。什伯即什百，意为众多。重死：怕死。◎舟舆：船和车。甲兵：盔甲和兵器。陈：陈列，使用。◎结绳而用之：结绳记事，那是人类没有文字时的做法。甘：满足，满意。美：喜爱，嘉许。◎相望：相互可以望见，与"鸡犬之声相闻"均指距离很近。

国家不要大，百姓不要多，即使有五花八门的器具也一概不用。——老子反对"伎艺""奇物"，这里所说的"什伯之器"，便是指一些便利民生的新发明、新器具吧。

那么这些小国之民又是怎样生活呢？老子说：他们都珍视生命，守着家园不肯远离冒险，而且也没那个必要。因此即使有船有车，他们也用不上。又因不跟外界接触，当然也就没有矛盾纠葛、利益冲突；所以像盔甲兵器之类的武备，也便没有使用的机会了。这里的人甚至连文字都不需要，有结绳记事的老办法就足够了。——不知老子是否想过，这样一来，他的大作可就没人看得懂啦。

人们对自己的食物、衣服、居室、习俗无一不满足，并且乐在其中。对于外界，他们毫无好奇心。邻国之间相互望得见人影，鸡鸣狗叫都听得清清楚楚，可是他们从未想到互相拜访，到死也不相往来。

老子骑着青牛西出函谷关，是不是就要去寻找这样一片乐土呢？老子是真想回到结绳记事的蛮荒时代，还是出于对现实的不满，故意夸张，以抒愤懑？

道家、道教有分别

按司马迁《史记》记载，老子出关后"不知所终"，只有他留下的《老子》五千言，给后人带来无尽启迪，至今奉为经典！

说句后话，老子还被道教奉为大神，《老子》一书也成为道教经书，就称《道德经》。道教创建于汉代，教义中有个"一炁（气）化三清"的理论，应即源自《道德经》的"一生二，二生三，三生万物"。

道教三清像，居左的道德天尊便是老子化身

道教中的"三清"，是由"道"衍化出的三位尊大神：元始天尊、灵宝天尊和道德天尊，这后一位便是老子，又称太上老君——也就是小说《西游记》中在兜率宫炼仙丹的那位老神仙。孙悟空大闹天宫时偷吃了他的仙丹，被他关进炼丹炉炼了七七四十九天，结果炼就一副火眼金睛！

其实说到底，道家和道教根本是两码事：道家是指由老子、庄子开创的一种哲学思想流派；道教尽管也推崇老子，还从道家思想中汲取了大量营养，却是地道的宗教，有信仰、有教徒、有组织、有经书，还有种种宗教仪式及活动。

在"隋志"中，"道家"典籍列于"子部"，排位仅次于儒家；另有"道经"，与"佛经"一起附于"隋志"末尾，只是简单统计经书数目，不著书名。总之，"道家"与"道教"在那时区分明确，不容混淆。

至清人编纂《四库全书》，将儒家经典无限拔高，其他一切学术流派，哪怕是宗教，也只能降格为"家"，典籍不能称

"经"。《四库总目》对"道教"典籍的处理，是排斥大宗的"道藏"经书，只著录《阴符经》《神仙传》等少量与道教相关的书籍，与《老子》《庄子》《关尹子》《文子》等并列，同置于《子部》十四类的末尾。——从这种荒谬的排列中，还能看出清统治者"扬儒抑道"的用心。

民间可不论这套。道教作为土生土长的宗教，依托于道家，跟外来的佛教斗了两千年。道教还编出"老子化胡"的神话，说老子出关后到了遥远的天竺，化身为释迦牟尼，创建了佛教——老子一跃成为佛、道两大宗教的教主，在民俗文化中的地位，高得吓人！

辑二 《庄子》：鹏飞万里，蝶梦庄生

庄周与《庄子》

庄子也是道家代表人物，跟老子并称"老庄"。

庄子名周（约前369—前286），是宋国蒙（今安徽亳州蒙城县，一说在河南商丘东北）人，生当战国中期，跟孟子（约前372—前289）同时，活了八十多岁。

庄子的先世也曾"阔"过，是楚国贵族；然而到他这一代，早已没落。庄子的人生态度跟孔孟不同；孔孟授徒教学，周游列国，四处寻求出仕机会，人们把这种积极参与的态度称为"入世"。庄子则怀抱着"出世"的态度，平日最喜欢"宅"在

家里。除了读书,就是冥想,懒得跟人交往。虽然也有几个学生,可是门庭冷落。唯一的好朋友叫惠施(惠子),但两人见面就斗嘴。《庄子》中的一些篇章,便记录了两人辩论的情景。

庄子讨厌做官,只在蒙地当个漆园小吏,糊口而已。相传楚威王派人请他到楚国做宰相,庄子可不愿受那份儿约束。他对

庄子

使者说:你带来的礼物挺贵重,许给我的官位也够尊贵。可你没见过祭祀时用的牛吗?它被好吃好喝喂养多年,然后披上绣花的披风,送进太庙里去挨刀子。在那当口儿,它即便想降格做一口猪活下来,也是办不到了!你赶紧走吧,别招惹我。我嘛,宁可像猪一样,在泥沟子里打滚找乐子,也不愿到君王那儿去受约束。——汉代司马迁《史记》为庄子作传,便记录了这段逸闻。

司马迁还说,庄子"著书十余万字,大抵率寓言也"。可是今天我们见到的《庄子》只有五六万字,可能已有残缺。

不错,汉代班固"汉志"中著录《庄子》五十二篇,今天的《庄子》只有三十三篇。就是这三十三篇,也并非全是庄子所作。其中"内篇"七篇,应出自庄子之手;另有"外篇"十五篇、"杂篇"十一篇,一般认为是庄子的弟子、后学所作。

不过书中各篇的主旨命意及文章风格还是大体一致的,大都有着想象奇崛、寓意深刻、论说雄辩、文字瑰丽的特点。这

使得《庄子》一书成为诸子典籍中最有文采的一部。

有意思的是,跟《老子》一样,《庄子》日后也被道教奉为经书,称《南华经》。庄子本人也被封为"南华真人",供奉在道观里。——庄子若地下有知,肯定会大光其火:那么热爱自由、向往"逍遥"的庄周先生,怎么受得了整天香火熏鼻孔的憋屈生活?

附录:

《庄子》目录

内篇:一、逍遥游,二、齐物论,三、养生主,四、人间世,五、德充符,六、大宗师,七、应帝王;

外篇:八、骈拇,九、马蹄,一〇、胠箧,一一、在宥,一二、天地,一三、天道,一四、天运,一五、刻意,一六、缮性,一七、秋水,一八、至乐,一九、达生,二〇、山木,二一、田子方,二二、知北游;

杂篇:二三、庚桑楚,二四、徐无鬼,二五、则阳,二六、外物,二七、寓言,二八、让王,二九、盗跖(zhí),三〇、说剑,三一、渔父,三二、列御寇,三三、天下。

《逍遥游》:鲲鹏展翅待高风

《庄子》头一篇是《逍遥游》,全篇不足两千字,读来却给人一种汪洋恣肆、浩瀚无涯的印象。——"逍遥游"即无所凭依、无拘无束地遨游于自然与思想的时空，获得精神上的绝对自由。

看看篇中头一个寓言：

> 北冥有鱼，其名为鲲。鲲之大，不知其几千里也。化而为鸟，其名为鹏。鹏之背，不知其几千里也。怒而飞，其翼若垂天之云。是鸟也，海运则将徙于南冥。南冥者，天池也。《齐谐》者，志怪者也。《谐》之言曰："鹏之徙于南冥也，水击三千里，抟扶摇而上者九万里，去以六月息者也。"（《逍遥游》）

◎北冥（míng）：北海。鲲（kūn）：传说中的大鱼。◎鹏：传说中的大鸟，有人说是凤。◎怒：努力，振奋。垂天：天边。或说"垂"有遮的意思。◎海运：海水运动，指波涛汹涌。徙：迁徙，转移。南冥：南海。◎天池：天然的大池。◎《齐谐》：古书名。志：记录。◎抟（tuán）：盘旋，环绕而上。扶摇：旋风。息：这里指风。

遥远的北海有条大鱼，名叫"鲲"。这条鱼好大，从头到尾不知有几千里长！这条鲲幻化成大鸟，名叫"鹏"，鹏的脊背，同样不知有几千里长！鹏鸟一飞冲天，张开的翅膀就像是天边的云彩！乘着汹涌的海涛，它振翅而飞，前往南海，南海便是天池。

庄子又引经据典说，有一本专门记录怪异之事的书叫《齐谐》，上面说：鹏飞往南海时，拍一拍翅膀，就能击起三千里浪花；乘着旋风盘旋而上，直冲九万里高空，它是乘着六月的大风飞去的。

作者像是随大鹏飞上高空，俯瞰下界：

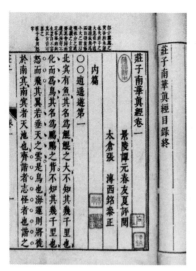

《庄子》又称《南华经》

野马也，尘埃也，生物之以息相吹也。天之苍苍，其正色邪？其远而无所至极邪？其视下也，亦若是则已矣。（《逍遥游》）

◎野马：沼泽上的水气雾气，浮动如奔马，故称。生物：有生命的东西。息：气息。◎苍苍：深青色。

你看，下方那些被称作"野马"的沼泽雾气和浮尘，乃是各种生物吹气儿形成的。至于天空的青苍，那是天的本色呢，还是因为过于辽远而看不清有啥？鹏鸟从高空俯瞰地面，所见应该也是这个样子吧？——我们不禁猜测庄子可能真的到过九万里高空，否则他所描摹的画面，又是从何而来？

那么庄子通过这则寓言想说明什么？他或许想说：再伟大的神物，要想有所作为，也都要有所依凭吧？因为接下来，他讲的正是这个道理：

且夫水之积也不厚，则其负大舟也无力。覆杯水于坳堂之上，则芥为之舟。置杯焉则胶，水浅而舟大也。风之积也不厚，则其负大翼也无力。故九万里则风斯在下矣，而后乃今培风；背负青天而莫之夭阏者，而后乃今将图南。(《逍遥游》)

◎且夫：况且。负：承载。◎坳（ào）堂：厅堂的低洼处。芥：小草。◎胶：胶着，粘住。◎斯：则，就。培：通"凭"，乘着。◎夭阏（yāo è）：阻挡。图：图谋，谋划。

庄子打比方说：水积得不够深，就无力托起大船。做个试验：把一杯水倒在堂上的坑洼处，拿一根小草当船，它就可以漂在水面上。可若拿个杯子当船，便会沉底儿胶着——还不是因为水浅船大的缘故吗？

同样道理，如果风累积得不够厚，托起巨翅的力量就不足。所以大鹏要飞上高天，就得有九万里的风在底下托着，然后它才能凭借风力，背靠青天，无所阻挡地往南方飞去。

也就是说，鹏鸟虽大，仍有不足，需要凭借风力才能远举——鹏达到"逍遥"之境了吗？显然没有，因为啥也不靠才是真正的"逍遥"哩！

可悲的知了与朝菌

庄子有着诗人般的浪漫气质，他的思想也仿佛插上诗的翅膀，随着意识的流动而自由翱翔！我们只有跟上诗人的思绪，才能抓住点什么。

譬如在《逍遥游》中，有两点是作者反复强调的：一是包括人在内的任何事物，只有无所期待、啥也不靠，才能真正进入"逍遥"之境；二是人对世界的认识要充分放开想象，不要让思维局限在耳目所及的狭小境地。这两条线索在文章中交错展开。

说罢鲲鹏故事，庄子又顺势转入"小大之辩"。

> 蜩与学鸠笑之曰："我决起而飞，抢榆枋，时则不至而控于地而已矣，奚以之九万里而南为？"——适莽苍者，三餐而反，腹犹果然；适百里者，宿舂粮；适千里者，三月聚粮。之二虫又何知！（《逍遥游》）

◎蜩（tiáo）：蝉，也叫"知了"。学鸠：一种小灰雀。决起：奋起。抢（qiāng）：碰到，撞。枋（fāng）：檀木。控：落。奚以……为：为什么要这样做。之：去到。◎适：前往。莽苍：郊野。果然：腹饱状。◎宿：一夜。舂（chōng）：舂米去壳。◎之：这。二虫：指蜩和学鸠。

蝉和小灰雀得知鹏飞九万里的消息，你一言我一语地取笑说：我们"噌"地一下子飞起来，能飞到榆枋树的尖尖那么高；偶尔飞不到也没关系，落回地面上就是了。哪用得着飞上九万里高空，跑到遥远的南海去呢？

庄子评论说：到郊野去，带上三顿干粮，回到家肚子还没饿呢；可是要到百里外去旅行，就得提前一宿舂好足够的粮米。要到千里之外，更要花三个月预备粮食。这个道理，蝉和小灰雀两个小东西又哪里懂得呢！

庄子的讨论又从空间的大小转入时间的长短：

> 小知不及大知，小年不及大年。奚以知其然也？朝菌不知晦朔，蟪蛄不知春秋，此小年也。楚之南有冥灵者，以五百岁为春，五百岁为秋；上古有大椿者，以八千岁为春，八千岁为秋，此大年也。而彭祖乃今以久特闻，众人匹之，不亦悲乎！（《逍遥游》）

◎知：通"智"。年：年岁。◎朝菌：一种短命的菌类。晦朔：一个月的最后一天叫"晦"，最初一天叫"朔"。或说分别指黑夜和清晨。蟪蛄（huìgū）：蝉的一种，寿命很短。◎冥灵：传说中的大龟，一说树名。◎大椿：传说中的长寿树木。◎彭祖：传说中的老寿星，相传活到八百岁。以久特闻：以长寿而特别出名。匹：比。

庄子说：小聪明赶不上大智慧，短命鬼比不过老寿星。怎么知道呢？你瞧，只能活一个早晨的蘑菇，又哪能了解月初月末的情景？寿命不长的寒蝉，自然也见不到春天和秋天。——这是短寿的例子。

而楚国之南有冥灵大龟，以五百年为春，五百年为秋。传说上古时还有一种更长寿的大椿树，以八千年为春，八千年为秋！——这又是长寿的例子。

相比之下，我们人类太可怜了：就说以长寿闻名的彭祖吧，也只活了八百岁，可人们还争先恐后跟他比呢，岂不哀哉！

说到这儿，庄子又引入一段圣君商汤与贤人棘的对话。商汤问棘：上下四方有尽头吗？棘回答：恐怕没有，因为无穷无尽的外边，也还是无穷无尽啊。我听说，在北方极寒之地以北，有个深深的大海叫天池。那里有条大鱼，大小有几千里，没人知道它到底有多长，它的名字叫鲲……如此这般，棘把鲲鹏南飞的寓言讲了一遍，还把麻雀等笑话鹏的话也学说了一番。

商汤当时有啥反应，文章里没提。倒是庄子给出了结论："此小大之辩（同'辨'）也。"——小跟大的区别，就是这么悬殊！

五石的大葫芦能干啥

庄子喜欢独处，朋友不多——真正的思想家大概都是这个样子。不过庄子有个莫逆之交叫惠施，《庄子》中曾多次提到他。

据考惠施是战国时"名家"的代表人物。他曾在梁惠王（即魏惠王）驾前为相，辞官后隐居林下，常跟庄子来往。

《逍遥游》第三段即惠施与庄子的对话，文中尊称惠施为"惠子"。

惠子谓庄子曰："魏王贻我大瓠之种，我树之成而实五石。以盛水浆，其坚不能自举也。剖之以为瓢，则瓠落无所容。非不呺然大也，吾为其无用而掊之。"（《逍遥游》）

◎魏王：魏国君主梁惠王。他把京城迁到梁，故称梁惠王。

贻：赠送。瓠（hù）：葫芦。树：种植。实：果实，即葫芦。石（dàn）：容量单位，一石为十斗。◎举：拿起，承受。◎瓢：把葫芦一剖两半，称瓢，可以舀水。瓠落：也作"廓落"，形容极大貌。◎呺（xiāo）然：又大又空的样子。掊（pǒu）：砸碎。

惠施遇上一件为难事，他对庄子说：魏王赐我一粒大葫芦籽，我把它种下去，结了个大葫芦，容积足有五石！拿它装水吧，葫芦壁不够结实，没法承受自身的重量；一剖为二当水瓢吧，挺大的个儿，没有水缸能容得下它。这葫芦大是大，可是对我一点用没有，所以我不得不把它砸了完事！

庄子听了不以为然，不过他并没接茬儿说葫芦，而是给惠施讲起故事来，说：惠先生啊，你实在不善于驾驭大家伙啊！宋国有一家人，善于炮制不龟（jūn）手药，这家人世世代代干漂丝的活儿，拿这药当护手霜，冬天漂丝不再怕冷水。有个能人得知此事，情愿出百金购买药方。这家人聚在一起商量说：我们世世代代靠漂丝谋生，所得的报酬不过才几个钱儿。如今一下子可以卖到百金，把方子卖给他算了。

能人得到方子，便去游说吴王。刚巧越人进犯，吴王派这位能人统兵迎敌，跟越人展开水战。虽是大冬天，吴军因有不龟手药，结果大获全胜。能人因此裂土封侯。——同是一种药，有人靠它发迹当官，有人仍不免干着漂丝的低贱劳动，这是用法不同的缘故啊。（文摘二）

讲到这儿，庄子话头一转，说：而今你有可盛五石的大葫芦，干吗不拿它当作腰舟，系在腰上畅游江湖，反而担心这东西大而无用呢？我看你的心眼儿是让蓬草塞住了！

庄子对待老朋友真不客气。可他的话句句在理，让人不能不佩服他思维敏锐，口才一流！

【文摘二】

不龟手之药（《庄子》）

庄子曰："夫子固拙于用大矣。宋人有善为不龟手之药者，世世以洴澼絖为事。客闻之，请买其方百金。聚族而谋曰：'我世世为洴澼絖，不过数金。今一朝而鬻技百金，请与之。'客得之，以说吴王。越有难，吴王使之将。冬，与越人水战，大败越人，裂地而封之。能不龟手一也，或以封，或不免于洴澼絖，则所用之异也。今子有五石之瓠，何不虑以为大樽而浮乎江湖，而忧其瓠落无所容？则夫子犹有蓬之心也夫！"（节自《逍遥游》）

◎固：实在，的确。拙于：不善于。◎不龟手之药：可以使手不皲裂的药。龟（jūn），通"皲"，皮肤受冻开裂。洴澼（píngpì）：漂洗。絖（kuàng）：丝絮。◎客：这里指四处游走、寻找机会的能人。◎鬻（yù）：卖，售。◎说（shuì）：游说，劝说。◎难（nàn）：发难，这里指越国对吴国入侵。将（jiàng）：动词，率领。◎裂地：分给土地。◎一：一样，同样。◎虑：考虑。樽：本为酒器，这里指腰舟，一种可拴在身上凫水的工具。◎蓬：蓬草。"有蓬之心"指被蓬草堵塞之心。

逍遥树下：没用才是大用

惠施不服气，又说，还有比大葫芦更没用的东西呢：

> 惠子谓庄子曰："吾有大树，人谓之樗。其大本拥肿而不中绳墨，其小枝卷曲而不中规矩。立之涂，匠者不顾。今子之言，大而无用，众所同去也。"（《逍遥游》）

◎樗（chū）：树名，高大而材质粗劣，不可制器具。◎大本：树干。拥肿：臃肿，这里指长满瘿瘤。中（zhòng）：符合。绳墨：木匠用来取直的墨线。规矩：圆规和矩尺。◎涂：同"途"，路。◎去：鄙弃。

惠子这回说：我这儿有一棵大树，就是人们称作"樗"的那种。它的老干上长满瘿瘤，没法子用绳墨取直；它的小枝弯弯曲曲，又没法子用圆规、矩尺规划。它生长在大道旁，过路的木匠看都不看它一眼。它就像今天你讲的这番话，夸大其词、形同废话，没人会赞同！

看来惠施也不是"善茬儿"。不过庄子不服输，马上举例反驳：

> 庄子曰："子独不见狸狌乎？卑身而伏，以候敖者；东西跳梁，不辟高下；中于机辟，死于罔罟。今夫斄牛，其大若垂天之云。此能为大矣，而不能执鼠。今子有大树，患其无用，何不树之于无何有之乡，广莫之野，彷

徨乎无为其侧，逍遥乎寝卧其下。不夭斤斧，物无害者，无所可用，安所困苦哉！"（《逍遥游》）

◎独：岂。狸狌（shēng）：狸是野猫，狌是鼬鼠，俗称黄鼠狼。◎卑身：放低身体。敖者：游荡的小动物。敖，同"遨"，遨游。◎跳梁：也作"跳踉"，跳跃、蹿越。辟：同"避"。◎机辟：泛指捕兽的机具、陷阱。罔罟（gǔ）：网罗。罟是网的总称。◎斄（lí）牛：牦牛。◎无何有：什么都没有。广莫：宽广无人。莫，无，空虚。彷徨：徘徊。无为：无所事事。◎夭：夭折。斤斧：斧头。物：外物。

庄子说：你没见过野猫、黄鼠狼吗？它们屈着身子匍匐在地上，专等那些四处游荡的小动物出现。当抓小动物时，它时东时西、上蹿下跳，本事可大了；可一旦踩上机关，落入捕兽的网罗，就必死无疑！再如那牦牛，身躯大得如同天边的云彩，它能干大事，却不能捉老鼠。——言外之意：你说它们有用还是没用？

庄子又说：如今你拥有这样一棵大树，又何必担心它没用呢？你何不索性把它栽在空旷无垠的荒野，你呢，无所事事地在树边溜达，逍遥自在地躺在树荫下歇凉。这样一棵树，木匠的斧头不会落在它身上，没有谁会去伤害它。啥用处也没有的东西，又哪里会遭受祸害呢？

你已经看出来，这一段始终围绕一个"用"字做文章：小用不如大用，大用不如无用！惠施的大瓠当水瓢不好使，却可以系于腰间，遨游江湖。皲手药方放在漂丝家族手里，只能帮着赚几个辛苦钱儿；一旦开发了军事用途，便可建功立业、卫国封侯！

然而"有用"又难免受害：狸狌动作灵敏，擅长捕鼠，捕猎者正是利用它上蹿下跳的习性，安放机关，让它身陷网罗。牦牛是"能为大者"，长途贩运、拉车驮货都不在话下；然而你让它捉老鼠，对不起，它干不了。——庄子没说出的话是：不要说事物的用途都是有限的，就是无限，又有谁能躲过最终的可悲下场？牦牛不是终将累死路途、下了汤锅吗？

只有毫无用途的大樗树，可以免于斧斤的伤害，因为它无妨于人又无用于世，自然可以远祸避害，进入"逍遥"的至高境界！

说到底，"无用"才是最大的"用"。——庄子的结论，你赞成吗？

"沉鱼落雁"，原来如此

紧随《逍遥游》的，是《齐物论》。"齐物论"是什么意思？原来，庄子认为世间万物看似千差万别，其实都是等同的，这叫"齐物"；而人们的观点千差万别，其实质也是齐一的，这叫"齐论"——"齐物""齐论"合起来，便叫"齐物论"。

既然各种观点的实质是齐一的，也就没啥真理与谬误的区分。为了论证此理，庄子于是引用王倪与啮缺的一番辩论——"藐姑射之山，汾水之阳"有四位高人，王倪、啮缺是其中的两位：

（王倪）曰："……且吾尝试问乎女：民湿寝则腰疾偏死，鳅然乎哉？木处则惴栗恂惧，猨猴然乎哉？三者孰知正处？民食刍豢，麋鹿食荐，蝍蛆甘带，鸱鸦耆鼠，四者孰知正味？猨猵狙以为雌，麋与鹿交，鳅与鱼游。毛嫱西施，人之所美也；鱼见之深入，鸟见之高飞，麋鹿见之决骤，四者孰知天下之正色哉？自我观之，仁义之端，是非之涂，樊然殽乱，吾恶能知其辩！"（《齐物论》）

◎偏死：偏瘫，半身不遂。鳅：泥鳅。◎木处：住在树上。惴（zhuì）栗恂（xún）惧：四字都是恐惧之意。猨（yuán）猴：猿猴。◎正处：最佳的居处方式。◎刍豢（chúhuàn）：用草喂养的家畜。刍，草。豢，养。荐：美草。蝍蛆（jíjū）：蜈蚣。甘：这里做动词，嗜好。带：小蛇。鸱（chī）：猫头鹰。耆：同"嗜"。◎猵狙（biānjū）：一种类似猿的动物，相传猵狙喜欢与雌猿交配。游：这里有交尾意。◎毛嫱、西施：古代有名的美女。西施一作"丽姬"。◎决骤：快速奔跑。◎端：端绪，观点。涂：途径，道路。樊然：杂乱。殽：同"淆"，混杂。辩：通"辨"，区分。

王倪向啮缺发问：人睡在潮湿的地方便会腰疼，甚至引发半身不遂，泥鳅也是这样吗？人爬到树尖上就会"恐高"，猿猴也会这样吗？那么人、泥鳅和猿猴，三者中又有谁懂得最佳的居处方式呢？

又比如，人吃肉，麋鹿吃草，蜈蚣爱吃小蛇，猫头鹰和乌鸦喜欢吃耗子；那么这四者中，又有谁最懂得真正的美味？

再比如，猿猴喜欢找猵狙当伴侣，麋专找鹿交朋友，泥鳅跟鱼出双入对。人呢，最美的女人要数毛嫱和西施，可鱼见了她们就往水底钻，鸟见了就往天上飞，麋鹿见了撒腿就跑；这

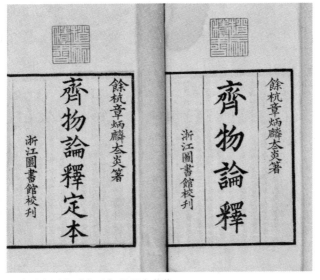

近代学者研究《庄子》的学术著作

四者中又有谁最懂天下的真正美色?

王倪说:依我看,那些仁义的主张、是非的标准,同样也是纷繁错乱的,全是一偏之见,让我如何去区分是非对错呢?

有意思的是,关于鱼、鸟见到美人纷纷避走的描写,在后人的理解上竟走了样。后世文人笔下的"沉鱼落雁"一词,变成了赞扬美貌的专用字眼儿,意思说,鱼见了美人沉入水底、雁见了美人落于平川,是因它们在美色面前自愧不如的缘故。——如此"乱用"典故,庄子能接受吗?

庄周梦蝶还是蝶梦庄周

跟王倪、啮缺一样,瞿鹊子和长梧子也是得道的高人。他俩的闲聊也涉及美女话题。长梧子说：有个漂亮姑娘叫丽姬，本是守边小吏的女儿，晋君娶她时，她哭得衣裳都湿透了。可是来到宫中，跟晋君同卧高床、共食珍馐，不觉又愧又悔，想起当初哭泣，真是可笑至极。

长梧子由此联想到人的生死，说：我又怎知死去的人不会后悔当初对生的留恋呢？他转而又谈到梦：

> 梦饮酒者，旦而哭泣；梦哭泣者，旦而田猎。方其梦也，不知其梦也。梦之中又占其梦焉，觉而后知其梦也。且有大觉而后知此其大梦也，而愚者自以为觉，窃窃然知之。君乎！牧乎！固哉！丘也与女，皆梦也。予谓女梦，亦梦也。是其言也，其名为吊诡。(《齐物论》)

◎占：占卜。古人常以梦占卜吉凶。◎大觉：彻底觉悟。窃窃然：明察貌。◎君、牧：君主、牧人。前者尊，后者卑。◎固：鄙陋。◎丘：孔丘。两人前面的对话中提到了孔子。◎吊诡：奇特怪异。

梦见饮酒作乐的人，天亮后发现是场梦，于是哭起来：原来空喜欢一场！而在梦中哭泣的人，早上醒来发现根本没有悲剧发生，于是愉快地去打猎。当其在梦中时，不知那是梦。梦里还占卜梦，醒来才知道这一切都是梦。——只有大觉悟者才能知道人生本来就是一场大梦；相反，蠢货总以为自己清醒得很，好像啥都明白似的！

长梧子的结语是：什么君主尊贵啊，牛郎卑贱啊，这种区分太浅陋了！我看孔丘和你都在做梦；而我说你们在做梦，其实也是梦话！我说的这些，可以称之为"吊诡"吧！——"吊诡"的意思就是奇特怪异、不可思议，往往还带有自相矛盾的意思。

在《齐物论》结尾处，庄子讲了那个我们都熟悉的"蝴蝶梦"：

庄生梦蝶图

昔者庄周梦为胡蝶，栩栩然胡蝶也，自喻适志与，不知周也。俄然觉，则蘧蘧然周也。不知周之梦为胡蝶与？胡蝶之梦为周与？（《齐物论》）

◎胡蝶：蝴蝶。栩栩然：翩翩飞舞貌。喻：通"愉"。适志：合于心意。◎俄然：突然。蘧蘧（qú）然：惶惑貌。一说僵卧貌。

从前庄周梦见自己变成了蝴蝶，翩翩飞舞，感到愉快又惬意，一时不知自己是庄周。他突然醒来，才恍惚发现自己原来是庄周。但又有点犯糊涂：不知是庄周做梦变成蝴蝶了呢，还是蝴蝶在梦中变成庄周？——这才是真正的"吊诡"！

《养生主》：屠宰的艺术与哲学

《养生主》是《庄子》内篇第三篇。"养生主"即养生的要领，庄子认为，养生之道主要是顺应自然，不要刻意做作。文章开篇便说：

> 吾生也有涯，而知也无涯。以有涯随无涯，殆已！已而为知者，殆而已矣！为善无近名，为恶无近刑，缘督以为经，可以保身，可以全生，可以养亲，可以尽年。（《养生主》）

◎涯：边际，界限。◎殆：困乏。◎已：此，如此。为知：追求知识。◎近：接近，追求。缘：顺着，顺应。督：中，正。中医把人背后的中脉称为"督脉"。经：常。全生：保全天性。养亲：养身。学者认为"亲"在这里是"身"的借字。尽年：终享天年。

庄子说，我们的生命是有限的，而知识却是无限的。拿有限的生命去追求无限的知识，就一定会疲于奔命。知道如此还一味求知，结果肯定不妙。高人又怎么做呢？他们行善而不贪图名声，做众人所谓的"恶"又不触犯刑条，顺应大道并且习以为常，如此便可以保全天性、养护身体、以享天年了。——看看，高人活得就是这么潇洒！

接下来，庄子讲了一则"庖丁解牛"的寓言，这段文字我们并不陌生，多数人都在中学语文课本中读过。

有一天，文惠君（有人说就是梁惠王）无所事事，闲看庖丁（厨师）杀牛。只见庖丁手触肩倚、脚踏膝顶，但闻皮骨分离之声不绝于耳，那把刀快速滑动、刷刷作响，如同音乐，合于《桑林》之曲的舞步、正中《经首》之乐的节拍！文惠君看得高兴，不禁赞美道：哎呀，妙啊！技术竟能达到这般神妙的地步！

听到夸奖，庖丁放下刀，向文惠君汇报杀牛心得：

庖丁释刀对曰："臣之所好者道也，进乎技矣。始臣之解牛之时，所见无非全牛者；三年之后，未尝见全牛也；方今之时，臣以神遇而不以目视，官知止而神欲行。依乎天理，批大郤，导大窾，因其固然。枝经肯綮之未尝微碍，而况大軱乎！……"（《养生主》）

◎释：放下。进乎技：比技术更高一层。◎官：感官，这里指眼睛。神：心神，感觉。◎天理：这里指天然的结构纹理。

"始臣之解牛之时，所见无非全牛者"

批：击，劈。郤（xì）：通"隙"，指牛体筋腱骨骼间的缝隙。导：引导。窾（kuǎn）：空当儿。因其固然：顺着本来的结构。
◎枝经：经络结聚处。肯綮（qìng）：骨肉盘结处。軱（gū）：大骨。

庖丁说：我所爱好的是"道"，应该比"技"（技术）更高一层。我早先学杀牛时，眼前所见，无非是一头整牛。三年以后，就见不到整牛了。如今，我只用心神去感知，全然不用眼睛瞅！甚至有时凭眼睛看着应该停下来，可心神告诉我应当继续。我的刀顺着肌体的天然纹理，劈开肌骨间的缝隙，划向骨节的空当儿，一切都顺着牛体的本来结构，连筋脉纠结之处都不会对刀锋有一点点妨碍，何况那些明显的大骨头呢！……——在庖丁手下，屠宰成了艺术！

庖丁又谈到手中的刀：

……良庖岁更刀，割也；族庖月更刀，折也；今臣之刀十九年矣，所解数千牛矣，而刀刃若新发于硎。彼节者有间，而刀刃者无厚，以无厚入有间，恢恢乎其于游刃必有余地矣。是以十九年而刀刃若新发于硎。虽然，每至于族，吾见其难为，怵然为戒，视为止，行为迟。动刀甚微，謋然已解，牛不知其死也，如土委地。提刀而立，为之而四顾，为之踌躇满志，善刀而藏之。(《养生主》)
◎良庖：好的厨师。更：更换。◎族庖：众庖，一般的厨师。折：通"斫"，砍。◎发：这里意为磨。硎（xíng）：磨刀石。◎间（jiàn）：间隙，缝隙。恢恢乎：宽广貌。游刃：运转刀刃。◎族（每至于族）：筋腱、骨肉纠结处。怵（chù）然：小心谨慎貌。◎謋（huò）：牛体分解的声音。委：堆积。◎踌躇满志：志得意满。善：擦拭。

　　优秀的厨师，一年换一把刀，因为他是用刀去割；一般的厨师，一个月就得换一把刀，因为他是用刀去砍。如今我手中这把刀，用了十九年了，杀的牛总有几千头，可你看这刀刃，就像刚在磨刀石上磨过一样，飞快！为什么会这样呢？还不是因为牛的筋肉骨节间总会有缝隙，而刀刃却薄得几乎没有厚度嘛！拿没有厚度的刀刃插入有缝隙的筋肉骨节间，刀刃在其间回旋游走，还觉得蛮宽裕哩！所以我的刀历经十九年，还像新磨的一样！

　　话锋一转，庖丁又说：尽管如此，每当我遇到筋腱骨节交错的地方，心知不容易对付，于是格外慎重，目光专注、下手缓慢。到了关键处，刀子微微一动，牛便哗啦啦全部解体，牛还来不及意识到自己已死，就像泥土一样堆到地上！每逢这时，我总是提刀而立，环顾四周，洋洋得意，把刀擦干净收起来！

　　文惠君听到这儿，不由得赞叹说："善哉！吾闻庖丁之言，得养生焉。"——太好了！我听了庖丁这番杀牛心得，竟从中领悟出养生之道！

　　"依乎天理""因其固然"，是庖丁由宰牛总结出的做事"金律"：解牛前充分了解牛体的天然肌理结构，奏刀时顺势而行、避实就虚，便能收到事半功倍之效。——宰牛如此，养生何尝不是如此？从实践中积累经验、认识客观，顺应规律、因势利导，这大概就是文惠君观看解牛时领会到的吧？

《大宗师》：相忘江湖，等同生死

《大宗师》是《庄子》内篇第六篇。"宗"有宗奉、尊崇的意思。"大宗师"即宗奉大道以为师。本篇主要讨论"天人合一""死生如一"等观念。

《大宗师》在讲说道理时，也仍然借助寓言。例如这个，大家都耳熟能详：

> 泉涸，鱼相与处于陆，相呴以湿，相濡以沫，不如相忘于江湖。与其誉尧而非桀也，不如两忘而化其道。（《大宗师》）
>
> ◎涸（hé）：干涸。呴（xǔ）：嘘气。濡：润湿。◎誉：赞誉。非：责难。化其道：与道俱化。化，混同。

泉水干涸了，鱼儿都困在陆地上。它们此刻的行为挺让人感动：相互呼着湿气，用唾沫润湿着对方。然而庄子说：与其这样友爱，还不如纵游于江湖之中，谁也不理谁更好呢。同样道理，人们与其赞誉帝尧、抨击夏桀，还不如忘却两者的是非，与道俱化才是！——有个"相濡以沫"的成语，便是由此而来。

类似的意思，在后文中还有体现。那是《大宗师》第六段，写孔子跟子贡对话。子贡问老师如何求"道"，孔子说：鱼儿生活在水中，人则生长于道中。鱼生于水，只要掘地成池，就能养活它；人生于道，只要无为，便能安适自足。所以，"鱼相忘乎江湖，人相忘乎道术"（文摘三）——"道"就是人的江湖啊！

疾病和死亡的话题在《大宗师》里占去不少篇幅。——子祀、子舆、子犁、子来是四位悟道之人，聚在一起谈天，说谁能把"无"当脑袋，把"生"当脊梁，把"死"当尾巴骨，懂得死生存亡贯通一气的道理，咱们就跟他交朋友。四人说着"相视而笑，莫逆于心"，成了好朋友。

不久子舆生了怪病，背驼腰弯、五脏的穴位朝天，面颊藏在肚脐底下，肩膀耸过头顶，弯曲的脊骨像赘瘤朝天隆起。阴阳之气紊乱，可他一点也不在乎，心闲气定，若无其事，还对前来探视的子祀自嘲说：看造物者多伟大，把我变成这副德性！

子祀问他：你讨厌这副样子吗？子舆答道：不，有啥可讨厌的？适应它就是了。假使造物者把我的左胳膊变成鸡，我就让它啼鸣报晓；把我的右胳膊变成弹子，我就用它弹射斑鸠烤着吃；把我的尾巴骨变成车轮，把我的心神变成骏马，我刚好驾着它遨游天下，难道还要另换车马不成？况且人获得生命，是应时；失去生命，是顺命。只要安于时命、顺其自然，大悲大喜都不会伤到你。这就是古人所说的自己解开倒悬的绳索啊！那些不能自我解脱的人，就只好受外物牵绊了！人不能胜天，古人早就知道了，我又干吗讨厌造物者的赐予啊？（文摘三）

这个子舆，真是"看得开"啊！可是还有比他心更宽的呢。

子来生了病，捯着气儿，眼看不行了，妻子儿女围在床边哭哭啼啼。子犁前来探视，对他的妻儿说：去，走开！不要惊扰他的生死变化！子犁自己则靠着门扇跟子来聊天，说：造物者真是太伟大了，不知接下来要把你变成什么，又要带你去哪儿？是要把你变成老鼠的肝儿呢，还是变成虫子的腿儿？

子来答道：儿子在父母跟前，东西南北，听命就是了。对人来说，大自然也跟父母无异。他命我死我不听从，我就是违逆啊，错在我，不在他。子来接下来的话，涵盖了庄子心目中的人生意义：

夫大块载我以形，劳我以生，佚我以老，息我以死。故善吾生者，乃所以善吾死也。今之大冶铸金，金踊跃曰：我且必为镆铘！大冶必以为不祥之金。今一犯人之形，而曰：人耳人耳！夫造化者必以为不祥之人。……今一以天地为大炉，以造化为大冶，恶乎往而不可哉！（《大宗师》）

◎大块：大自然。载：承载，赋予。佚（yì）：通"逸"，安逸。息：休息，安息。◎大冶：技艺超群的冶炼工匠。◎镆铘（mòyé）：古代宝剑名。◎犯：通"范"，秉承。◎造化者：造物主。◎恶（wū）：哪，何。

这段话是说：大自然把人形赋予我，用生来使我劳碌，用老来使我安逸，用死来使我长眠。所以善待我的生和善待我的死是同一道理。如今有个手艺高超的工匠铸造铜器，如果铜汁从炉中溅起说：我一定要铸成镆铘宝剑！工匠肯定认为这是不祥之铜！如今人一旦秉承了人的外形，便说：成人了，成人了！造物者也肯定认为这是个不祥之人。（无论物还是人，只要顺其自然就好，何必把自己看得太重？）如今把整个天地看作一座大熔炉，造物者就是高超的工匠，把我们铸成啥就是啥，又有哪里去不得呢？

这就是庄子的人生观：人生的各个阶段，生、死、劳、逸，自然之道早已安排妥当；人们又何必好逸恶劳、乐生厌死，厚此薄彼呢？

对于生死的话题，后面还有子桑户和孟孙才的故事。子桑户死了，他的朋友孟子反和子琴张对着遗体弹琴唱歌，这让重视丧葬之礼的子贡十分不解。孔子解释说：他们是"游方之外者也"，我们是"游方之内者也"，道不同不相为谋啊。——这里的"方"，应即礼法世界。此外孔子还说了"鱼相忘乎江湖，人相忘乎道术"那番话。

至于孟孙才，他的母亲过世了，他"哭泣无涕，中心不戚，居丧不哀"。颜回不理解，去问孔子。孔子说，"孟孙氏特觉"（孟孙才是唯一觉醒的），我们这些人倒是糊涂虫。不知眼下正在聊天的你我，是醒着呢，还是在睡梦中？

庄子的生死观，便是在一个个寓言中，被描绘得越来越清晰。

【文摘三】

人相忘乎道术（《庄子》）

子贡曰："敢问其方。"孔子曰："鱼相造乎水，人相

造乎道。相造乎水者，穿池而养给；相造乎道者，无事而生定。故曰：鱼相忘乎江湖，人相忘乎道术。"（节自《大宗师》）

◎方：方法。这里指追求道的方法。◎造：生。

安时而处顺（《庄子》）

子祀曰："女恶之乎？"曰："亡，予何恶！浸假而化予之左臂以为鸡，予因以求时夜；浸假而化予之右臂以为弹，予因以求鸮炙；浸假而化予之尻以为轮，以神为马，予因以乘之，岂更驾哉！且夫得者，时也；失者，顺也。安时而处顺，哀乐不能入也。此古之所谓县解也。而不能自解者，物有结之。且夫物不胜天久矣，吾又何恶焉！"（节自《大宗师》）

◎亡：无。◎浸假：假使。时夜：司夜。指公鸡打鸣。◎鸮（xiāo）炙：烤斑鸠。炙，烤。◎尻（kāo）：尾骨。更：更换。◎县（xuán）解：解除束缚。县，通"悬"，指倒悬捆绑。◎结：束缚。

《应帝王》：巫咸相面与浑沌之死

《应帝王》是《庄子》内篇第七篇。其中有一则壶子故事，情节曲折生动。壶子是列子（即列御寇）的老师，可是有一回，列子见到能预测生死寿夭的"神巫"季咸，佩服得五体投地，不免把老师壶子也看轻了。壶子于是对列子说：那就请季咸来给我相相面吧。

第二天，季咸跟着列子来见壶子。见罢出门，说：哎呀，你的老师要死了，我看他形色怪异，面如湿灰，活不了十天了！列子哭着回来告诉壶子，壶子说：我这是把"地文"（大地之象，也就是寂静之象）显示给他看呢。你不妨再让他来瞧瞧。

转天季咸又随列子来见壶子，出来后对列子说：你的老师幸亏遇上我，有救了！我看他生气盎然，闭塞的生机活动了。——壶子听了怎么说呢：我刚才是把"天壤"（天地间的生气）显示给他看。你再让他来看看。

第三回，季咸说：你老师神色不定，我没法给他看，等他心神安定时再说吧。——壶子说：我这是把"太冲莫胜"（无征兆的太虚之气）向他显示哩。你不妨再邀他来看看。

第四回，季咸刚一见壶子，脚跟儿还没站稳就神色慌张地逃走了，追都追不上！壶子说：我刚才未曾出示我的根本大道，只是显示万象俱灭之境，跟他"虚而委蛇（yí）"（无所用心，随意应付），如草随风倒，水波流淌；他闹不清我的本来面目，所以落荒而逃！

列子这才发现：自己跟着高明的老师，却啥也没学到。于是他回到家中，三年闭门不出，整天替妻子烧饭，喂猪跟伺候人一样精心。对万物无所偏私，去除雕饰返璞归真，淳朴得像块泥巴，在纷扰的世间独守着本真，至死不渝。——列子不再学"道"，却终于悟"道"！

《应帝王》最后一则寓言，是"浑沌之死"：

南海之帝为倏，北海之帝为忽，中央之帝为浑沌。倏与忽时相与遇于浑沌之地，浑沌待之甚善。倏与忽谋报浑沌之德，曰："人皆有七窍以视听食息，此独无有，尝试凿之。"日凿一窍，七日而浑沌死。(《应帝王》)

◎倏（shū）、忽、浑沌：都是虚拟的名字，各有寓意。"倏""忽"有匆忙、急迫意；"浑沌"为浑然一体、模糊隐约之意。或以"倏""忽"喻有为、"浑沌"喻无为。◎七窍：人头部的七个孔穴，两眼、两耳、两鼻孔及嘴。

南海的帝王叫"倏"，北海的帝王叫"忽"，中央的帝王叫"浑沌"。倏与忽常到浑沌那儿聚会，浑沌待他们很热情。为了报答浑沌，倏和忽商量着为他做点事，说是：人都有七窍，用来看、听、饮食、呼吸；唯独浑沌没有。让我们替他"开开窍"吧——于是两人每天都为浑沌开通一窍，到第七天大功告成，浑沌却死掉了！

没有七窍，不用视听食息，一派浑沌无为之态，乃是浑沌的本性和灵魂。这个自然之态一旦被打破，浑沌不再浑沌，他的生命也就完结了。——做帝王的如果能明白这个道理，还会去胡乱指挥吗、折腾百姓吗？

制轮工匠也知书

诸子百家没有不提倡读书的，诸子的学说也主要靠简策、书卷传播后世。然而《庄子》居然反对读书，并通过寓言人物声称：书中所记的全是糟粕！

《庄子》外篇的《天道》篇，专讲天道与人道的关系。文分八段，最后两段便是专门讨论读书问题。

文章先说：世人遵从道，认为道记载在书中，所以要读书。其实呢，书上记的只是"语"。语之所以可贵，贵在达意；而意是有所本的，这个本却是语言难以传达的。作者由此得出结论："知者不言，言者不知。"——真正懂得"道"的人不言说，也无法言说，能言说的未必真懂"道"。这就是老子所说的"道可道，非常道"啊。

接下来，作者讲了一则寓言：

桓公读书于堂上。轮扁斫轮于堂下，释椎凿而上，问桓公曰："敢问，公之所读者何言邪？"公曰："圣人之言也。"曰："圣人在乎？"公曰："已死矣。"曰："然则君之所读者，古人之糟魄已夫！"桓公曰："寡人读书，轮人安得议乎！有说则可，无说则死。"轮扁曰："臣也以臣之事观之。斫轮，徐则甘而不固，疾则苦而不入。不徐不疾，得之于手而应于心，口不能言，有数存焉于其间。臣不能以喻臣之子，臣之子亦不能受之于臣，是以行年七十而老斫轮。古之人与其不可传也死矣，然则君之所读者，古人之糟魄已夫！"（《天道》）

◎轮扁：制作车轮的工匠，名扁。斫（zhuó）：砍削。椎（chuí）凿：锤子，凿子，都是木工工具。◎糟魄：糟粕。◎说：说辞，理由。◎徐、疾：快、慢。甘、苦：这里有滑、涩之意。这两句是说斫轮的经验，实际情况今天已难以了解。一说砍削车轮时，将车轮固定在轴上边转边砍。动作轻缓时，斧头就会滑过，车轮空转难定；动作快疾时，斧头砍得过深，就会涩滞不入。也有人解释说，这是指在轮毂上凿孔安辐条，孔宽松（"徐"）则辐条易安，但不牢固；孔紧小（"疾"）则辐条滞涩、不容易插入。◎数：这里指经验，奥妙。◎喻：晓谕，传授。◎不可传：不可传授的心得、经验。

齐桓公在堂上读书，有个工匠轮扁，在堂下砍削车轮。只见他放下锤、凿，登堂入室，对桓公说：冒昧问一句，您读的书里都说些什么呢？齐桓公说：都是圣人的话。轮扁说：圣人还在吗？齐桓公说：已经不在了。轮扁说：这么说，您所读的，全是古人的糟粕啊！齐桓公不高兴了：寡人读书，你一个工匠怎敢胡乱议论？你倒说说看，说得有理则罢了，说得没理，就是死罪！

轮扁不慌不忙说道：我是从手底的活计体会出来的，砍削车轮这活计，动作轻慢，斧头就会滑过而车轮空转难定；动作快捷，斧头砍得过深，就会涩滞不入。只有不慢不快，才能得心应手。我嘴上说不出，可这里面确有奥妙。这奥妙，我不能传给儿子，儿子也无法从我这儿得到。所以我七十岁了，还在砍削车轮，没人能取代我。同样道理，古人死了，他们那不可言传的妙理也一块儿被埋葬了；我想您所读的，也只是古人可以言传的那部分糟粕罢了！

齐桓公怎么回答呢？寓言中没讲，估计他认可轮扁这番话。不过轮扁的结论又不全面。人类对世界的认识，有些是可以通过文字来总结、传授的。而一些技艺类的本领，则需要凭借不断实践、积累经验方能掌握，即所谓"熟能生巧"。然而据此就断定书中道理全是糟粕，否定书本的作用，至少是不全面的。

一味夸张而忽视逻辑，讨论问题爱走极端，这类毛病不单《庄子》有，在诸子著作中也屡见不鲜。——或许这正属于轮扁所说的"古人之糟魄已夫"。

《秋水》：当河伯遇到海若

《秋水》篇是《庄子》外篇中最有名的篇章之一，河伯、海若的故事我们再熟悉不过：

> 秋水时至，百川灌河；泾流之大，两涘渚崖之间不辩牛马。于是焉河伯欣然自喜，以天下之美为尽在己。顺流而东行，至于北海，东面而视，不见水端。于是焉河伯始旋其面目，望洋向若而叹曰："野语有之曰，'闻道百，以为莫己若'者，我之谓也。且夫我尝闻少仲尼之闻而轻伯夷之义者，始吾弗信；今我睹子之难穷也，吾非至于子之门则殆矣，吾长见笑于大方之家。"(《秋水》)

◎时：按时。河：专指黄河。下文中的"河伯"指传说中的黄河之神。◎泾流：水流。涘（sì）：河岸。渚（zhǔ）：水中小洲。辩：通"辨"。◎旋：转。望洋：仰视貌。若：传说中的北海之神，名若，即"北海若""海若"。莫己若：莫若己，没人比得上自己。◎少：认为少。◎难穷：难以穷尽。大方之家：得道之人。方，道。

秋天的水潦随节令而至，百川来水，黄河暴涨，两岸沙洲间变得宽阔无比，连对岸的牛马都分不清啦。黄河之神河伯不禁沾沾自喜，以为天下最壮丽的风景全在我这儿啦！

他顺流往东来到北海，朝东边一望，哪儿看得到边啊！此时他才醒悟，转脸仰望着北海若（他是北海之神，也叫海若）感叹说：俗话说得好，懂得道理一百样，以为人人赶不上！这话讽刺的就是我吧？我听说有人批评孔子见闻少、伯夷义不高，开始我还不信——哪有这么狂妄的人呢？今天我亲眼见识大海的浩瀚无穷，才知道我就是那种狂人啊。幸亏我来到你这儿，否则可就悬了，我会长久被高人笑话的！

海若又怎么回答呢：

北海若曰："井蛙不可以语于海者，拘于虚也；夏虫不可以语于冰者，笃于时也；曲士不可以语于道者，束于教也。今尔出于崖涘，观于大海，乃知尔丑，尔将可与语大理矣。天下之水，莫大于海，万川归之，不知何时止而不盈；尾闾泄之，不知何时已而不虚；春秋不变，水旱不知。此其过江河之流，不可为量数。而吾未尝以此自多者，自以比形于天地而受气于阴阳，吾在于天地之间，犹小石小木之在大山也。方存乎见少，又奚以自

多！……"(《秋水》)

◎井蛙(wā)：井中之蛙。虚：通"墟"，空间，域界。◎笃(dǔ)：这里有固守、局限之意。◎曲士：乡曲之士，即见识鄙陋、偏执者。束：束缚。◎尾闾：传说中大海的泄水口。◎自多：自以为多，自满。比形：庇形，寄托形体。

海若说：你没法跟井底之蛙谈论大海，因为它受着环境的限制呢；你也没法跟只能活一夏天的小虫谈论冰雪，因为它受着寿数的限制呢；你同样没法跟乡曲之士谈论大道，因为他受着教养的局限呢。如今你离开河岸，见识了大海，才知道自己的浅陋，现在可以跟你谈谈高深的道理了。

天下的水面，没有比大海更辽阔的了，万川归大海，不知啥时停止，而大海从未满溢；尾闾是大海的泄水口，一直流泄不止，海水却从未流空过。春去秋来，旱涝交替，大海从不去理会。大海的容量，超过江河无法计量，可是我从没自满过。因为我知道，自己寄身于天地之间，禀受着阴阳二气，不过像小石子、小树苗在大山中一样；正恨自己渺小，又哪里会自满自傲呢？

四海如蚁穴，中国似粟米

海若谈兴正浓，简直停不下来，又连打比方说：别说北海了，四海又怎么样？计算四海在天地间的地位，不是像蚂蚁洞在大泽中一样吗？计算整个中国的地盘，不是像一粒小米在大粮仓中一样吗？世上叫得上名的物种成千上万，人不过是其中之一而已。人类居住于九州，粮食在这里生长，舟车在这里往来，人也不过占此一处而已。跟天下万物相比，不是像毫毛长在马身上一样吗？纵观人类历史，五帝所延续，三王所争夺，仁人所忧心，贤士所操劳，也都不过是发生在这毫毛尖尖上啊！另外，伯夷辞让君位获得美名，孔子滔滔不绝显示渊博，两人因此得意，不也跟你在秋水面前洋洋自得一样吗？（文摘四）——说了半天，海若又把话头引回到伯夷、孔子身上来了。河伯不是认为藐视伯夷、小看孔子的人狂妄吗？可在海若看来，伯夷、孔子又何尝不是狂妄的呢？

海若跟河伯的对话还远未结束。譬如河伯问：以天地为大，以毫末为小，这该不会错吧？海若说：否！——于是又讲了一通标准不同、结论也不同的道理。并说：从道的角度来看，万物没有贵贱之分；从物的角度来看，万物无不自以为贵而相互轻贱排斥。你可以把天地看成一粒小米，也可以把毫毛看成一座大山。"知东西之相反而不可以相无，则功分定矣"——懂得东与西是相互对立又不可或缺的，也就能确定事物的功用和本分了！

说到功用，海若又举例说：用可以做栋梁大木去撞击城门，威力无比；可用它堵耗子洞，就不灵光了。宝马良驹日行千里，可让它去逮耗子，它还不如野猫黄鼠狼！猫头鹰夜间能抓跳蚤、明察秋毫，白天却只好当"睁眼瞎"，连眼前的大山也看不到。所以说，谁贵谁贱、哪个大哪个小，还真不好说哩！

当河伯向海若请教"道"时，海若说：掌握"道"的人必定会通达事理，通达事理的人必定会灵活权变，灵活权变的人就不至于为外物所伤害（"知道者必达于理，达于理者必明于权,明于权者不以物害己")。

河伯最后一个问题是:"何谓天,何谓人?"也就是说,哪个是天然的,哪个是人为的?海若回答:

> 牛马四足,是谓天;落马首,穿牛鼻,是谓人。故曰:无以人灭天,无以故灭命,无以得殉名。谨守而勿失,是谓反其真。(《秋水》)
> ◎天:天然。◎落:通"络",即给马加笼头。人:人为。◎故(无以故灭命):人为造作。命:天性。得:贪得。殉:为某种目的而丧失。

海若的解释是:牛马都长着四条腿,这就是"天"(天然);用笼头套在马头上,用鼻环穿牛鼻子,这就是"人"(人为)。所以说:不要以人为去损毁天然,不要用人的意志损毁物的天性,不要因贪得而求取虚名。谨守自然本性而不丧失,这才是返真得道!

《秋水》篇的作者或许不是庄子,然而此篇言说大小、讨论天人,妙喻连连、雄辩滔滔,足可与《逍遥游》相比肩!

【文摘四】

四海之在天地之间(《庄子》)

北海若曰:"……计四海之在天地之间也,不似礨空之在大泽乎？计中国之在海内，不似稊米之在大仓乎？号物之数谓之万，人处一焉；人卒九州，谷食之所生，舟车之所通，人处一焉；此其比万物也，不似豪末之在于马体乎？五帝之所连，三王之所争，仁人之所忧，任士之所劳，尽此矣！伯夷辞之以为名，仲尼语之以为博，此其自多也，不似尔向之自多于水乎？"（节自《秋水》）

◎礨空（lěikǒng）：蚁洞。一说指石间微隙。◎稊（tí）米：小米。◎号：名，称说。◎卒：此处有聚集意。◎豪末：毫末，指细毛的尖尖。◎连：连续，延续。任士：能士。

"坎井之蛙"与"邯郸学步"

《秋水》共分七段，主人公各自不同：或为人，或为物；既有孔子、公孙龙、魏牟、庄子、惠施，也有夔龙、百足虫、蛇乃至风……

孔子是儒家学派的师尊，常受到道家的批判讥讽。——譬如海若在教育河伯时，就顺带把孔子的"自多"（自以为是）贬损了两句。不过《庄子》中也有对孔子的正面描述，且看《秋水》第三段。

孔子周游列国，被宋人围在匡那地方。孔子却照常"弦歌不惙（通'辍'，止）"。子贡感到奇怪，跑去问老师。孔子答道：你以为我喜欢这走投无路的境地吗？这是命啊！尧舜时代，天下没有不得志的人，难道那时人人都聪明吗？桀纣时代，天下没有通达的人，难道那时人人都才智低下吗？这是"时势适然"啊!

孔子又说:在水中讨生活却不避蛟龙,那是渔夫的勇敢;在陆上讨生活而不避犀牛虎豹,那是猎人的勇敢。刀剑交错、视死如归,那是烈士的勇敢。"知穷之有命,知通之有时,临大难而不惧者,圣人之勇也!"(晓得困穷在于天命,晓得通达在于时势,面对大难毫不畏惧,这是圣人的勇敢!)仲由啊,你安然处之吧,我命里注定有此一劫啊!

这番话,颇能反映孔子豁达的人生态度。作者在这里没有刻意贬低孔子,只是让孔子讲了几句带有道家意味的话。——可能《秋水》的作者是位主张儒道融和的人吧。战国是个剑拔弩张的时代,不过学术气氛却十分宽容;百家争鸣不一定非争个你死我活,诸子之间也不乏相互欣赏、彼此融通。

不过这位作者对名家似乎不感兴趣。在另一则寓言中,名家代表公孙龙便被魏国公子牟毫不留情地贬损了一通。公孙龙一向因自己能言善辩而骄傲,可是了解了庄子的学说之后,他自觉惶惑,来向魏牟讨教——魏牟是道家门徒。

魏牟靠在几案边长叹一声,又仰天大笑,讲了一则寓言:有只"坎井之蛙"向"东海之鳖"夸耀自己的好日子,把井底的烂泥洼夸得胜过天堂,还邀请老鳖进来参观。老鳖举步上前,"左足未入,而右膝已絷(zhí,绊住)矣"。于是老鳖向井蛙描绘大海说:

"夫千里之远,不足以举其大;千仞之高,不足以极其深。禹之时十年九潦,而水弗为加益;汤之时八年七旱,而崖不为加损。夫不为顷久推移,不以多少进退者,

此亦东海之大乐也。"于是坎井之蛙闻之,适适然惊,规规然自失也。(《秋水》)

◎仞:古代长度单位,相当于周制八尺。◎潦:通"涝"。◎顷久:(时间)短、长。推移:改变。◎适适然:惊怖貌。规规然:茫然自失貌。

东海之鳖对坎井之蛙说:千里远不远?却不足以称说海之大;千仞高不高?却不足以形容海之深。夏禹时十年有九年发大水,海水也不见增多;商汤时八年有七年大旱,海平面却也没下降。浩瀚的大海啊,无论时间长短,都无所改变,无论来水多少,都不曾增减。这就是生活在东海的最大快乐!坎井之蛙听了,心惊肉跳,茫然若失。

魏牟讲罢寓言,又把公孙龙贬斥了一通,说你还想探究庄

邮票里的庄子寓言故事

子的学问？这就像让蚊子背大山、百脚虫过大河一样困难！你没听说寿陵少年学走路的故事吗？少年听说邯郸人走路的样子好看，就跑去学习，结果没学会人家的好步态，自己怎么走也忘记了，只好爬着回家。

魏牟的嘴真够刻薄的！最终公孙龙也像坎井之蛙一样，张着嘴、翘着舌，一句话也答不出，灰溜溜地离开了。

濠梁鱼乐有谁知

司马迁在《史记》中记录了庄子拒绝楚王礼聘的传说。在《秋水》中，这个故事还有另一个版本。楚王的使者来到时，庄子正在钓鱼，头也不回地说："吾闻楚有神龟，死已三千岁矣，王以巾笥（sì）而藏之庙堂之上。此龟者，宁其死为留骨而贵乎？宁其生而曳尾于涂中乎？"（我听说楚国有只神龟，死掉三千年了。大王用丝巾裹着、匣子装着，珍藏在庙堂上。我请问，这只龟是愿意死后留着甲壳显示尊贵呢，还是愿意活下来，拖着尾巴在烂泥里爬呢？）

庄子自己不愿做官，也看不起周围的"官儿迷"，哪怕是好朋友。《秋水》中有这样一则寓言，记录了庄子与惠施的一段纠葛：

> 惠子相梁，庄子往见之。或谓惠子曰："庄子来，欲代子相。"于是惠子恐，搜于国中三日三夜。庄子往见之，曰："南方有鸟，其名为鹓鶵，子知之乎？夫鹓鶵，发于南

海而飞于北海；非梧桐不止，非练实不食，非醴泉不饮。于是鸱得腐鼠，鹓鶵过之，仰而视之曰：'吓'！——今子欲以子之梁国而吓我邪？"（《秋水》）

◎梁：魏国。因都城在大梁（今河南开封），故称。◎鹓鶵（yuānchú）：传说中的神鸟，属鸾凤一类。◎练实：竹实。醴泉：甘甜的泉水。◎鸱（chī）：猫头鹰。吓（hè）：动物恐吓敌方时发出的声音。

惠子到魏国当宰相，庄子去探望他。有人对惠子讲：庄子来了，要跟你争夺相位哩。惠子听了格外紧张，让人在国内搜捕庄子，一连搜了三天三夜。庄子得知消息，主动去见惠子，给他讲了个寓言：南方有一种鸟，名叫鹓鶵，你听说过吗？这鸟从南海飞到北海，不是梧桐它就不歇，不是竹实它就不吃，不是甘泉它就不饮。这里呢，有只猫头鹰找着一只腐烂的死耗子，当作什么好宝贝护着。刚好鹓鶵路过，猫头鹰抬头恐吓对方说："嘿！"——而今你想霸着魏国这只死耗子恐吓我吗？谁稀罕！

这则寓言指桑骂槐，把一班贪恋禄位的家伙骂惨了！而庄子藐视名利、遗世独立的精神，也在对话中显现出来。至于惠子的下作言行，当然只是出于虚构。事实上，庄子跟惠子最谈得来。有一场濠梁论辩，也是《秋水》中的文字。

庄子与惠子游于濠梁之上。庄子曰："鯈鱼出游从容，是鱼之乐也？"惠子曰："子非鱼，安知鱼之乐？"

庄子曰:"子非我,安知我不知鱼之乐?"惠子曰:"我非子,固不知子矣;子固非鱼也,子之不知鱼之乐,全矣。"庄子曰:"请循其本。子曰'汝安知鱼乐'云者,既已知吾知之而问我。我知之濠上也。"(秋水》)

◎濠梁:濠水上的桥梁。濠水在今安徽凤阳县境内。◎鲦(tiáo)鱼:一种银白色小鱼,也称"白鲦"。◎全矣:确定无疑。◎循其本:追寻本源。

庄子和惠子闲游,来到濠梁之上。看到水里的游鱼,庄子感叹说:小白鲦游得多自在,这就是鱼儿的快乐啊。惠子听了,"扛杠"说:你又不是鱼,怎么知道鱼的快乐?庄子马上回答:你不是我,又怎知我不知鱼的快乐呢?惠子说:我不是你,固然不了解你的想法;同理,你不是鱼,自然也不知鱼的快乐,这是肯定的!庄子说:还是让我们回到问题的开头吧,你问我:你怎么知道鱼快乐?这说明你已经知道我了解鱼的心思,才这样问我。那我告诉你:我就是在这濠梁上知道鱼是快乐的。

你听出来了吗?庄子是在偷换话题呢。战国时论辩之风盛行,诡辩之术也应运而生。庄子的濠上之辩,便带有一点"诡辩"的色彩。

蜗牛角上称大王

关于小大之辩,几乎贯穿《庄子》全书。例如杂篇《则阳》

中有一则寓言"触蛮之战",说的是魏王跟齐王订立了盟约,而齐王无端背约,惹得魏王大怒,要派人去刺杀齐王。魏国将军公孙衍听了深感耻辱,说魏王您是万乘之君,却学着小人报仇的样子!您给我二十万甲兵,我替您攻打齐国,俘获它的百姓,掳掠它的牛马,让齐王五心烦躁、背生恶疮!然后我再夺取齐国的土地,打败齐将田忌,看不打断他的脊梁骨!

魏国大臣议论纷纷,这个说:打仗必然毁坏城郭,百姓又要受累遭罪,谁主战,谁是好乱之人!那个说:劝君王伐齐的不是好人,劝君王不伐齐的也不是好人!闹得魏王也没了主意。

惠子听说了,便向魏王引荐贤士戴晋人。戴晋人与魏王有如下对话:

> 戴晋人曰:"有所谓蜗者,君知之乎?"曰:"然。""有国于蜗之左角者,曰触氏,有国于蜗之右角者,曰蛮氏。时相与争地而战,伏尸数万,逐北旬有五日而后反。"君曰:"噫!其虚言与?"曰:"臣请为君实之。君以意在四方上下有穷乎?"君曰:"无穷。"曰:"知游心于无穷,而反在通达之国,若存若亡乎?"君曰:"然。"曰:"通达之中有魏,于魏中有梁,于梁中有王。王与蛮氏,有辩乎?"君曰:"无辩。"客出而君惝然若有亡也。(《则阳》)
>
> ◎蜗:蜗牛。◎逐北:追击败北的军队。北,败。旬有五

日：十五天。◎实之：证实它。◎穷：穷尽，尽头。◎游心：让思想漫游。通达之国：这里指人迹可通的地域。若存若亡：指与广大宇宙相比微不足道、若有若无。◎辩：通"辨"，区别。◎惝（chǎng）然：怅然。

戴晋人问魏王：有一种动物叫蜗牛，您知道吗？魏王说：知道啊。戴晋人说：蜗牛头上有两只触角，左边的触角上有个国家叫"触氏"；右边的触角上有个国家叫"蛮氏"。两国常起战争，争城夺地，一死就是好几万人！胜方追击败方，一去半个月才班师回国。

魏王说：哈，你这别是瞎编吧？戴晋人说：我来替您证实。您认为天地四方有尽头吗？魏王说：没有。戴晋人说：您想象着让意识到寥廓的宇宙中漫游，再返回人间的狭小之境，是否会有一种似有若无的感觉呢？魏王说：的确应当是这样。戴晋人又说：在这狭小之境中就有个魏国，魏国又有个大梁城，大梁城中就有魏王您，您与蛮氏有区别吗？魏王说：没啥区别啊！——戴晋人走了，魏王"惝然若有亡也"（神色怅然，若有所失）。

魏王为什么若有所失呢？大概他终于明白：身为一国之君，高高在上、颐指气使，整天盘算着治国理政、兴兵讨伐的"大事"；到头来，不过是螺蛳壳里做道场、蜗牛角上称大王，充当丑角而不自知，真是要多可笑有多可笑！

"涸辙之鲋"与"得鱼忘筌"

杂篇《外物》中有好几则脍炙人口的寓言，像"涸辙之鲋（fù）""任公子钓鱼""儒生发冢""宋元君龟卜""得鱼忘筌"……

先看这则"涸辙之鲋"：

> 庄周家贫，故往贷粟于监河侯。监河侯曰："诺。我将得邑金，将贷子三百金，可乎？"庄周忿然作色曰："周昨来，有中道而呼者。周顾视车辙中，有鲋鱼焉。周问之曰：'鲋鱼来！子何为者邪？'对曰：'我，东海之波臣也。君岂有斗升之水而活我哉？'周曰：'诺。我且南游吴越之土，激西江之水而迎子，可乎？'鲋鱼忿然作色曰：'吾失我常与，我无所处。吾得斗升之水然活耳，君乃言此，曾不如早索我于枯鱼之肆！'"（《外物》）

◎贷粟：借粮。监河侯：监河之官。◎邑金：采邑的租税。三百金：三百两金。春秋战国时铜铁等也称金。◎作色：变脸。中道：途中。◎车辙：车轮压出的车轮沟。鲋鱼：鲫鱼。◎（鲋鱼）来：语助词。◎波臣：水族之官。◎吴越之土：吴国、越国的地盘。激：引。西江：蜀江。◎常与：惯常相伴之物，这里指水。◎曾：竟。肆：商肆，店铺。

庄子家贫，到监河侯那里去借粮。监河侯说：行啊，我刚要去封邑收税，收上来就借给你三百金，行吗？庄子听了，脸色骤变。不过即便在这样的时刻，庄子也未改变他爱讲寓言的习惯，当下讲了个鲫鱼求救的故事。

庄子说：我昨天来的路上，听见有人招呼我。回头看看车道沟，竟有一条鲫鱼！我就问它：鲫鱼，你招呼我干啥？鲫鱼回答：我是东海水族的一员，你能用斗升之水救我活命吗？我对它说：行啊，我就要到南方吴越之地游历，到时引西江之水来迎你，行了吧？那鱼变了脸，愤愤地说：我失去水的陪伴，没处安身，只要得到斗升之水就能活命，你却说这样的大话，还不如早早到干鱼店去找我呢！

庄子的寓言中，没一个字涉及监河侯，却没一个字不是指责监河侯。看得出来，庄子是真的生气了：家里马上"断顿"了，虚伪的监河侯却跟他说大话、"扯闲篇"，能不惹他动怒吗？

人们还记得，庄子寓言喜欢拿鱼"说事"。开篇的《逍遥游》中就有"不知其几千里"的大鲲；《大宗师》里那个"相濡以沫"的故事，同样说的是鱼儿失水后的境遇。庄子还跟好友惠子在濠梁上讨论过"鱼之乐"，而今又以涸辙之鲋自比……庄子大概真的羡慕鱼，希望自己能像鱼一样自由自在地悠游于思想的江湖之中。

《外物》篇中还有跟鱼有关的寓言呢，像"任公子钓鱼""得鱼忘筌"等——不过"得鱼忘筌"只是以鱼为引子，来说明更深层的道理：

筌者所以在鱼，得鱼而忘筌；蹄者所以在兔，得兔而

忘蹄；言者所以在意，得意而忘言。吾安得夫忘言之人而与之言哉！（《外物》）

◎荃（quán）：又作"筌"，即鱼笱（gǒu）。◎蹄：捕兔的网。

"荃"即鱼篓，是用来捕鱼的工具；可一旦捕到鱼，人们便把鱼篓忘在脑后了。"蹄"则是网子，是用来抓兔的；可一旦抓到兔子，人们也便把兔网忘在脑后了。语言是用来表达思想的，一旦获得思想，人们也便把语言忘在了脑后。我怎样才能找到"得意忘言"的高人，跟他讨论天道呢！——这事难办：即便找到了，没有语言的沟通，又如何跟他交流？

任公子钓鱼："小说"一词由来

《外物》篇中另一则跟鱼相关的寓言，是"任公子钓鱼"。

任公子为大钩巨缁，五十犗以为饵，蹲乎会稽，投竿东海，旦旦而钓，期年不得鱼。已而大鱼食之，牵巨钩，錎没而下，鹜扬而奋鬐，白波若山，海水震荡，声侔鬼神，惮赫千里。任公子得若鱼，离而腊之。自制河以东，苍梧已北，莫不厌若鱼者。已而后世辁才讽说之徒，皆惊而相告也。（《外物》）

◎任公子：任国的王室公子。巨缁（zī）：粗黑绳子。犗（jiè）：犍牛。会稽（今读Guìjī）：山名，在浙江省境内。期

(jī)年：一年。◎铭(xiàn)：通"陷"。骛(wù)扬：奔驰。鬐(qí)：鱼鳍。侔(móu)：齐，相等。惮(dàn)赫：震惊。◎若鱼：这条鱼。离：剖分。腊(xī)：晾成干。◎制河：浙江。制，同"淛"，即浙。苍梧：山名，在岭南。厌：餍，饱食。◎辁(quán)才：小才。讽说：传说，道听途说。

任国公子是个巨人，他钓鱼的举动不同寻常：打造了大鱼钩，系上粗黑绳子做钓丝，拿五十头小牛当钓饵；人蹲在会稽山，把钓饵投到东海中——要知道，会稽山离东海要有上几百里哩！他每天都蹲在那儿等鱼上钩，可等了一整年，也没等来。

后来大鱼终于吞钩了，动静可真不小！大鱼牵引着巨钩先是往水下沉，又腾跃而起，扬起鱼鳍，搅得白浪如山、海水震荡，声如鬼哭神号，震惊千里之外！

任公子钓得这条大鱼，把它剖开晾成鱼干，分给大家吃。从浙江以东到苍梧山以北，没一个不吃得饱饱的！于是一些见识浅薄、爱传闲话的人，都惊诧地奔走相告。

庄子为什么要讲这么个离奇故事？他想说明什么道理？

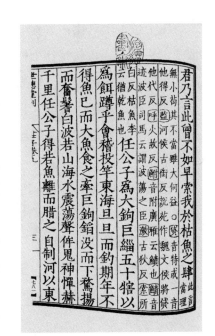

《庄子》寓言"任公子钓鱼"片段

且看下面的议论：

> 夫揭竿累，趋灌渎，守鲵鲋，其于得大鱼难矣。饰小说以干县令，其于大达亦远矣。是以未尝闻任氏之风俗，其不可与经于世，亦远矣。(《外物》)

◎揭：举。累：细绳。趋（cù）：前往。灌渎：小河沟。鲵鲋：小鱼。◎饰：粉饰。小说：浅薄的学识。干：求取。县令：高名令誉。县，通"悬"，高。令，通"名"。大达：通于大道，明达大智。这里与"小说"相对。◎风俗：志向，风度。与：与闻，参与。经于世：经世，治国理政。

庄子做了个对比：举着小竿细丝，到小河沟守候着鲶鱼鲫瓜子，一般人钓鱼就是这个样子。让这些人去钓大鱼，那是太难了！——同样的道理，拿浅薄的学识来装扮自己，一心要沽名钓誉，这跟通于大道的人相比，差得太远！不了解任公子的志向风度，当然也就干不了经邦济世的大事，两者相差可不是一星半点！

任公子所以能干出惊天地、泣鬼神的大事，首先是志向高，选择了烟波浩渺的东海，要钓就钓最大的鱼！其次是肯下本钱、花工夫：工具是"大钩巨缁"，投入则是"五十犗以为饵"，又有足够的耐心，一等就是一年，自然能获得巨大成功。那些不肯投入又梦想天上掉馅饼的家伙，如何比得了？所以作者再三感叹"亦远矣"！

有意思的是，我们后世的一种文学样式——"小说"的名称,最早便是出现在这则寓言中。只是庄子所说的"小说"是指浅薄的学识;今天的"小说"则是指人们喜闻乐见的一种叙事性文学体裁,两者相差同样是"亦远矣"!

庄子说剑:利剑三把任你选

杂篇中的《说剑》,讲述庄子如何劝谏赵文王幡然醒悟,不再迷恋剑术。全篇如同一则小说。

赵文王喜欢剑术,门下聚集着三千剑客,日夜论武比剑,每年都要死伤上百人。然而赵文王乐此不疲,一弄三年,搞得国力衰退,诸侯也都虎视眈眈。太子悝(kuī)为此忧心忡忡,悬赏说:谁能说服赵王停止比剑,愿赐千金。于是有人推荐了庄子。

庄子推辞说:我若因出头劝谏而违逆赵王之心,又不合太子之意,我可就死无葬身之地了,千金对我有啥用?我若说服大王,也合了太子之心,我要什么不给呢,又何必在乎这千金?

不过庄子还是答应下来。他自称是高明的剑士,照剑士的样子穿戴好,去见赵王。赵王正拔出利剑等着他呢。赵王问他剑术如何,庄子回答:"臣之剑十步一人,千里不留行!"(凭我的剑术,可以十步杀一人,千里无阻挡!)赵王听了很高兴:看来你的剑术天下无敌啊!

赵王让剑士们相互比剑,一连七天,死伤六十多,最终选出五六位尖子,准备跟庄子比试。庄子说:我都等不及了。赵王又让他选剑,庄子说,我有三把剑任王选用,分别是天子之剑、诸侯之剑和庶人之剑，先听我来说一说。

什么是天子之剑呢？以燕溪、石城做剑锋，拿齐国的泰山做剑刃，用晋国、卫国当剑背儿，东周、宋国做剑口，韩国、魏国当剑把，拿四夷包着、四时围着，用渤海环绕着，恒山当系带，五行来制衡，此外又是什么刑德论断、阴阳开合，春夏扶持、秋冬运作。这种剑，上可断浮云、下可绝地基，一旦使用，便能匡正诸侯，令天下顺服——这说的是天子之剑。

文王听了，茫然若失，说：你再说说诸侯之剑如何？

（庄子）曰："诸侯之剑，以知勇士为锋，以清廉士为锷，以贤良士为脊，以忠圣士为镡，以豪杰士为夹。此剑，直之亦无前，举之亦无上，案之亦无下，运之亦无旁；上法圆天以顺三光，下法方地以顺四时，中和民意以安四乡。此剑一用，如雷霆之震也，四封之内，无不宾服而听从君命者矣。此诸侯之剑也。"（说剑》）

◎锷：剑刃。脊：剑背。忠圣：忠诚贤良。镡（xín）：剑口。夹：同"铗"，剑把。◎案：按。◎法：效法。三光：指日、月、星。◎四封：四境。

原来，诸侯之剑是以勇敢之士做剑锋，清廉之士为剑刃，贤良之士当剑背儿，忠贤之士做剑口，豪杰之士为剑把。这把剑，往前刺没啥能阻挡它，往上举没啥能高过它，往下按也没啥能比它低，挥舞起来没啥可以靠近它。在上效法圆天以顺应三光，在下效法方地以顺应四时，中间可以和睦民意、安顿四乡。此剑一用，如雷霆震撼，四境之内，无不归服，都来听命于君主——这是诸侯之剑。

赵王又问：庶人之剑又如何？庄子说：庶人之剑嘛，不过是穿戴上剑士的衣冠服饰，"蓬头突鬓垂冠，曼胡之缨，短后之衣"（突鬓：突出的发鬓。垂冠：低垂的帽子。曼胡之缨：粗实的冠缨。短后之衣：前长后短的衣服），双方怒目而视，相互责难，攻击争斗，上斩颈项，下刺肝肺。这就是庶人的剑术，跟斗鸡没啥两样。一旦丧命，对国家再无用处。如今大王拥有天子高位，却喜好庶人的剑术，我私下替您惋惜！

赵王听了，拉着庄子上殿，让厨师摆宴，自己围着转了三圈。庄子说：请大王落座定定神，我对剑术的认识，已经向您和盘托出了。——自此赵王三个月没出宫，剑士们都纷纷自杀，他们大概知道，今后只有饿死一条道了。

庄子这三把剑的比喻，可谓巧妙。所谓"天子之剑"，乃是以大一统的江山为喻，拿山河国度比作宝剑的锋、刃、脊、柄；而"诸侯之剑"则以治国为喻，用勇士贤臣比作宝剑的锋、刃、脊、柄。意在提醒赵王：这才是天子、诸侯该做的大事。相比之下，剑士的击刺比拼，显得那么"小儿科"！

然而从文字上看，这一篇的文风显然不同于《逍遥游》《齐物论》，语言铺排，风格夸饰，更像是战国纵横家的文字。学者怀疑此篇甚至不是庄子后学所作，而是出自策士之手。——这也是为什么将它列入"杂篇"的原因了。

"舐痔得车"与"龙颔探珠"

有一则"曹商使秦"的寓言,收于杂篇《列御寇》:

宋人有曹商者,为宋王使秦。其往也,得车数乘;王说之,益车百乘。反于宋,见庄子曰:"夫处穷闾陋巷,困窘织屦,槁项黄馘者,商之所短也;一悟万乘之主而从车百乘者,商之所长也。"庄子曰:"秦王有病召医,破痈溃痤者得车一乘,舐痔者得车五乘,所治愈下,得车愈多。子岂治其痔邪,何得车之多也?子行矣!"(《列御寇》)

◎乘(shèng):量词,辆。◎益:增加。◎穷闾陋巷:偏僻狭窄的里巷。陋,同"隘",狭窄。屦(jù):麻鞋。槁项黄馘(guó):面黄肌瘦的样子。槁,干枯。项,脖子。馘,头,脸。◎悟:使之醒悟。◎痈(yōng):红肿带脓的毒疮。痤(cuó):疽,一种毒疮。舐(shì):舔。痔(zhì):痔疮。

宋人曹商出使秦国,出发时,宋王赐他几辆车。到了秦国,因他能吹会拍,搔到秦王痒处,一下子又获赐一百辆车。曹商回到宋国,甚是得意,见到庄子就吹嘘说:我曾住在穷街陋巷,生活困窘,靠编草鞋度日,以至于面黄肌瘦,那是我的人生低谷;可我一旦被委以重任,开导大国君主,随从车马增至百辆,这又是我的人生高峰了!

庄子听了,冷冷地说:秦王生病请大夫,能治好痈疮的赏车一辆，能为他舐痔疮的，赏车五辆——所治部位越卑下，所得车子就越多。你别是替秦王舐了痔疮吧？怎么得到这么多车子呢？你还是离我远点吧！

这则寓言对那些贪求利禄、厚颜无耻的家伙毫不留情，言辞激烈，少了一点庄子式的超然！不过主题倒是跟庄子远离统治者的一贯理念相吻合。

同在《列御寇》中，还有一则寓言与此近似：

> 人有见宋王者，锡车十乘，以其十乘骄稚庄子。庄子曰："河上有家贫恃纬萧而食者，其子没于渊，得千金之珠。其父谓其子曰：'取石来锻之！夫千金之珠，必在九重之渊而骊龙颔下，子能得珠者，必遭其睡也。使骊龙而寤，子尚奚微之有哉！'今宋国之深，非直九重之渊也；宋王之猛，非直骊龙也；子能得车者，必遭其睡也。使宋王而寤，子为齑粉矣！"（《列御寇》）
>
> ◎锡：通"赐"。稚：骄。◎纬萧：编织芦苇。纬，织。萧，荻蒿。没（mò）：潜水。◎锻：捶击，打碎。◎骊龙：黑龙。颔：下巴。◎寤（wù）：醒。奚微之有：哪里还有一点，指被吞吃干净。◎直：同"啻"，止。◎齑（jī）粉：碎末，粉末。

这里说的也是君王赐车的情节。有个人获得宋王赏赐的十辆车子，到庄子这儿来"显摆"。庄子给他讲了个故事：河边有一家穷人，靠着编织苇席艰难度日。这家的儿子潜水到深渊中,摸到一颗价值千金的宝珠!父亲见了说:赶紧拿石头把它砸碎!你不知道,这颗宝珠一定是九重深渊骊龙下巴的那颗,你能得到它,肯定碰巧骊龙睡着了;若等它醒了,你还有命吗?

话头一转,庄子对得车的人说:如今宋国的事,比九重深渊还深,宋王的凶猛,也比骊龙只多不少。你能得几辆车,肯定赶上宋王睡着了;一旦他醒来,你就要粉身碎骨了,你还得意啥啊?

这也是道家的一贯态度:对统治者的残暴寡恩有着清醒的认识,出于避祸的心理,远离官场与权力,鄙视所有趋名逐利之辈。——道家的"出世"思想,也便由此而来。

《天下》篇:道术方术,以儒为宗

《天下》是杂篇的最后一篇,也是全书的末章。开头一句为"天下之治方术者多矣",标题便取这句话的头两个字。

什么是"方术"呢?就是学术,说得更准确点,是指各个学派的特定学问,譬如墨家、法家、道家、名家……《天下》篇则是对各家学术的概括与评价,有人说,这是一篇最早的"先秦学术史"。

百家争鸣,难免有"王婆卖瓜"之弊:各家争夸自家瓜好,甚至好到无以复加的地步("皆以其有为不可加矣")。其实呢,所有的"方术",都是"道术"的分支。

"道术"指洞悉宇宙人生本原的大学问,"圣有所生,王有所成，皆原于一"（神圣的人格由此而生，王道理想由此而成，都源于这个"一"）。——不错，这个"一"便是"道"。

"道术"不是人人可以接触到的，只有四种人可以把握，即"天人""神人""至人""圣人"。庄子解释说：

> 不离于宗，谓之天人。不离于精，谓之神人。不离于真，谓之至人。以天为宗，以德为本，以道为门，兆于变化，谓之圣人。（《天下》）
> ◎宗：道之根本。◎精：道之精髓。◎兆：征兆，预揣。

不离大道之本的叫"天人"，不离道之精髓的叫"神人"，不离道之本真的叫"至人"，而以天然为宗、以道德为根、以道为门径、能预见变化征兆的，叫"圣人"。

这四种人之外，就要数"君子"了。作者说：凭借仁来施恩惠，把义当成理论根据，用礼来规范行动，拿乐来调和性情，温和又慈爱，这种人叫"君子"（"以仁为恩，以义为理，以礼为行，以乐为和，熏然慈仁，谓之君子"）。——这显然是指儒家精英！他们虽然赶不上圣人，却已经很接近了。

君子对内修炼人格，提高修养；对外经世济民，为社会出力。他们遵守法度，重视名节，注重实践；一旦做了官，便忠于职守，把百姓穿衣吃饭、春种冬藏放在心上，老弱孤寡也都有所安养。——这些便是"道术"的大致内涵。

《天下》篇认为，古代的"道术"，都保存在《诗》《书》《礼》《乐》等典籍中；这些典籍"邹鲁之士缙绅先生多能明之"——"邹鲁之士、缙绅先生",分明就是齐鲁的儒生啊。

总之一句话,"道术"是"内圣外王之道"(内心修炼为圣人,对外实现王道)。——可惜因"天下大乱,贤圣不明,道德不一","道术"得不到完整的传承,于是各个学派分别获取了"道术"的片断而自成一家。这就像人有耳目鼻口,各器官"皆有所明"却又"不能相通","内圣外王之道"也因此失去光彩。"道术"就这样分裂,"方术"也就这么产生了。

《天下》篇明白无误地把儒学奉为"道术"正宗;儒家"内圣外王"的思想内核,也是由《天下》篇首先提出的。这里反映的,应是先秦学术的真相:儒家学派实力强劲,其他学派都不能漠视它。而其他学派又多半是从儒家学派衍生出来的,跟儒家有着千丝万缕的联系。

诸子百家不光有争论、攻讦,也有相互学习和借鉴——解开先秦学术繁荣之谜的钥匙,也便隐藏在这里。

安徽蒙城庄子祠

庄子"三言":为啥有话不好好说

《天下》篇共分八段,第一段讲"道术",概括儒家主张。第二段评介墨子和禽滑厘,两人是墨家人物。第三、四段分别讲评宋钘(jiān)、尹文及彭蒙、天骈、慎到,这两派介乎于墨、道、名、法之间。第五、六段评介关尹、老聃及庄周,实为道家学派。第七、八两段介绍惠施,则是名家代表。——这里重点看看《天下》篇是如何评价道家的。

《天下》篇第五段开头说,有这么一派,把根本的大道视为精微,把有形的物质视为粗杂,把积蓄看作不足;无牵无挂、悠然自得,独与灵妙的道共处。关尹和老子喜好这些说法,于是建立"常无""常有"的学说,以"太一"为宗主;外表上显示着柔弱谦下,实则崇尚虚空,以成就万物。——寥寥几句,把道家的主张说了个大概。

《天下》篇对庄子的评介,可谓不吝溢美之词。其中谈到庄子的文风,说了这样一段话:

> 以谬悠之说,荒唐之言,无端崖之辞,时恣纵而不傥,不以觭见之也。以天下为沈浊,不可与庄语。以卮言为曼衍,以重言为真,以寓言为广。(《天下》)

◎谬悠:迂远。荒唐:虚诞,夸张。端崖:边际。恣纵:放纵。傥:偏傥,片面。不以觭(jī)见之也:不偏不倚,所见不执着一端。觭,是"奇"的借字。◎沈浊:极度污浊。庄语:庄重正大的话语。◎卮(zhī)言:无心之言,下详。曼衍：同"漫衍"，散漫流衍，不拘常规。重（zhòng）言：先哲时贤的言论，因为人所重，而称"重言"。寓言：寄寓他人他物的言论。

这里是说，庄子的学说，多用迂远的论说、虚诞的语言、无端倪的言辞来表达，恣肆放纵，却又不偏颇，不固执于某一见解。——你看，又是"谬悠"，又是"荒唐"，又是"无端崖"，又是"恣纵"；庄子为啥"有话不好好说"呢？原来，他看到天下一派污浊，你讲正经话（"庄语"）又有谁听？因而只能以"卮言"来漫谈，引"重言"以验证，借"寓言"来推广了。

关于这"三言"，前面的《杂篇·寓言》也曾提到，开篇便说："寓言十九，重言十七，卮言日出，和以天倪。"即是说，在《庄子》的话语中，"寓言"占了十分之九，"重言"占了十分之七；"卮言"则是日出不穷，传达着自然之道。

啥是"寓言"呢？文中说，就是假托外人来论说（"藉外论之"）。一般而言，当爹的不会替儿子做媒，因有"王婆卖瓜"之嫌，因此总要请别人来夸说儿子。这就是使用"寓言"说理的长处。"重言"是指长者之言，长者的话有分量，你一引用，别人也就无话可说了。"卮言"又是啥？"卮"是注酒的漏斗，上面注，下面流，如同人说话不经过大脑，也就没有自己的成见，宣泄的是自然之音。

不过这里的统计似乎出了问题："寓言"占十分之九，"重言"占十分之七，"卮言"层出不穷，加起来不早就超过百分之百了吗？其实这三种修辞又是重叠的，是"寓言"，同时也可以是"重言"或"卮言"吧。——弄清"三言"的内涵，便不难理解《庄子》的语言风格了。

《天下》篇对于每一流派都提出一两条缺点，例如墨家主张虽好，但做得过火，宋钘、尹文的主张则不易施行，慎到的学说被人讥笑为"死人之理"，惠施则分散心思、舍本逐末……唯独对老子、庄子，《天下》篇的评论全是褒扬。——这也难怪，《天下》篇就是《庄子》一书的后记、跋语啊！

《庄子》又是成语宝库

庄子对中国哲学史及文学史的贡献，自有哲学家、文学家去评说。——我们只强调阅读原典，口诵心受，什么境界的宏大、思想的深邃、感情的充沛、文风的汪洋恣肆与诗意盎然……只有通过诵读才能获得真切的感受。

前面说过，庄子散文不大重视逻辑论辩，却喜欢通过"寓言"，婉转表达自己的看法。有人因此说，庄子散文以"颖悟"见长，即所谓"相视而笑，莫逆于心"。这种感受，也只有读过才能领会。

庄子所开创的文章风格，影响到后世的文学家，如阮籍、陶渊明、苏轼、辛弃疾、曹雪芹……在他们的诗文、小说中，都能找到《庄子》的影响印迹。尤其是唐代大诗人李白，诗风受《庄子》影响甚深。清人方东树说："大约太白诗与庄子文同妙，意接而词不接，发想无端，如天上白云卷舒灭现，无有定形。"(《昭昧詹言》)

此外，检点汉语词汇库，出自《庄子》的成语数量惊人，单是《内篇》七篇中，就可以找到如下这些：鲲鹏展翅、鹏程万里、扶摇直上、一飞冲天、越俎代庖、河汉斯言、吸风饮露、尘垢秕糠、劳而无功、大而无当、不近人情、大相径庭（以上《逍遥游》），槁木死灰、朝三暮四、狙公赋芧、栩栩如生、妄言妄听、心如死灰、恢恑憰怪、沉鱼落雁（以上《齐物论》），庖丁解牛、目无全牛、游刃有余、硎发新刃（刃发若新）、踌躇满志、官止神行、安时处顺、薪尽火传（以上《养生主》），螳臂挡车、与古为徒、虚室生白、执而不化、巧言偏辞、画地而趋、无用之用、山木自寇、膏火自煎（以上《人间世》），肝胆楚越、虚往实归、无可奈何、和而不唱（以上《德充符》），泉涸之鱼、相濡以沫、相忘江湖、自适其适、藏舟于壑、藏山于泽、善始善终、莫逆之交、相视莫逆、息黥补劓、鼠肝虫臂（以上《大宗师》），蚉虻负山、虚与委蛇、用心若镜、浑沌凿窍（以上《应帝王》），等等。

至于外篇、杂篇中的成语典故，仍有不少。熟在人耳的就有如下这些：伯乐治马、鼓腹而游、盗亦有道、唇竭齿寒、窃钩窃国、雀跃不已、独往独来、神乎其神、华封三祝、大惑不解、得心应手、不主故常、满坑满谷、西子捧心、东施效颦、吐故纳新、倘来之物、望洋兴叹、见笑大方、太仓稊米、一日千里、咳唾成珠、井蛙之见、坎井之蛙、以管窥天、邯郸学步、泥涂曳尾、鹓鶵之志、鼓盆而歌、夜以继日、绠短汲深、呆若木鸡、履适忘足、带适忘腰、昭然若揭、直木先伐、甘井先竭、交淡如水、得意忘形、螳螂捕蝉黄雀在后、亦步亦趋、瞠乎其后、失之交臂、形若槁木、解衣盘礴、哀莫大于心死、化臭腐为神奇、初生之犊、食不知味、白驹过隙、每下愈况、道在屎溺、异名同实、吞舟之鱼、数米而炊、空谷足音、运斤成风、触蛮之争、鲁莽灭裂、得意忘言、得鱼忘筌、枯鱼之肆、尊古卑今、妇姑勃溪、随珠弹雀、胼手胝足、捉襟见肘、日出而作日入而息、身在江湖心存魏阙、摇唇鼓舌、无病自灸、同类相从、同声相应、分庭抗礼、能者多劳、槁项黄馘、吮痈舐痔、探骊得珠、万变不离其宗、内圣外王、栉风沐雨、学富五车、大同小异……

我们今天的常用成语中，出自《庄子》的不下十分之一——庄子创造力之伟大，还要多说吗？

附：《列子》：一部备受称赞的伪书

杞人忧天有深意

附带说说《列子》，这同样是一部道家典籍。

列子名列御寇（约前450—前375），是战国时郑国人，生活年代晚于老子，又早于庄子——比庄子早生约八十年呢。庄子对他挺感兴趣，在书中屡屡提到他。你肯定知道，《庄子》杂篇中的《列御寇》，便以他的名字命名的。

今本《列子》共八篇：《天瑞》《黄帝》《周穆王》《仲尼》《汤问》《力命》《杨朱》《说符》。不过据学者考证，《列子》原书早已失传，今天看到的这本，应是一部赝作，里面或许残存着《列子》原作的文字，但大部分内容出自魏晋人之手，顶着列御寇的名儿罢了。

伪书总是令人嫌憎的；可是奇怪，历代学者对这部赝作却格外宽容，甚至交口称赞。刘勰在《文心雕龙》中就夸赞说："列御寇之书，气伟而采奇。"柳宗元也评价说："其文辞类庄子，而尤质厚。"（《列子辩》）当代学者钱锺书的评价最中肯，他说，《列子》跟《庄子》相比，文词不如后者"奇肆飘忽"，说理不如后者"精微深密"；但"寓言之工于叙事，娓娓井井，有伦有序，自具一日之长。即或意出拸（xián）扯（拉扯，虚构），每复语工熔铸"。他高度赞扬这位作伪者的文采，说是超越建安诸子，堪称一时"巨擘（大手笔，擘音 bò）"！

的确，《列子》借寓言讲道理的本领，无人能比。今天流传的许多成语典故，像"杞人忧天""愚公移山""夸父逐日""薛谭学讴""伯牙鼓琴""纪昌学射""田父献曝""九方皋相马""歧路亡羊""疑人偷斧""白日攫金"等，便都出自《列子》。

"杞人忧天"的故事人们再熟悉不过：有个杞国人大概患了"忧郁症"，整天担心天地崩塌，自己无处存身，竟弄得废寝忘食。有个人开导他说：天不过是积聚的气罢了，哪里没有气呢？你屈伸呼吸，整天在"天"中活动，为啥还担心它崩塌？

杞人仍旧发愁：天真的是积聚的气，那么日月星辰会不会掉下来呢？开导者说：日月星辰也不过是气中能发光的东西，即便掉下来，也伤不到谁。可杞人还是担心：地崩坏又怎么办？开导者说：地只是累积的土块而已，着着实实地充塞着空虚的地方。你在上面踩踏行走、蹦蹦跳跳，整天在地上行动，干吗还担心它崩坏呢?

杞人听了,"舍然(放下负担貌)大喜";开导者见他开心,也"舍然大喜"!人们讲"杞人忧天"的寓言,一般到此为止。其实故事还没结束。

有位号称"长庐子"的听说这事,笑道:积气而成天,积形而成地,既然如此,为什么说它们不会崩坏呢?于是长庐子谈起天地在宇宙中的位置:往小了说,不过是一"细物";往大了讲,又是"有中之最巨者",而且"难终难穷""难测难识"。担心它会坏掉的,诚然想得太远;说它不会坏的,又说得太绝对。但天地总归是要坏的,为什么不该担忧呢?

细想起来,这位被人耻笑的杞人,倒是位值得尊重的思想家,有独立见解和忧患意识,能察人所未察,忧人所未忧,那些只知追求"三饱两倒"的平庸之辈,自然不能理解他。而那位开导他的人,不但富于同情心,又有着一定的"科学素养",认为天是"积气"而成,人"屈伸呼吸,终日在天中行止",这种认识今天看来依然是正确的。

至于长庐子认为天地是"空中之一细物,有中之最巨者,难终难穷……难测难识",也完全合乎科学认知;他认为天地总有崩坏的一天,也符合天文学家对宇宙的观察与预测。

对这个问题,列子又怎么看?

子列子闻而笑曰:"言天地坏者亦谬,言天地不坏者亦谬。坏与不坏,吾所不能知也。虽然,彼一也,此一也。故生不知死,死不知生;来不知去,去不知来。坏

与不坏，吾何容心哉！"(《天瑞》)

◎子列子：列子。◎容心：放在心上。

列子的态度是：说天地会坏的，荒谬可笑；说天地不会坏的，同样荒谬可笑。究竟坏还是不坏，我怎么知道？尽管如此，说会坏的算是一种意见，说不会坏的也算是一种意见。这如同活着不知死后如何，死后不知活着如何；未来不知过去，过去不知未来。一句话：天地会不会坏，关我啥事，又何必担忧呢？

看来只有"子列子"的回答不够认真，拿出道家那套"万用灵丹"，应对人们对天崩地解的恐惧，猛抹稀泥。——这又是道家的"痼疾"，论病症，比杞人还要重些！

"愚公移山"与"扁鹊换心"

《愚公移山》是《列子》中最著名的寓言之一，出自《汤问》篇。

愚公因门对高山，出行不便，发誓要挖掉太行、王屋两座高山。这在聪明人智叟看来，简直是异想天开。然而愚公的决定并不仅仅凭借信心和勇气，他还有一套理论，说是："虽我之死，有子存焉。子又生孙，孙又生子，子又有子，子又有孙，子子孙孙无穷匮也。而山不加增，何苦而不平？"——愚公的精神最终感动天帝，派了两位大力神，把山背去。他的精神还感动了无数华夏子孙，让我们的民族性格中多了几许坚韧顽强！

《汤问》篇则汇集了不少寓言故事，一些篇章寄寓着作者的美好理想。譬如《终北国》一篇,说大禹治水途中迷失了方向,误入终北国。那里靠近北海北岸,离中国有几千万里呢,土地辽阔,无风霜雨露,不生鸟兽草木。国中一山高耸,山巅有一圆形小口,名"滋穴",里面终年有水涌出,其香如兰,味过美酒。泉水曲折蜿蜒,流到国土每一个角落,所到之处四季鲜花、人心和顺。人们随遇而安,不争不竞,不骄不妒;老少同居,不分君臣;男女同处,无须媒妁。人人长命百岁,日日笑语欢歌。这里的人全无稼穑劳苦,饿了累了,饮上几口神泉之水,立刻精神百倍!用这神水洗浴,还会使皮肤滋润光泽,香气"经旬乃歇"。

这里描摹的景象,是不是有点像陶渊明笔下的桃花源?陶渊明是魏晋时人,《列子》据考也出于那个时代。在那兵荒马乱的岁月,找寻一片安宁富庶的乐土,几乎是所有人的期盼。

《列子》的美好理想,还表现在对"科学奇迹"的幻想和预

愚公移山图(徐悲鸿绘)

见上。《汤问》中有一则"扁鹊换心",讲述鲁人公扈和赵人齐婴患病,来请神医扁鹊诊治。扁鹊分别给两人讲说病因:公扈呢,心志强盛而气弱,所以多谋而寡断;齐婴呢,心志弱而气强,所以少谋而专断。如果把两人的心调换一下,两人心气平衡,就都好了。

于是扁鹊实施手术,"遂饮二人毒酒(麻醉剂),迷死三日,剖胸探心,易而置之;投以神药,既悟如初"。——手术成功,两人各自回家。结果问题来了,公扈听从心的指引回到齐婴家,齐婴的妻子儿女都不认识他;齐婴回到公扈家,也遇到同样的麻烦。两家为此闹上公堂。直到请来扁鹊,说明原委,官司才平息。

一千六七百年后的今天,换心术已成现实,然而我们仍为先人的大胆想象而感到惊异。可以肯定的是,人类没有"荒诞"的幻想,就不会有今天的医学奇迹发生!

有意思的是,古人认为心是负责思维的器官("心之官则思"),因而公扈、齐婴换心之后找错家门,在古人看来是理所必然的。

《汤问》中还有一则"偃师造人",是人类最早关于"仿真人"的设想。——偃师是位能工巧匠,向周穆王毛遂自荐。穆王问:跟你一块来的是谁?偃师说:是我制造的"倡者"(倡优,艺人)。穆王吃了一惊:眼前的倡者举手投足,跟真人一模一样!

穆王召来宠爱的盛姬及内臣一同观看表演。只见偃师一按倡者面颊,它就随音律唱起来;一动它的手腕,又按节拍跳起舞。舞将结束时,倡者竟向穆王的宠姬"抛媚眼",惹得穆王大怒,要杀死偃师。

偃师慌了，当面解剖倡者，竟是由皮革、木头、胶水、油漆、白垩、黑炭之类材料组合而成。细看，却又五脏皆备，筋骨、肢节、牙齿、头发俱全。重新组装，则俨然又是一个倡者。穆王试着拿掉他的心，他就哑了；拿掉他的肝，他就瞎了；拿掉他的肾，他便不能走路了。——在古老的中医理论中，舌通于心、目通于肝、筋骨连于肾……

"人之巧乃可与造化者同功乎？"（人的工巧竟能跟大自然的创造异曲同工吗？）这是穆王对偃师神技的由衷赞美。而读者们赞叹的，则是作者超人的想象力，以及生动的描写技巧。——除了主动"抛媚眼"，倡者的所作所为，今天的机器人做来全不费力。

"纪昌学射"与"小儿辩日"

《列子》中的某些寓言，已有小说模样。像"纪昌学射"，讲纪昌随飞卫学习射箭。飞卫说：你先要学会不眨眼，然后再谈学射的事。于是纪昌整天仰卧在妻子的织布机下，紧盯着机子上高速移动的梭子。这样苦练了两年，练到锥子刺眼而不眨的程度。

老师又提出新要求：要练好眼力，得视小如大才行。这一回，纪昌用牛毛吊了一只虱子在窗口，每天盯着看。看了三年，眼中的虱子已大如车轮。再看别的目标，更如山丘一般！纪昌拈弓搭箭朝虱子射去，一箭贯穿虱子的心，而拴虱子的牛毛竟然没断！老师替他高兴："汝得之矣！"

可纪昌后来却动了歪心思，认为只要除掉老师，自己便是天下第一了！一次两人在野外相遇，竟对射起来。只是两人的箭总是在半道"顶牛"、双双落地，连尘土也不起！

当纪昌射出最后一箭时，飞卫手上已经没箭了。可他不慌不忙在路边撅了根酸枣枝，用来抵住飞来的箭，分毫不差！——最后的结局是两人扔掉弓痛哭起来，倒地相拜，认作父子，还刺臂为盟，发誓永不把射箭的奥秘传给他人。

这则寓言既有写实笔法，又具传奇色彩。情节发展到高潮时，不禁令人手心儿捏把汗；而寓言中人物的心理变化，也给人以启示、令人警醒。

列子寓言中反映微妙心理的，还有"好沤鸟者"：

海上之人有好沤鸟者，每旦之海上，从沤鸟游，沤鸟之至者百住而不止。其父曰："吾闻沤鸟皆从汝游，汝取来，吾玩之。"明日之海上，沤鸟舞而不下也。（《黄帝》）

◎沤鸟：海鸥。住（shù）：同"数"。◎舞：飞舞，飞翔。

海边有个喜欢海鸥的人，每天早上到海边跟海鸥一块戏耍，飞来的海鸥有上百只。他爹知道了，说：听说海鸥都喜欢跟你一块玩，你逮一只来，让我也玩玩。第二天此人再到海边，海鸥在天空盘旋飞舞，没一只肯下来。

据《列子》作者说，这则寓言是讲"至言去言，至为无为"（最高深的话是不说，最超绝的行为是不做）。换个角度看，它似乎又在告诉人们：一个人的机心是无法隐藏的，即便不言不语，仍表现在他的眼神、姿态中，连禽鸟也瞒不过。

这典故后来又衍生出"鸥盟"一词，比喻远离尘世，退隐江湖。唐代李白诗中就有"明朝拂衣去，永与白鸥盟"的诗句。宋代辛弃疾还以"盟鸥"为题填写《水调歌头》，有句云："凡我同盟鸥鹭，今日既盟之后，来往莫相猜。"用的都是此典。

《列子·汤问》中还有"两小儿辩日"故事，也挺有趣：孔子东游，见两小儿争论不休。原来，一小儿认为太阳刚出时离人近，中午时离人远；另一小儿的见解则正相反。前一个陈说理由：太阳刚出时像车盖那么大，到了中午，小得像盘盂，这不正符合近大远小的道理吗？另一个争辩说：太阳刚出时凉飕飕，到了中午却热得如手探开水，这不正说明近热远凉的道理吗？孔子一时也难分对错。两小儿笑道："孰为汝多知乎？"（谁说你见多识广？）

儒、道两家一向隔阂，在道家著作中，这类小故事并不少见，自然全都出于虚构。从文章风格看，这一篇很有点志人小说的味道，语言隽永，谑而不虐，这同样是魏晋文章的特点。

至于被班固列入道家的另一部诸子之作《管子》，后世学者普遍认为偏于法家，《四库总目·子部》便将它列入"法家"，我们留待后面介绍。

辑三 《墨子》：兼爱非攻，节用尚俭

墨子与墨家

在《庄子·天下》篇中，墨家紧挨着儒家，地位在道家、

墨子（孙文然绘）

法家之上。没错，在战国时期，儒、墨并称"显学"，几乎势均力敌。

墨家的创始人墨子（约前476—约前390）名翟（dí），是鲁国（今山东滕州）人，也有说是宋人的。他出生时，孔子刚去世；而他去世后，孟子才降生。

墨子姓墨，这本来没啥好说的，可人们对此又有不同看法。有人说他本姓翟，母亲分娩前梦见有乌鸦入室，醒后生下他，于是取名"翟乌"。至于"墨"，则应是学派名称——先秦时学派众多，有儒家、道家、名家、法家、农家……没有一家是用姓氏命名的，况且那时也没有"墨"这个姓。

也有人说，当时的苦役犯要在面颊、额头上刺字涂墨，称墨刑；墨子或许曾是刑徒吧？——还有更离奇的说法，认为"墨翟"与"蛮狄"音近，因而墨子竟是"外国人"。这说法有点离谱，听者大多付之一笑。

据说墨子先世也曾是贵族，跟宋襄公还挂着点儿亲哩，这么说，跟孔子也有着血缘关系。只是到他这里，家族早已没落。墨子生活于社会底层，他所关心的，也是平民百姓。

墨子年轻时也曾学儒，不过他对儒家烦琐的礼仪程序很反感，认为儒家提倡厚葬，主张服丧三年，只会让百姓更穷困，也很耽误事。于是他脱离儒学，另起炉灶，创立了一套兼爱、非攻、尚贤、尚同、节用、节葬、明鬼、非命的新学说，大受底层社会欢迎。

墨家与儒家对立，大概跟各自的社会地位有关：儒家多半是上层社会的失业流民，所推行的礼乐，是上层社会的文化。墨子大概出身武士，本人又是能工巧匠，代表的是底层社会的失业流民。他提倡"兼爱"，也就是爱所有的人，地位卑微的百姓自然拥护他。他反对侵略战争，提出"非攻"口号，谁都知道，战争一起，老百姓第一个遭殃。

儒家虽然也强调"讷于言而敏于行"，但毕竟"坐而论道"的时候居多；墨子则更重视"起而行之"。他以救世解纷为己任，一旦有了行动目标，拔腿就走，奔走于各国之间，不辞辛劳、不避危险。墨子最佩服的人是大禹。他说：当年大禹治水时，亲自拿着筐子镢头四处奔走，"腓无胈，胫无毛，沐甚雨，栉疾风"〔由于奔走劳苦，搞得大腿没肉，小腿无毛，暴雨当洗澡，大风当梳头。腓（féi）：腿肚子。胈（bá）：白肉。胫：小腿。甚雨：暴雨。栉（zhì）：梳头〕，大禹就是我的榜样！

墨子身体力行，他的学生也都这么干：身穿羊皮袄、粗布衣，脚蹬木屐、草鞋，夜以继日地奔走辛劳，以自苦为乐趣，甚至说："不能如此，非禹之道也，不足谓墨！"（不这么干，就有悖于大禹的传统，不够墨家的格！《庄子·天下》。）

墨子当然不是单打独斗，跟着他学习的弟子有三百多人，据说他在当时的号召力，比诸侯还要大些。墨家是个组织严密的团体，有着严格的纪律。成员称"墨者"，墨子是最高头领，称"巨子（又作'钜子'）"。在团体内部，人们相互友爱，亲如一家；一旦巨子传令，人人都能"赴汤蹈火、死不旋踵"！

　　墨子的弟子，有禽滑厘、高石子、公尚过、耕柱子，后辈尚有相里勤、苦获、己齿、邓陵子等。墨子死后，墨家分为"相里氏""相夫氏""邓陵氏"三个学派。弟子们搜集老师的讲课笔记、谈话记录，编辑为《墨子》一书。经汉代学者整理，共有七十一篇。其后有所散佚，今存五十三篇。

附录：

《墨子》目录

　　一、亲士，二、修身，三、所染，四、法仪，五、七患，六、辞过，七、三辩，八、尚贤上，九、尚贤中，一〇、尚贤下，一一、尚同上，一二、尚同中，一三、尚同下，一四、兼爱上，一五、兼爱中，一六、兼爱下，一七、非攻上，一八、非攻中，一九、非攻下，二〇、节用上，二一、节用中，二二、节葬下，二三、天志上，二四、天志中，二五、天志下，二六、明鬼下，二七、非乐上，二八、非命上，二九、非命中，三〇、非命下，三一、非儒下，三二、经上，三三、经下，三四、经说上，三五、经说下，三六、大取，三七、小取，三八、耕柱，三九、贵义，四〇、公孟，四一、鲁问，四二、公输，四三、备城门，四四、备高临，四五、备梯，四六、备水，四七、备突，四八、备穴，四九、备蚁附，五〇、迎敌祠，五一、旗帜，五二、号令，五三、杂守。

《墨子》五十篇，"兼爱"光不灭

《墨子》五十三篇中，《兼爱》《非攻》《尚贤》《尚同》《节用》《节葬》《天志》《明鬼》《非乐》《非命》《非儒》这十一组文章，多以"子墨子曰"开篇。应是墨家弟子的听课笔记，大致可以视作墨子的著作。

另有《耕柱》《贵义》《公孟》《鲁问》《公输》五篇，也是弟子们记录的墨子言行，体裁近于《论语》，当然也可视作墨子著述。

此外，《经》上下篇、《经说》上下篇以及《大取》《小取》这六篇，又被称为"墨辩"或"墨经"，文辞古奥难懂，内容涉及哲学、伦理学、逻辑学及自然科学（包含光学、力学、数学等内容）等，或说墨子自著，也有说是弟子、后学所撰。

至于列在《墨子》开篇的《亲士》《修身》《所染》等七篇，其中混杂着儒家、道家、名家、法家的思想，倒不一定是墨子所作。而后面的"城守"各篇（包括《备城门》《备高临》《备梯》《备水》《备突》《备穴》《备蚁附》《迎敌祠》《旗帜》《号令》《杂守》等与战争防御有关的十一篇），大致也都经弟子、后学整理而成，但还保存着老师的主要观念和主张。

回头来看，《兼爱》《非攻》《尚贤》《尚同》等十一组文章，作为墨学的核心文字，每题下又分为上、中、下三篇。三篇不但所论话题一致，内容、语句也时有重复，不免给人留下"车轱辘话来回说"的印象。学者分析说：这应是墨家分为三派的证据——三派弟子分别记录老师的讲课内容，又各有理解发挥。

《墨子》的编纂者只好把三派"笔记"一同收入。

就来看看《兼爱》三篇说些什么——"兼爱"就是无差别地爱所有的人。

《兼爱》上篇所讲的道理很简单：圣人治理天下，如同医生看病，先要找出天下混乱的病根儿，那就是"不相爱"："子自爱，不爱父，故亏父而自利；弟自爱，不爱兄，故亏兄而自利；臣自爱，不爱君，故亏君而自利，此所谓乱也！"反过来，父对子、兄对弟、君对臣，也都利己而亏人，这同样是乱因。可见"相爱"（也就是"兼爱"）有多重要！

这说的还是亲人、君臣，一家一国之内。至于盗贼只爱自家，不爱人家，因而盗窃人家财货以肥己；士大夫及诸侯侵扰别族、别国，损人利己，导致天下大乱，原因也都源自"不相爱"。

解决之道，自然是"使天下兼相爱"，包括"爱人若爱其身""视人家若其家""视人国若其国"，一句话：使天下"兼相爱"，则"国与国不相攻，家与家不相乱，盗贼无有，君臣父子皆能孝慈，若此，则天下治"。结论是：

故圣人以治天下为事者，恶得不禁恶而劝爱。故天下兼相爱则治，交相恶则乱。故子墨子曰："不可以不劝爱人者，此也。"（《兼爱上》）

◎恶：第一个"恶"读wū，何，怎么。后两个"恶"读wù，憎恨。劝：劝勉，鼓励。

这里是说：那些以治理天下为己任的圣人，怎能不禁止相互仇恨，鼓励相亲相爱呢？所以说，天下因人们相亲相爱而太平，又因人们相互仇恨而混乱。因此墨子说：不能不鼓励人们相爱，道理就在这里。

这段话，道理简单，文字通俗，今天的读者不翻词典也能看得明明白白。

楚王爱细腰，齐宫多恶衣

《兼爱》中篇与上篇大同小异，讨论如何消弭"不相爱"这个"天下之害"。

墨子的回答仍是"以兼相爱、交相利之法易之"（易之：改变它）！墨子又自问自答说：兼爱确实好，但做起来难不难呢？并不难，全看在位者的态度了。——打仗也挺难，不是君主一高兴，就驱使百姓打起来了吗？

怕人不信，墨子举了三个例子，来证明君主意志的重要性：当年晋文公倡导节俭，喜欢简朴的服饰。于是大臣们都穿着光板羊皮袄，用毫无修饰的皮带系着宝剑，头戴白布帽子，就这样进见君主，弄得朝会跟办丧事似的。怎么会这样呢？还不是因为国君喜欢吗？

再如楚灵王喜欢细腰的士人，于是他的臣下每天只吃一顿饭，每回扎腰带前总要深吸一口气，直饿得扶着墙才能站起来。一年之后，满朝大臣都脸色发黑——怎么会是这样呢？还不是因为君主喜欢吗？

还有，越王勾践喜欢士人勇敢，为了试探和训练武士，他点燃一条船,告诉他们:越国的宝贝全在这儿,并亲自擂鼓激励武士。武士们争先恐后地冲上火船,当场烧死一百多,这才鸣金收兵。(文摘五)——墨子总结道:

乃若夫少食、恶衣、杀身而为名,此天下百姓之所皆难也。若苟君说之,则众能为之。况兼相爱、交相利,与此异矣!夫爱人者,人亦从而爱之;利人者,人亦从而利之;恶人者,人亦从而恶之;害人者,人亦从而害之。此何难之有焉?特上弗以为政,而士不以为行,故也。(《兼爱中》)

◎苟:如果。说:通"悦"。

像这样节缩饮食、身着破衣乃至牺牲性命来求得名声,是

《墨子》书影

天下百姓难以做到的。但只要君主喜欢，众人就都能做到。更何况"兼相爱、交相利"与此不同——爱人的，人家也会爱你；让人得利的，人家也会让你得利。反之，憎恶别人的，别人也会憎恶你；损害别人的，别人也会损害你。所以说，兼爱利他又有什么难的呢？只不过君主不把它用于政事、士大夫不把它付诸行动罢了！

你看，墨子虽然出身底层，可讲起道理照样引经据典，说得头头是道。语言又是那么朴实无华——面向底层的宣传，当然不能太深奥。

以下墨子又举古代圣君夏禹和周文、周武的例子，说明这样的事古人早已做过。"此圣王之法，天下之治道也，不可不务为也！"

【文摘五】

晋文公好恶衣（《墨子》）

昔者晋文公好士之恶衣，故文公之臣，皆牂羊之裘，韦以带剑，练帛之冠，入以见于君，出以践于朝。是其故何也？君说之，故臣为之也。昔者楚灵王好士细要，故灵王之臣，皆以一饭为节，胁息然后带，扶墙然后起。比期年，朝有黧黑之色。是其故何也？君说之，故臣能之也。昔越王勾践好士之勇，教驯其臣，和合之，焚舟失火，试其士曰："越国之宝尽在此！"越王亲自鼓其士

而进之，士闻鼓音，破碎乱行，蹈火而死者，左右百人有余，越王击金而退之。（节自《兼爱中》）

◎恶衣：粗陋的衣服。牂（zāng）羊：母羊。韦：皮。练帛：未经染色的素帛。践：这里有陈列、聚会之意。◎细要：细腰。胁息然后带：吸气之后再系腰带。◎期年：一年。◎和合：聚集，会合。◎破碎乱行：这里形容争先恐后之状。碎，当作"阵"。击金：鸣锣收兵。

"兼"与"别"的辩证

《兼爱》下篇，墨子还提出"兼"与"别"的概念——"兼"的本义是同时顾及自己和他人；"别"在这里指只顾自己。

墨子设想有两位士人，一人"执（主张）别"，一人"执兼"。执别的这位说：我和朋友毕竟是两个人，我怎能把朋友的身体当自己身体、把朋友的双亲当自己双亲呢？也正因如此，当看到朋友挨饿、受冻、生病、死亡时，也就不能为他送饭送衣、侍养安葬——倒也算是言行一致！

而那位"兼士"呢？他的言行正相反，说是我听说天下的高士总能把朋友的身体当成自己身体、把朋友的双亲当成自己双亲，所以看见朋友挨饿受冻、疾病死亡，便去送米赠衣、侍病安葬，说到做到。

做了这样的假设之后，墨子问道：而今有一处平原旷野，有人将披盔贯甲去出征，生死未卜；又有士大夫奉君命出使遥远的巴越齐楚，这一去前途渺茫。那么请问：不知他会如何安排家人、奉养父母、寄顿妻儿？是拜托"兼士"呢，还是拜托"别士"？我认为，在这个节骨眼儿上，无论多么愚蠢的男女，哪怕他自己否定兼爱主张，也一定会把家人托付给"兼士"。——辩论起来就否定"兼士"，寻找可靠的人又专挑"兼士"，这是言行不一啊！真不明白，为啥天下人一听"兼爱"主张就反对呢？（文摘六）

墨子继而又设想人们对君主的选择，所用逻辑与择士一样：一位君主"执兼"，一位君主"执别"。前者"必先万民之身，后为其身"（把万民的利益放到自己前头），对饥寒病死的百姓嘘寒问暖、养生送死，无微不至。另一位则正相反。于是墨子又问："今岁有疠疫，万民多有勤苦冻馁、转死沟壑中者，既已众矣。不识将择之二君者，将何从也？"——今年发生瘟疫，百姓多有因劳苦冻饿、辗转死于沟渠的，不知百姓将选择哪位君主来救助他们？

结论不用说："必从兼君是也！"墨子再次发问："不识天下所以皆闻兼而非之者，其故何也？"

答案很简单：人总喜欢从他人那里获得关爱和利益，又都吝于为他人付出关爱、输送利益，这种"言行费（费：音 fú，违背）也"的表现，倒也是人之常情。墨子为此设计了解决方案，便是说服并动员在位者做出表率——在《兼爱》下篇中，墨子为了说明君主意志对社会的巨大影响，仍举"楚（荆）王好小（细）腰""越王好勇"以及"晋文公好苴（jū）衣（粗劣的衣服）"的例子来说明——看来墨子在课堂上举的三个例子，给学生留下了深刻印象。

不过墨子想必也知道：若想说服当世君主舍己为人，要他做个"兼君"，怕比登天还难！

【文摘六】

寄家室于何人（《墨子》）

今有平原广野于此，被甲婴胄，将往战，死生之权，未可识也；又有君大夫之远使于巴越齐荆，往来及否，未可识也。然即敢问：不识将恶也家室，奉承亲戚、提挈妻子而寄托之，不识于兼之有是乎？于别之有是乎？我以为当其于此也，天下无愚夫愚妇，虽非兼之人，必寄托之于兼之有是也。此言而非兼，择即取兼，即此言行费也。不识天下之士，所以皆闻兼而非之者，其故何也？（节自《兼爱下》）

◎婴：围着，戴着。权：变化。◎巴越齐荆：都是远离中原的偏远之地。往来及否：去了是否能回来。◎恶（wū）：如何（处置）。奉承、提挈（qiè）：寄奉、扶持。妻子：妻与子。◎非兼之人：否定兼爱的人。◎言行费：言行相背。费，通"拂"，违背。

《非攻》：旗帜鲜明的反战宣言

提倡"兼爱"，自然就主张"非攻"——也就是反对战争，尤其是反对侵略战争。在《非攻》上篇，墨子借寓言引入正题，说有个人到人家园子里去偷桃李，大家听说了，都指责他；当官的抓住他，也必然惩罚他。为什么呢？因为他"亏人自利"。

至于偷人家鸡狗猪崽的，那不义的程度，比偷桃李的更甚。而进入牛栏马厩盗取人家牛马的，比偷鸡狗猪崽的又进一层。更甭说杀害无辜、剥人衣服、夺人兵器的，天下君子都知道这是大不义的事！

墨子层层递进，至此话头一转说："今至大为不义攻国，则弗知非，从而誉之，谓之义，此可谓知义与不义之别乎？"——而今有人干着大不义的勾当去攻打别的国家，人们反不知谴责，还跟着赞美，说是符合道义。这能说知晓义与不义的区别吗？

如此有力地反问一句，墨子又着重描摹这种怪现象：杀一个人叫"不义"，要定成死罪；拿这个衡量，杀十个人便有十重不义，要定十回死罪；杀一百人更有百重不义，要定百回死罪！可为什么有人明知此理，还要把杀人无数的战争当成好事，记于史书、传之后世，这又怎么解释？

墨子是武士出身，通晓军事，对战争之害自然也最清楚。《非攻》中篇便是一篇反战檄文。

墨子说：如今兴兵打仗，冬天行军怕冷，夏天行军怕热，所以打仗一般不在冬夏进行。春秋就可以吗？春天打仗耽误百姓的春耕播种，秋天打仗荒废了百姓的秋收储藏。眼下荒废一季，百姓就会因饥寒冻饿而死掉一大批。

再算一下军备吧：打仗所用的竹箭、羽旄、帐篷、铠甲、盾牌、刀柄，一旦发放使用，损坏不能回收的数不胜数。加上戈矛、剑戟、兵车，用后破碎损毁的，不知又有多少。至于牛马牲口，出发时膘肥体壮，能回来的全都瘦弱不堪；死于疆场的更是无计其数。

战争需要动员民夫，因路途遥远，粮食运输跟不上。民夫们居处不安，饿死病死的又大有人在。打了败仗，军士阵亡无数。一家子年轻人死了，先辈鬼神无人祭祀，这样的事又多得不可胜数！

可为什么要打仗呢？无非是当权者图名贪利。墨子算了一笔账：打了胜仗获取的东西，不见得有用；而丧失的东西却更多。如今攻打周长三里的内城、周长七里的外城，不尽遣精锐、无所杀伤，能办得到吗？杀人多时，可达数万；少了也得几千，然后才把城池攻下来。

可是眼下那些万乘之国已经拥有数以千计的城镇，足供百姓居住；拥有数以万计的地亩，都开发不过来。如今倒好，让士兵白白去送死，全国也跟着遭罪，却是为了争夺一座没用的城池，这是摒弃不足（民众）而增益有余（地盘）啊！这哪里是治国的要务呢？

以下墨子又从正反两方面举例，说明战争为祸之烈。说你只看到楚、吴、齐、晋少数几个大国因战争而获利，没看到古今因战争而败亡的中小国家多着呢！有医生开个药方给上万人吃，其中有四五个痊愈的，你能说这是好方子吗？你敢拿来给爹妈吃、让君主尝吗？——这样的比喻虽然简单，却生动贴切，说服力极强!

墨子最后说:"古者有语曰:'君子不镜于水,而镜于人。镜于水,见面之容;镜于人,则知吉与凶。'"(《非攻中》)——墨子这是以古人为镜,照见了战争的祸患与凶险,《非攻》篇也因而成为旗帜鲜明的反战宣言。

墨子义责公输盘

好战的君主们往往说一套做一套。嘴上说:我打仗不是要抢人家的金玉、子女、土地,是为了追求正义、以德服人!墨子说:若真的这么做,就该以信义结交各国;哪个大国不守道义,大家便联合起来对付它;哪个小国受人欺负,大家又一块儿去解救它:帮它修城池,送粮送钱给它,帮它抵御大国的侵凌!

墨子自己就是这么做的。《墨子·公输》篇就记录了墨子为救助弱国而做的一次实践。

公输名盘,是鲁国的能工巧匠——有人说他就是木匠的祖师鲁班。他曾用竹木制成鹊鸟,可以在天上连飞三天三夜不停歇。可墨子却说:你与其做那玩意儿,还不如做个车轴上的销子呢,三寸大小一块木头,能承载五十石的重量。你净做没用的东西,再精巧也是拙劣!

墨子看不上公输盘,还因为他热衷制造军事器械,曾发明了一种叫"钩强"的战具,装在战船上,既能钩住敌方战船,又能排拒对方。楚人利用他的发明,大败越国水军。这一回,墨子听说公输盘又帮楚人制造了攻城的云梯，准备用来攻打宋国。墨子立刻起身，日夜兼程走了十天，赶往郢都去见公输盘，与他展开一场辩论：

公输盘曰："夫子何命焉为？"子墨子曰："北方有侮臣者，愿借子杀之。"公输盘不说。子墨子曰："请献十金。"公输盘曰："吾义固不杀人。"子墨子起，再拜曰："请说之。吾从北方闻子为梯，将以攻宋。宋何罪之有？荆国有余于地，而不足于民。杀所不足，而争所有余，不可谓智；宋无罪而攻之，不可谓仁；知而不争，不可谓忠；争而不得，不可谓强；义不杀少而杀众，不可谓知类。"公输盘服。子墨子曰："然，胡不已乎？"公输盘曰："不可，吾既已言之王矣。"子墨子曰："胡不见我于王？"公输盘曰："诺。"（《公输》）

◎命：命令，要求。◎臣：墨子自称。◎说（"不说"）：通"悦"。◎十金：十镒黄金。镒为古代重量单位，一镒为二十两（或说二十四两）。古代金常指铜。◎说（"请说之"，shuì）：解说。◎梯：云梯，是一种攻城利器。◎知类：懂得事物的类比关系。◎胡：何。◎已：停止。◎诺：应答之词。

公输盘问墨子：先生有何见教？墨子说：北方有个人欺侮我，我想借助你的力量杀掉他！公输盘听了很不高兴。墨子又加上一句：不让你白干，我愿给你十镒黄金。公输盘说：我奉行道义，决不妄杀平人！

墨子站起身，对公输盘拜了两拜说：那就听我深入谈谈吧。我在北方听说你打造云梯，帮楚国攻打宋国。宋国有什么罪？楚国土地有余而人口不足。牺牲不足的人口，去抢夺多余的土地，不能说"智"；宋国没有罪却去攻打它，不能说"仁"；你明知不对却不去谏诤，不能说"忠"；谏诤而没能成功，不能说"强"；奉行道义不肯杀一个人，却要杀害众多生命，不能说懂得推理。

面对墨子一连串责问，公输盘理屈词穷，只好认输。墨子又问他：那为啥还不停止行动？公输盘说：不行啊，我已经对楚王说了。墨子说：干吗不引荐我去见楚王呢？公输盘答应了。

墨子救宋（王叔晖绘）

救宋功臣无处避雨

公输盘引墨子去见楚王,于是墨子与楚王间有了下面这番对话:

子墨子见王,曰:"今有人于此,舍其文轩,邻有敝舆,而欲窃之;舍其锦绣,邻有短褐,而欲窃之;舍其粱肉,邻有糠糟,而欲窃之。此为何若人?"

王曰:"必为窃疾矣。"子墨子曰:"荆之地,方五千里,宋之地,方五百里,此犹文轩之与敝舆也;荆有云梦,犀兕麋鹿满之,江汉之鱼鳖鼋鼍为天下富,宋所为无雉兔狐狸者也,此犹粱肉之与糠糟也;荆有长松文梓,楩楠豫章,宋无长木,此犹锦绣之与短褐也。臣以三事之攻宋也,为与此同类。臣见大王之必伤义而不得。"王曰:"善哉!虽然,公输盘为我为云梯,必取宋。"(《公输》)

◎舍:舍弃。文轩:装饰华美的轩车。敝舆:破旧车子。◎短褐:短麻衣。◎粱肉:精米肥肉。糠糟:糟糠,粗劣食物。◎荆:楚国。◎云梦:云梦泽,古代大泽,位于今湖北洪湖一带。犀兕(sì):犀牛。一说"兕"为雌犀牛。鼋(yuán):巨鳖。鼍(tuó):扬子鳄。雉(zhì):野鸡。◎长松、文梓(zǐ)、楩(pián)楠、豫章:都是名贵成材的树木。◎伤义:损伤道义。

墨子见面不提打仗的事，却扯起"闲篇"来，说如今这儿有个人，放着自家华美的车子不坐，偏盘算着去偷邻家的破车；放着自家的锦绣衣裳不穿，偏盘算着去偷邻家的粗麻短袄；放着自家的白米肥肉不吃，偏盘算着偷邻家的糠窝窝。这究竟是啥人啊？

楚王随口答道：这人一定患了偷窃病！墨子马上接口道：楚国江山纵横五千里，宋国土地只有五百里，这就像华车比破车。楚国的云梦泽中满是犀牛麋鹿，长江汉水盛产鱼鳖鼋鼍，天下无双；宋国呢，连山鸡、野兔、狐狸都没有，这又像大米肥肉比糠窝窝。楚国的名贵树木有长松、文梓、楩楠、豫章，宋国连棵像样的大树也见不到，这又像锦衣比麻袄。我认为以夺地、猎兽、伐木为目的去攻打宋国，跟这个有偷窃病的人没啥两样！我敢肯定，大王只会损害道义而一无所获！

楚王听了说：说得好！不过呢，公输盘已经替我造了云梯，我一定拿宋国试试这利器。——墨子听楚王说出这样不讲理的话来，便提出要跟公输盘来一盘"兵棋推演"，让楚王亲眼看看：靠着先进的军械，是否就能征服人家？

墨子解下腰带当作城墙，拿小木片代替攻守的器械。公输盘九次改变攻城策略，墨子九次挡住他的进攻。公输盘的攻城器械用尽了，墨子的守御战术还绰绰有余。公输盘束手无策，便说：我知道如何对付你，可是我不说！墨子也说：我也知道你会怎么对付我，我也不说。

楚王问其中缘故，墨子说：公输先生的意思，不过是要杀掉我。杀了我，宋国没人能防御，就容易攻打了。不过我的弟

山东滕州墨子塑像，风尘仆仆准备出发的样子

子禽滑厘等三百人已经带着我的守御器械在宋国城墙上严阵以待。你杀我容易，能杀尽所有人吗？话说到这份儿上，楚王只好认输：好吧，我放弃攻宋就是了。

墨子就这样成功阻止了一场侵略战争，挽救了无数生灵。他的成功，不仅凭借雄辩的口才、严密的组织、实用的战具，更凭借他的信心、毅力以及兼爱非攻的坚定信仰。

《公输》是《墨子》中最精彩的篇章之一，许多古文选本乃至中学语文课本也都选了这一篇。不过文章还有个意味深长的结尾，往往被选本省略：

子墨子归，过宋。天雨，庇其闾中，守闾者不内也。故曰："治于神者，众人不知其功；争于明者，众人知之。"（《公输》）

◎庇：通"避"。闾：里巷的门。内：通"纳"。

墨子调停成功，从楚国返回，路经宋国都城，赶上天降大雨。墨子要到闾门中避雨，看守闾门的人却不准他入内！文章至此感叹说：运用神机暗中用力的人，大众不了解他的功绩；

只有在明处抗争的，大家才知道他。

言外之意，一是感叹大众的愚昧，二是对墨子的颂扬——他不但理想宏伟、志向远大，而且能胼手胝足地去践行。至于个人的安危毁誉，他压根儿没放在心上！

反战是最大的"节用"

儒家重礼仪，凡事"穷讲究"。孔子对用餐的要求是"食不厌精，脍不厌细"；穿衣服也是一套一套的，上朝时有朝服，洗浴时有浴衣，单是冬季的皮衣就有羊羔皮的、鹿皮的、狐皮的……

出身底层的墨子看不惯这些，写了《节用》《节葬》，表明自己的立场。只是《节用》三篇的"下篇"已经佚失，《节葬》三篇也只剩了"下篇"。

据《节用》上篇说，圣人治理一个诸侯国，可以使国家的财富翻倍；治理天下，同样可以使天下的财富翻倍！怎样做到的呢？不抢不夺，也不用驱使百姓加倍劳作，单凭"去其无用之费"就能办到。

统治者花在衣裘、宫室、军备、车船上的费用，许多都是"无用之费"。譬如衣裘，本来是冬天御寒、夏天防暑就够了。如果单只让它光鲜华丽，而不能提高御寒防暑的效能，就应当削减相应的费用。

同样，宫室的兴建是为了冬日御寒、夏天避雨，铠甲盾牌戈矛等军备的制作准则是轻便锋利、坚不可摧，车船的制造标准是轻便坚固。这一切都无须光鲜华美，制造时只需注重实效、去掉装饰，便可节省大笔开支。这样一来，没有增加百姓的劳苦，财富却大有盈余。

在此基础上，再去掉王公贵族喜好聚集的珠宝玉器、珍禽异兽、名犬骏马之费，用来增加衣物、屋室、武器、车船的数量，使之翻倍，似乎不是啥难事（"有去大人之好聚珠玉、鸟兽、犬马，以益衣裳、宫室、甲盾、五兵、舟车之数，于数倍乎，若则不难"）。

说到这儿，墨子的答案已经很圆满了。然而墨子又提出新命题，说物质翻倍不难，让人口翻倍最难（"故孰为难倍？唯人为难倍"）！——春秋战国的君主们已经懂得：人多是一宝。有了人，就可以多创造财富、多缴纳赋税，君主的府库也会更充实。

墨子说，从前圣王规定，男子二十要成家，女子十五要出嫁。后来圣王不在了，规定也松懈了：有二十成家的，也有四十成家的；平均起来，要晚上十年。若以三年生一个孩儿计算，早成家能多生两三个孩儿，人口翻倍也就不成问题。

墨子感叹：今天的君王不懂如何让人口增多，可让人口减少的"本事"（"寡人之道"）倒不小！

> 今天下为政者，其所以寡人之道多。其使民劳，其籍敛厚，民财不足、冻饿死者，不可胜数也。且大人惟毋兴师，以攻伐邻国，久者终年，速者数月，男女久不相见，此所以寡人之道也。与居处不安，饮食不时，作疾

病死者，有与侵就伏橐，攻城野战死者，不可胜数。此不令为政者所以寡人之道，数术而起与？圣人为政特无此。不圣人为政，其所以众人之道，数术而起与？（《节用上》）

◎寡人之道：使人变少的途径。寡，这里做动词。后文的"众人之道"意为使人变多的途径。◎籍敛：税收。◎惟毋：发语词，有时也作"唯毋""虽无"。◎有：又。侵就伏橐（tuó）：一说当为"侵掠俘虏"。◎不令：不善。数术而起：多种多样。◎不圣人为政："不"当为"夫"之误。

墨子说，今天这些当政者，把老百姓往死里使唤，又收取重税，让百姓没钱没粮，冻死饿死的不计其数。这还不够，君主们只知兴兵打仗，攻伐邻国。一开战，长的要一年，短的也得几个月。男人外出打仗，不能跟妻子团聚，自然就无法添丁进口。况且战争令百姓居处不安、饮食不周，生病死亡的又有不少。而士兵作战被俘或攻城野战而死的，更是数不胜数。你瞧，不善为政者减少人口的"办法"，真是花样繁多啊！而圣人为政绝不会这样做，他们让人口增加的法子也多得是。

讲"节用"，带出一篇"人口经济学"，最终又绕到"兼爱""非攻"的主张上。墨子渴望一个没有劫掠、没有战争的太平世界，人人都能安居乐业，男有室、女有归，生儿育女，家给人足，君主也不难获取人口财赋之利。

可是现实总是让墨子失望。战国时期战祸连连，统治者的野心越发膨胀。墨子声嘶力竭的呼号声，被淹没在战争的喧嚣里。——然而他的思想光辉没有被掩蔽，凭借着《墨子》一书，光照后世。

"节葬"易俗，死生之利

《节葬》三篇虽只剩了"下篇"，篇幅却格外长，有三千字。

墨子说，孝子衡量一种事物及习俗的对错，应从三方面来看：能让父母摆脱贫困吗？能使家庭人丁兴旺吗？能让家族得到治理吗？而仁人治国，也无非考虑这三点。

就来看看丧葬习俗吧。古代有"厚葬久丧"之俗，流传既久，根深蒂固。儒家尤其看重这个。对此，孔子和弟子们曾反复讨论。这也是墨家与儒家论辩的焦点之一。

墨子先说厚葬之害：王公大人死了，不光棺材一层又一层，埋得还要足够深，随葬的衣被锦绣繁复、奢华无比，坟头也是越大越好。

厚葬习俗影响到小民，会让他们倾家荡产。对于诸侯，则会耗尽府库财物：把金玉珠玑缀满死者全身，还用丝绸缠裹；以真车真马入墓随葬，墓中还陈列着帷幕、鼎彝、钟鼓、几筵、酒壶、浴盆，连同戈剑、毛羽、兽齿、皮革也统统放进去，这才心满意足。有时更要杀人殉葬：为天子殉葬的多则几百，少则几十；为将军大夫殉葬的，也要几人、几十人！因此说，厚葬之患，足以使百姓及国家"脱富致贫"。

"久丧"是指活人为死人长期守丧。守丧有守丧的规矩：哭时要声嘶力竭，孝子则披麻戴孝、涕泗交流，住在居丧的简陋棚子里（那叫"倚庐"），以茅草为褥，以土块为枕［那叫"寝苫（shān）枕块"］。大家比着少吃东西、少穿衣服，忍饥受冻，以表示内心的悲痛赛过一切！以致把活人搞得形销骨立、脸色发黑、耳聋目昏、手脚不听使唤。贵族居丧，更要有人搀扶才能起立，拄着拐杖才能行动。这样的活动，一搞就是三年！

结果怎么样？王公大人守丧三年，肯定不能上早朝，当然也不能管理五官六府、主持开荒种地、充实国家粮仓。农民守丧三年，肯定不能早出晚归、耕田种地。百工守丧三年，肯定不能修造车船、打制器皿。妇女守丧三年，也肯定不能早起晚睡、纺织缝纫。

给"厚葬"算一笔账，要埋掉多少财物？给"久丧"算一笔账，要耽误多少光阴？现成的财物，拿去埋掉了；活生生的人，却被禁止生产。靠这个还要求富，就像禁止人种地却要人拿出收成来一样。而为国求富自然成了一句空谈！

滕州墨子纪念馆之目夷亭，目夷是宋国贵族，墨子的先祖

当然，求富不行，那么使人丁兴旺做得到吗？同样做不到。你看，国君死了要服丧三年，父母死了要服丧三年，妻子、长子死了同样要服丧三年。然后是伯伯、叔叔、兄弟、庶子，这些亲戚死了，也要服丧一年。同族远亲死了，要服丧五个月；姑姑、姐姐、外甥、舅舅死了，又要服丧……

这么一来，人们要常常挨饿、受冻，面黄肌瘦，四肢无力，夏天扛不住热，冬天耐不得冷，生病而死的，不计其数。服丧还影响了男欢女爱，所以说一边实行厚葬久丧，一边还想让人丁兴旺，那就像伏于刀剑之下还想长生一样！

国贫民寡，天下必乱，大国来攻，又如何应付？国贫民寡，祭祀"上帝鬼神"也便草草了事；"上帝鬼神"因此降祸，也就不可避免。

"厚葬久丧"的弊病明摆着，那么应该如何改革呢？

子墨子制为葬埋之法，曰："棺三寸，足以朽骨；衣三领，足以朽肉。掘地之深，下无菹漏，气无发泄于上，垄足以期其所，则止矣。哭往哭来，反，从事乎衣食之财，俋乎祭祀，以致孝于亲。"故曰：子墨子之法，不失死生之利者，此也。（《节葬下》）

◎菹（jù）漏：浸湿透水。菹，同"沮"，润湿。垄：坟垄，坟堆。期：标志。◎反：同"返"，回家。事：从事，生产。俋（èr）：资给，供给。

墨子提出新的丧葬制度：棺木的用材只需三寸厚，便足以保证尸骨朽了棺材还不坏；衣服只需三层，便足以保证肌体腐烂衣服还不朽。墓穴的深度，只要下面不渗水，上面不漏气，就可以了。坟头的大小足以标识处所，也就够了。送丧时，人们哭着去、哭着回。回来后就专心种地织布、从事生产。生产的物品，一来供给祖先祭祀，二来孝顺双亲。因此说，墨子的丧葬主张既不会损害死者，也不会损害生者。

墨子迷信上帝鬼神，人们说他"唯心"；然而在丧葬制度方面，他却是彻底的"唯物主义"。

《非命》：墨子不认命

墨子的内心有点"纠结"：他一方面信奉上天鬼神，写了《天志》《明鬼》等篇，论证上天意志及鬼神的存在；另一方面又否认"命"，认为世上没啥是命定的。

还是听听墨子怎么说的吧。《墨子》有《非命》三篇，是专门讨论"天命"的。依墨子的说法，主张凡事命定的人（"执有命者"）多在民间。他们常挂在嘴边的话是：命里富有便富有，命里贫穷便贫穷；命里人多就人多，命里人少就人少；命里安定便安定，命里混乱便混乱；命里长寿就长寿，命里短命就短命……墨子说：这种论调很糟糕，不能不做一番辨析。

按墨子的意见，说话要有准则，"有本之者，有原之者，有用之者"，这叫"三表"。"本之者"就是考察根本的，追溯历史，要阅读"先王之书"，如宪章、刑律、誓词等。你可以看看，这三种典籍里有没有"福不可请，祸不可讳，敬无益，暴无伤"（福不可祈求，祸不能避免，恭敬没益处，凶暴无妨害）的说法？墨子这里所引述的，正是"执有命者"的主张。他们认为凡事早有命定，人的行为无法与命抗拒，所以管他行善还是作恶，随波逐流就是了！这也正是墨子所担心的。还好，墨子指出："先王之书"中并没有这样的话！

再看"原之者"，那是指向下考察百姓耳闻目见的事实。墨子举了商汤和周文王的例子，证明有道义者因能"兼所爱、交相利"，所以能得到上帝鬼神的护佑及百姓的拥护，跟"命"也没啥关系。

而圣王颁布奖惩制度，使贤良受奖励、凶暴受责罚，这些也并不是命里注定；否则，人人认命，谁又肯积极上进？——这又是"用之者"，即从实践的角度来探讨天命问题。

墨子还指出，命定之论是"凶言之所自生，而暴人之道也"（恶言产生的根源，凶暴者的歪理邪说）。为什么这么讲呢？你看，古代有些穷极无聊的家伙，因好吃懒做而缺衣少食、饥寒交迫，他们不肯承认现状是自己怠懒无能、四体不勤造成的，偏要说"我命固且贫"，把一切归咎于天命。同样，那些暴君因贪淫邪僻、不顺双亲而亡国，也归结于"吾命固失之"。这话有多荒谬！

墨子最后说：如今若听从"执有命者"的话，那么在上位的不用心管理，在下位的不努力工作，导致政治混乱、财用匮乏，对上没有酒食祭品供奉上帝鬼神，对下没有财物安抚天下贤士，对外不能接待诸侯宾客，对内不能拯救饥寒、抚养老弱。这可是"天下之大害"啊！

在我们看来，信奉天地鬼神和信命认命，不都是迷信吗？墨子却厚此薄彼，是不是有点心智"分裂"呢？然而墨子却告诉我们：信奉天地鬼神是要人们通过努力去顺应天道，是积极的；"执有命者"则是一味信命，放弃了人为的努力以及对善恶的分辨，是消极的。

墨子生活在两千五百年前，那还是普遍相信鬼神的时代，墨子也很难摆脱时代思想的羁绊。不过他已经开始进行反思，对凡事命定之说提出强烈质疑。——他用一生的不懈抗争与积极行动，为"非命"命题写下了最好的注脚！

墨家逻辑：两害相权取其轻

墨子的核心主张，基本包含在《兼爱》《非攻》等十一组文章里。《墨子》开头的七篇：《亲士》《修身》《所染》等，反而不是墨子所作，应是墨家后学撰写的。有些是对墨子观点的发挥，中间还混杂着其他学派的观点。

此外，《墨子》中又有《经》（上、下）、《经说》（上、下）、《大取》、《小取》等篇。——儒家不是有"六经""十三经"吗？墨家也有"经"，就是上述这六篇。更准确地说，《经》和《经说》才是"墨经"，《大取》《小取》是墨家后学对《经》和《经说》的讨论。

我们先来看看《大取》《小取》，这两篇主要是对墨家伦理学思想和逻辑学思想的阐发，不少论述十分精辟。

例如讲到对"利"和"害"的权衡去取，说"于所体之中而权轻重之谓权"（在所经历的事物中权衡利害的轻重大小，这叫"权"）。"权"既非肯定，也非否定，乃是权宜之计。

举例来说，如果斩断一个手指可以保住手腕，那还是斩断手指吧！斩断手指当然是"害"，可是比断掉手腕的"害"要小，因而又变成了"利"。这就叫"利之中取大，害之中取小"。我们常说"两害相权取其轻"，便由此而来。

文中还有一些逻辑学论题，如："小圆之圆与大圆之圆同。不至尺之'不至'也，与不至钟之'不至'异。其'不至'同者，远近之谓也。"这是说：小圆的圆和大圆的圆是相同的（不同的只是直径的长短）。不到一尺的"不到"跟不到一钟的"不到"是不同的（因为尺是长度单位，钟是容量单位）；那么有没有相同的"不到"呢？当然有，如果同是测量远近的"不到"（如不到一尺跟不到一丈的"不到"）才是一致的。

《小取》中也有这类题目，像"之马之目眇，则谓'之马眇'；之马之目大，而不谓'之马大'。之牛之毛黄，则谓'之牛黄'；之牛之毛众，而不谓'之牛众'"。这是说：这匹马的眼睛瞎了，可以说"这马瞎"；可马的眼睛大，却不能说"这马大"。同样，这头牛的毛色是黄的，可以说"这牛黄"；而这头牛的毛很多，却不说"这牛多"。

这些论辩题目看似"无聊"，却都涉及思维逻辑、语言逻辑。而逻辑思维是学术及科学发展不可或缺的工具。中国传统文化有着重道德伦理、轻逻辑思维的倾向，这也是中国古代科技不够发达的原因之一。因而墨家（还有名家等）在这方面留下的遗产，就显得格外宝贵。

《大取》《小取》中还有不少可贵的内容，如提出说话、思考有三条基本规律："故"（理由）、"理"（推论合理）和"类"（分清事物类别）。再如提出不少逻辑概念，像"或""假""效""譬""侔""援""推"等，都显示了墨家思维的缜密。

只是这门学问在后世没能得到重视，本来挺旺的薪火却因无人传递而渐渐熄灭了，实在可惜！

《经》与《经说》：科学原理早知道

回头再来说《经》。《经》分上下篇，语言古奥，不易读懂。所幸又有《经说》上下篇与之相对应，那是对《经》文的解说。举《经》（上）第一条为例：

【经】故，所得而后成也。

【经说】故。小故：有之不必然，无之必不然。体也，若尺有端。大故：有之必然，无之必不然。若见之成见也。[《经（上）、经说（上）》]

"故"即缘故、原因。《经》文的意思是："故"是得到它就能形成结果的东西。《经说》则进一步解释："故"又分"小故""大故"。小故是有了它不一定能形成某种结果，但没有它就必然没有某种结果；它只是整体中的部分，就像端点之对于线段（只有端点不一定有线段，没有端点肯定没有线段）。大故呢，有它就一定有某种结果，没它就一定没有某种结果。例如"看见"的原因具备了，"看见"就成了事实。

这里讲的是逻辑学问题，"小故"应即逻辑学中的"必要条件"；而"大故"应即"充分必要条件"。——我们今天坐在课堂里学习这些概念时，应该知道，两千年前的墨子师徒也曾讨论过。

更让现代读者惊讶的是，"墨经"中还有对几何学、力学、光学、天文学等学科内容的讨论。像这一条：

【经】圆，一中同长也。

【经说】圆：规写交也。[《经（上）、经说（上）》]

这里讨论的是几何学问题。《经》文说："圆"是什么？就是有个共同的中心（圆心），而线条上的各点与圆心距离相等。《经说》则换个角度解释："圆"就是用圆规所画的封闭的图形。

也有光学方面的阐述：

【经】景倒，在午，有端与景长，说在端。

【经说】景。光之人，照若射。下者之人也高，高者之人也下。足蔽下光，故成景于上。首蔽上光，故成景于下。在远近、有端与于光，故景库内也。[《经（下）、经说（下）》]

◎景：通"影"。午：交错。端：小孔。◎库：窟，窟穴，黑暗封闭的环境。

《经》文说：形成倒置影像，在于光线的交错。条件是有一小孔，有一定长度的影像，关键在于小孔。《经说》进一步解释说：有光射于人身，光线照射如同射箭。人影的下部形成于高处，人影的上部形成于低处。因为脚部的平行光线被挡住，所以影像反而在上；头部的平行光线被挡住，所以影像反而在下。倒影形成的条件是物的距离远近适当，壁上有小孔，再加上光线直射，倒影便能在窟室内形成。

"下者之人也高，高者之人也下"，怎么会有这样的事？原来，《经》中所讲，是光学中的"小孔成像"原理：用一只纸盒，在一侧扎一小孔，使之正对阳光下的人物、风景；如果你此时身处盒中，就会看到小孔另一侧的盒壁上有人物或风景的倒影出现！

现代照相机的发明，便是利用这个原理。今天，一些照相馆仍在使用老式照相机，摄影师在显示屏上见到的，便是倒置的影像。人们大概想不到，其中原理，两千多年前的老祖宗已经"门儿清"！

"城守"诸篇：军事科学开先河

主张"兼爱""非攻"的墨子，其实是真正的军事家。不过他重点研究的是防御，而非进攻。《墨子》最后十一篇统称"城守"，包括《备城门》《备高临》《备梯》《备水》《备突》《备穴》《备蚁附》《迎敌祠》《旗帜》《号令》《杂守》篇，相当于一部面面俱到的"守城指南"。

《备城门》主要讲利用城墙进行防卫的战术与技术。文章以墨子跟学生禽滑厘对话的形式展开，师徒二人讨论在兵连祸结的战国乱世，小国弱国如何抵御大国侵略、保存自己。

墨子提出防守的前提有十四项：城墙高厚，城壕深阔，城楼坚固，防守器械精良，粮足柴多，官民亲和，能臣众多，君主仁信，百姓安乐；此外，父母的坟墓在此，山泽物产丰富，地势易守难攻，人人同仇敌忾，君主赏罚分明……墨子说，这十四条如果连一条都不具备，那就放弃算了。

具体到守城的方法，还有详尽的技术要求。单说城门吧，就有许多说道。如城门上要设置"悬门"，那应该是一种可以垂直开闭的城门。此门长两丈，宽八尺，有两扇，中间重叠处有三寸。底下是一丈五尺的深沟。沟旁建一悬空小屋，内置一人管理悬门。门上有绳索，是用来操纵悬门开闭的。门扇上还钉有长铁钉，涂上厚厚的泥，以防敌军火攻。另外还备有麻斗、革盆、水缸等，用来储水，以备救火之用。

城门是用坚实的木料纵横交错打制，外包铁叶。上下两根门闩也用铁皮包裹，极为坚固。门闩上还要用二尺长的大锁锁住，贴上盖有太守大印的封条，派人常巡视，以防有人私自开启。

另外，凡守门者，不能随便挟带斧、凿、锯、锤等——这是为什么？是怕有人从内破坏城门跟敌人里应外合吧？

至于城头上，又设有"渠"和"答"，那是类似船上桅杆与船帆的东西，是用竹或稻草编成的，除了可以抵挡敌方的箭矢、石块，还可用来回收敌方箭矢。后世小说《三国演义》中的"草船借箭"之计，墨家早有实际运用。

本方的防御武器中，则有梃、长斧、长锤、木弩、箭等。此外，每一段城墙上还预备十五斤重的石块五百块，其他如蒺藜、砖头、瓦块等，越多越好。另外还预备了火炬、水缸、茅草绳、柴火、铁锅、沙子等。铁锅是用来烧开水浇烫攻城之敌的，火炬则供夜战照明用。一旦听到城外有敌人进攻的鼓声，便点燃火炬；再听到鼓声，便把火炬插到预先凿好的孔中，城下顿时照如白昼，敌人的一切活动也便一览无遗！

城墙上下的各种守御设施还多得很，连厕所的设置，都考虑得很周到。守城需要兵力，关键时刻，城中男女老少也要动员登城。不过墨子对此早有算计：十万大军攻城，一般分为四路纵队，纵队进攻面横宽五百步——过窄则对攻方不利。而遇到这样一支纵队，守方调集壮年兵丁一千人、女子两千人、老小一千人，就足以对付了。

在当时的条件下，还有更先进的武器装备呢，就是文中提到的"转射机""掷车"之类。掷车应是利用杠杆原理来投掷石块、火把、蒺藜等。有着如此完备的防守器械和先进的技术、战术，难怪墨子面对剑拔弩张的楚国君臣显得那样底气十足！

《备高临》篇则是讲述如何防备敌方筑起高台，居高临下攻城；那是古代攻城常用的战法。《备梯》则叙述如何抵御敌方用云梯攻城——《公输》篇中墨子便与公输盘当面进行过云梯攻防的"兵棋推演"。《备水》是研究如何对付敌方以水攻城。《备突》是防备并抵御敌方袭击突门的方法——"突门"

是正式城门以外的秘密出口。《备穴》篇则讲述如何防备敌方挖掘地道以攻城。《备蚁附》是探讨抵御敌方像蚂蚁一样密集地爬城进攻。

《迎敌祠》讲战前如何祭祀、誓师，《旗帜》讲旗鼓、着装、徽章、信符等内容。《号令》篇涉及防卫战的指导思想以及守城军队的军纪军规、禁令、奖惩等。最后一篇《杂守》，杂述与守城相关的种种事项。

前面说过，"城守"各篇大约是墨家弟子、后学整理而成，总结了墨子及弟子几代人在反侵略战争中积累的经验，读着这样的文字，不由你不想到"军事科学"这样的字眼儿，并为祖先在这方面显示的聪明才智击节赞叹！

在"汉志"中，墨家的排位跟《庄子·天下》篇一样，紧随儒家之后。班固说：墨家出于"清庙之守（官）"，也就是肃然清静的宗庙之官。他们的种种主张，是由宗庙之官的职守中衍生出来的。——这当然也只是一家之言。

不过到了《四库总目·子部》中，墨家的独立门类被取消，墨家经书《墨子》被归入"杂家"类"杂学"之属。比起"道家"被贬斥到"子部"末尾，"墨家"的"灭门之祸"更令人唏嘘！

辑四 《荀子》：劝学辩性，兼及儒法

荀子其人其书

儒家典籍自汉代起，便在皇家藏书中占据压倒性位置。"汉

志"已将儒家典籍神圣化,打头的"六艺略"便是一座儒家经典库。这还不够,"诸子略"中仍由儒家牵头,所收儒家著作五十三家、八百多篇,内中包括先秦典籍《晏子》《曾子》《漆雕子》《公孙尼子》《孙卿子》(即《荀子》)等。又因《孟子》那时尚未升格为"经",也厕身其中。另有秦以后的儒学著作《贾谊》《董仲舒》等。

至《四库总目·子部》十四类中,同样由"儒家"类占据头把交椅,"儒家"类共收儒家典籍一百二十部,另有存目作品三百零七部。跟"汉志""隋志"比较,增加不少汉以后的儒学阐释之作,尤其是宋儒程颐、程颢及朱熹等大家之作。

这里重点谈谈荀子,他是先秦儒家的最后一位大师,大约生于公元前313年,卒于公元前238年。那时孔子已去世一百六十多年,孟子虽然在世,也已年届花甲。

荀子名况,人们尊称他"荀卿"。然而死后一百多年,他竟被改了姓,称"孙卿"。原来,那时正值汉宣帝刘询在位,"荀"字触犯了皇帝的名讳,同音字也不行!至于荀子的籍贯,一说今山西运城临猗县(赵国郇),一说河北邯郸。

一生饱读诗书的荀子

荀子

最服膺孔子，却又不肯盲从。对诸子的学说，他有汲取也有批判；就连儒学大师孟子，他也要批评几句哩。

相传他曾到齐国稷下学宫担任"祭酒"。稷下学宫是世界上最早的"大学"，聚集着当时第一流的学者。在那里，人们各抒己见、自由论辩，学术气氛十分浓厚，史称"百家争鸣"。"祭酒"则相当于这所"大学"的校长，是当时学术界的"掌门人"！

荀子那时年已五十，德高望重，满腹经纶，"最为老师"（是最有权威的老学者），做祭酒当然够格。

然而"木秀于林，风必摧之"。荀子因遭人诽谤，不得不离开稷下学宫，去了楚国。楚国正值春申君执政——就是与平原、孟尝、信陵合称"战国四公子"的那位。春申君爱才如渴，聘请荀子出任兰陵县令。不过春申君一死，荀子的县令也当不成了。然而他依旧住在兰陵著书立说。这前后，他还去过赵国和秦国，并对秦国的政治表现出极大兴趣。荀子最终老死兰陵，至今那里还有他的坟墓。

跟孔孟一样，荀子也授徒教学，他的弟子中不乏名人。其中一位是李斯，后来做了秦相，辅佐秦始皇统一天下。另一位是韩非，也是位大学者，名气不在老师之下。其实这两位弟子都秉持法家理念，韩非更是法家理论的集大成者。于是有人对荀子的儒家身份提出质疑，认为他的儒家主张不够纯粹，否则怎么会教出"异端"学生？

荀子的文集《荀子》今存三十二篇——据说原来有三百多篇，后经刘向校订，只保留了十分之一。刘向为它取名《孙卿新书》，后来又称《孙卿子》和《荀子》。

据考书中篇目大半为荀子所写，不过也有比较可疑的，如《仲尼》《君子》《大略》《宥（yòu）坐》等八篇，大概是门人后学的作品。——除了《仲尼》《君子》，其他几篇都排在书尾，辨认起来并不困难。

附录：

《荀子》目录

一、劝学，二、修身，三、不苟，四、荣辱，五、非相，六、非十二子，七、仲尼，八、儒效，九、王制，一〇、富国，一一、王霸，一二、君道，一三、臣道，一四、致士，一五、议兵，一六、强国，一七、天论，一八、正论，一九、礼论，二〇、乐论，二一、解蔽，二二、正名，二三、性恶，二四、君子，二五、成相，二六、赋，二七、大略，二八、宥坐，二九、子道，三〇、法行，三一、哀公，三二、尧问。

《劝学》篇：青出于蓝，登高望远

《劝学》是《荀子》头一篇，几乎无人不晓。凡是接受过义务教育的孩子，大多都能朗朗背诵：

> 君子曰：学不可以已。青，取之于蓝，而青于蓝；冰，水为之，而寒于水。木直中绳，𫐓以为轮，其曲中

规，虽有槁暴不复挺者，𫐓使之然也。故木受绳则直，金就砺则利。君子博学而日参省乎己，则知明而行无过矣。(《劝学》)

◎已：停止。◎青：靛青，是一种青黑色的染料。蓝：蓼蓝草，叶子可以提取靛青染料。◎中绳：符合墨线。𫐓（róu）：通"煣"，使直木变弯的一种工序。规：圆规。槁暴（gǎopù）：风吹日晒使之变干枯。槁，干枯。暴，同"曝"，晒干。◎金：金属，这里指刀斧等。砺：磨刀石。◎参省（xǐng）：多次反思、省察。参，通"三"。省，察。知：通"智"。

《劝学》一开篇，荀子便亮明自己的观点：学习是没有止境的，不可半途而废。接着便是一连串比喻：靛青颜料是从蓼蓝草中提取的，却比蓼蓝草的颜色更深湛；冰是水凝结成的，却比水更寒冷。木材笔直，合于墨线，经过烘烤，弯曲成车轮，可以符合圆规的要求，即使再经风吹日晒，也不会挺直，这是烘烤的力量。

荀子这是强调学习的作用和功效：由蓼蓝草提炼靛青，让水经寒变成冰，把木材烘烤撅弯，

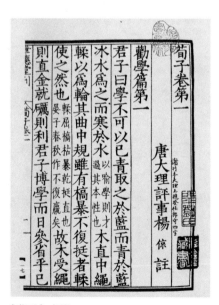

《荀子》书影

拿刀斧在磨石上研磨，都相当于学习的过程。学习可以改变事物的性状、提高品质，让无用变成有用——人又何尝不是如此呢？立志做君子的，更需要广泛地学习（"博学"），不断省察磨炼自己，才能达到智慧明达、行为正确的更高境界！

荀子又指出：君子的学习还应扩展眼界、选择环境。他说：

> 故不登高山，不知天之高也；不临深溪，不知地之厚也；不闻先王之遗言，不知学问之大也。干、越、夷、貉之子，生而同声，长而异俗，教使之然也。（《劝学》）

◎干、越、夷、貉（mò）：干、越指春秋时的吴、越两国，夷、貉分别指古代居住在东方及东北方的少数民族。长（zhǎng）：长大成人。

这是说，人只有登上高山，才能真正体会天的高远开阔；只有来到深谷，才能体察大地的厚重渊深。同样道理，不聆听先王的古训遗言，就不能体会真正的学问有多宏大。想想吧，吴国、越国、夷族、貉族的孩子出生时，哭声全都一样，可长大后习俗完全不同。什么原因呢？还不是后天的教育、环境的熏陶起着决定性作用。

荀子又提出：知识如工具，善于利用者，可使自己变得更强大。这里依然用比喻来表述：

> 吾尝终日而思矣，不如须臾之所学也；吾尝跂而望

矣，不如登高之博见也。登高而招，臂非加长也，而见者远；顺风而呼，声非加疾也，而闻者彰。假舆马者，非利足也，而致千里；假舟楫者，非能水也，而绝江河。君子生非异也，善假于物也。(《劝学》)

◎跂（qǐ）：踮起脚跟儿。◎疾：这里指声音加强。彰：显明，清晰。◎假：借助，利用。舆马：车马。◎绝：横渡。

通俗的语言，朴素的比喻，几乎不用翻译便能读懂。

"积善成德，神明自得"

接下来，依然借着比喻，荀子又进一步分析选择环境的重要性：

南方有鸟焉，名曰蒙鸠，以羽为巢，而编之以发，系之苇苕，风至苕折，卵破子死。巢非不完也，所系者然也。西方有木焉，名曰射干，茎长四寸，生于高山之上，而临百仞之渊，木茎非能长也，所立者然也。蓬生麻中，不扶而直；白沙在涅，与之俱黑。兰槐之根是为芷，其渐之滫，君子不近，庶人不服。其质非不美也，所渐者然也。故君子居必择乡，游必就士，所以防邪辟而近中正也。(《劝学》)

◎蒙鸠（jiū）：鹪鹩，又名"巧妇鸟"。苇苕（tiáo）：芦苇的嫩条。◎完：完整坚固。◎射（yè）干：一种草本植物。

◎蓬：蓬草。麻：一种植物，秆高而直，皮可纺绩成布。◎涅：黑土。◎兰槐：一种香草，又名白芷。渐：浸渍。滫（xiǔ）：溺，尿。服：佩戴。◎就：接近。

南方的蒙鸠鸟拿羽毛筑巢，用毛发编织缠绕，不能说不结实。可它把巢系在芦苇的嫩条上，风一吹，苇条折断，就难免蛋破雏亡。问题在于巢筑没选对地方。西方有一种射干草，草茎只有四寸高，因为长在高山，下临深渊，自然能俯瞰一切：这是善于选择地势的缘故。

此外还要选择好邻居。茎叶弯曲的蓬草生长在麻丛中，不用扶持自然挺拔；可白沙若混在黑土中，就别想再获"清白"！兰槐的根是芬芳的芷，若在尿里泡过，无论君子小人，都没人再会亲近它！是它的本质不好吗？是浸染所致啊！所以说，君子卜居一定要选择好环境；交游一定要结交贤士。为的是防止误入歧途、偏离中正之道。

荀子接着提出修炼自身的重要性：肉腐败才会生蛆，鱼干枯才会生虫；自身刚强的被用作支柱，自身柔软的被用来捆扎。又说同样添柴，火总是先引燃干燥的；地一般平，水总是往湿处流。靶子竖起，箭就射过来；林木繁茂，斧头才砍过去；树木成荫引来众鸟，醋酸了便有蚋（ruì）虫聚集……总之，福祸无门，唯人自招，君子要"慎其所立"（谨慎地立身行事）才行！（文摘七）也就是说，外因总要凭借内德起作用。

接下来的一段谈恒心和毅力，读来朗朗上口：

积土成山，风雨兴焉；积水成渊，蛟龙生焉；积善成德，而神明自得，圣心备焉。故不积跬步，无以至千里；不积小流，无以成江海。骐骥一跃，不能十步；驽马十驾，功在不舍。锲而舍之，朽木不折；锲而不舍，金石可镂。蚓无爪牙之利，筋骨之强，上食埃土，下饮黄泉，用心一也。蟹六跪而二螯，非蛇鳝之穴无可寄托者，用心躁也。（《劝学》）

◎神明：这里指高明的境界。◎跬（kuǐ）步：半步。◎骐骥：骏马良驹。◎驽马：劣马。十驾：十天的行程。◎锲、镂：都指用刀雕刻。◎蚓：同"蚓"，蚯蚓。黄泉：地下的泉水。◎六跪：当为"八跪"，即蟹的八只脚。螯（áo）：蟹的两只钳形大爪。"非蛇鳝"句：蟹自己不会筑窝，而是寄居于蛇、鳝的巢穴。鳝（shàn），同"鳝"。

在五六个比喻之后，荀子总结说：没有专心致志的精神、埋头苦干的行动，就不会获得智慧及事功成就。譬如，游走于岔路上的人永远到不了目的地，侍奉两位君主的人不会被容纳。眼不能同时看清两样东西，耳不能同时听清两种声音。为什么螣蛇没脚却能飞，梧鼠有五种技艺却总是陷于困境？还不是因为前者专注于一技，后者样样"稀松"的缘故吗？所以说，"君子结于一"（君子要把精力聚焦于一件事情），这是学习的第一要务！

【文摘七】

肉腐出虫，鱼枯生蠹（《荀子》）

物类之起，必有所始。荣辱之来，必象其德。肉腐出虫，鱼枯生蠹。怠慢忘身，祸灾乃作。强自取柱，柔自取束。邪秽在身，怨之所构。施薪若一，火就燥也；平地若一，水就湿也。草木畴生，禽兽群焉，物各从其类也。是故质的张而弓矢至焉，林木茂而斧斤至焉，树成荫而众鸟息焉，醯酸而蚋聚焉。故言有招祸也，行有招辱也，君子慎其所立乎！（节自《劝学》）

◎象：这里有相应之意。◎柱：支柱，支撑。束：束缚，捆绑。◎构：招致。◎施薪：添柴。◎畴生：丛生。◎质的（dì）：靶心。斤：斧子。醯（xī）：醋。蚋：一种小飞虫。

尊师隆礼，君子贵全

既然是"劝学"，自然要谈到所学的内容和过程：由哪儿学起，到哪儿止步（"学恶乎始，恶乎终"）？荀子说：按读书顺序，是从"诵经"开始，到"读《礼》"终结；从意义上讲，是从当士人开始，到做圣人结束（"其数则始乎诵经，终乎读《礼》；其义则始乎为士，终乎为圣人"）。——这里所说的"经"，是指《诗》《书》等儒家经典；而《礼》则是荀子心目中的终极学问，经典中的经典，通晓《礼》便可做圣人了！

当然，荀子又说："真积力久则入，学至乎没而后止也。"〔没（mò）：同"殁"，死〕——刻苦积累、持之以恒，自会深入；学习没有终点，啥时死啥时算。

不过同样是学习，君子和小人的态度又有不同。君子学习，入于耳，记于心，灌注到全身，体现在行动上；轻轻一语、微微一动，都可以成为他人的榜样。小人则不同，刚从耳朵进去，马上从嘴巴冒出来。嘴和耳只有四寸的距离，学问能滋润他的七尺之躯吗？（文摘八）

所以说，"古之学者为己，今之学者为人。君子之学也，以美其身，小人之学也，以为禽犊"。我们当然记得，"为己""为人"的话是孔夫子说的，意思是说，古代的学者发奋读书，是为了提高个人的修养；今天的学者读书，只是做样子给别人看。荀子又进一步解释说：君子相当于"古之学者"，通过学习来完善自己的身心；小人则相当于"今之学者"，把学问当成进身求官的礼物——"禽犊"即家禽牛犊之类，古人常拿来用作礼物。

接着荀子又提出"学莫便乎近人"。这个"人"，指的是贤人、名师。有了名师指点，读书时的疑难问题自会迎刃而解。所以说，尊师第一。那么第二是什么？是"隆礼"（尊崇礼法）。荀子说，只读《诗》《书》而不学《礼》，读一辈子也只是个"陋儒"（见识浅陋的儒生）。又说，还原先王的教化，探求仁义之本，学《礼》是一条捷径。譬如拿一件皮衣，最好是拎它的领子，弯曲五指一抖，整件衣服的毛就都服贴了。言外之意是，学《礼》，就是抓住了一切学问的"衣领"。

荀子还认为，做到"隆礼"，哪怕不精通，也仍不失为礼法之士；"不隆礼"，即便你明察善辩，也不过是个"散儒"（一般的儒生）。

荀子对学习的要求很高，他说：

> 百发失一，不足谓善射；千里跬步不至，不足谓善御；伦类不通，仁义不一，不足谓善学。学也者，固学一之也。……全之尽之，然后学者也。（《劝学》）
>
> ◎御：驾车。◎伦类：伦理，次序。一：始终如一。

这是拿射箭、驾车打比方：学习要始终如一，不可有分毫懈怠分神。射箭百发，有一箭未中，也不算好射手。驾车行千里，差半步，也算不上好驭手。只有全面掌握，尽善尽美，才算得上真正的学者。至于学习的最高境界，则是爱学问如同"目好之五色，耳好之五声，口好之五味，心利之有天下"。——孔子曾说"吾未见好德如好色者"，荀子所追求的境界，竟是好学超越了好色！

在《劝学》篇结尾，荀子说了这样一段话：

> 是故权利不能倾也，群众不能移也，天下不能荡也。生乎由是，死乎由是，夫是之谓德操。德操然后能定，能定然后能应。能定能应，夫是之谓成人。天见其明，地见其光，君子贵其全也。（《劝学》）
>
> ◎倾：使倾倒，动摇。荡：使动心。◎应：应付万物。

◎成人：完美的人。◎见：同"现"，显现。光：通"广"。

一个真正的学者，权势和利益不能动摇他，稠人广众不能改变他，天子高位不能打动他；他活着是这样，死了也是这样，这才是真正的道德操守。有了道德操守，内心才能坚定；内心坚定，才能应付裕如；内心坚定、应付裕如，才算是完美的人。如同天显出光明，地显出广阔，君子贵在道德的完美无瑕！

在荀子看来，做个全德君子，便是学习所要达到的最高目标吧！

【文摘八】

君子之学与小人之学（《荀子》）

君子之学也，入乎耳，箸乎心，布乎四体，形乎动静，端而言，蠕而动，一可以为法则。小人之学也，入乎耳，出乎口。口耳之间则四寸耳，曷足以美七尺之躯哉。（节自《劝学》）

◎箸：同"著"，明。端：通"喘"，指微言。◎曷：何。

咄咄逼人的《非十二子》

孔子主张"和为贵"，但这个"和"是"和而不同"，不是圆滑虚伪、一团和气。孔子最看不上那些见风使舵、言不由衷的家伙，称他们为"乡原"（也作"乡愿"），抨击他们是"德之贼"！孟子的批判精神更强烈，不但批评墨家、农家，对当世君主也敢于当面顶撞，不留情面！

荀子继承了孔孟的批判精神，批判的锋芒咄咄逼人，评判的范围也更广。《荀子》中有《非十二子》，罗列了六种当代学说，对十二位"学术带头人"点名批评，其中就包括儒家先贤孟子——"非"有否定、批判之意。

《非十二子》的开篇，是一顶"帽子"：

假今之世，饰邪说，文奸言，以枭乱天下；矞宇嵬琐，使天下混然不知是非治乱之所存者，有人矣。（《非十二子》）

◎饰：粉饰，装点。文：文饰，美化。枭：通"挠"，扰乱。◎矞（jué）宇：诡诈虚夸。嵬（wéi）琐：险诈猥琐。

荀子生活在战国后期，"礼崩乐坏"的局面早已不可收拾。孔孟的仁爱思想、王道主张，也渐渐显得迂阔，赶不上"时代的脚步"——这"时代的脚步"，便是彻底打破复兴周礼的迷梦，听任强者为王！

与时势变化相呼应，荀子的文章里也隐隐透出一种睥睨一切、舍我其谁的"霸气"。在荀子眼中，百家言论中不乏诡诈虚夸、蛊惑人心的"邪说""奸言"，混淆了"是非治乱"的标准，不能不说道说道！

荀子批评的十二位学者，是它嚣、魏牟，陈仲、史䲡（qiū），墨翟、宋钘，慎到、田骈，惠施、邓析，子思、孟子。这些名字，有些在《庄子》《墨子》中提过，有些则显得陌生。

它嚣生平不详，魏牟是魏国公子，这两位属于道家人物。荀子对他们的批评是：纵情任性，举止放荡，行同禽兽，不合礼法；但说起话来又貌似"持之有故""言之成理"，所以能迷惑一般愚昧的大众。

在批判以下各家时，荀子也都用了"持之有故""言之成理"这样的评语。按荀子的意思，这正是他们能迷惑人的地方。

陈仲是齐国的贵族，为人清廉、一介不取，《孟子》中曾提过他。史鳅是卫国大臣，为人耿直，曾以死谏诤，孔子称赞他："直哉史鱼（史鳅字子鱼），邦有道如矢，邦无道如矢！"不过荀子却持相反意见，认为这两位违背人情，行为孤僻，脱离大众，不能有所作为。

接下来是墨家的墨翟和宋钘，荀子批评他们不懂天下，不重礼法；一味崇尚功用，过分强调节俭，滥用平等观念。——在《庄子·天下》篇中，宋钘是被归在名家学派的名单里。

慎到、田骈也曾出现在《庄子·天下》篇中，思想上与道家有共通之处。不过荀子认为他俩的主张接近法家，却又不够纯粹："尚法而无法"（崇尚法治却不讲法治），对上顺从君主，对下依从世俗，终日空谈，无所作为，因而也不值得肯定。

惠施、邓析是名家代表人物。后者是春秋时郑国人，是最早提倡"名辩之学"的学者。荀子批评他俩"不法先王，不是（肯定、赞成）礼义"，只喜欢钻研怪诞的学说，玩弄词汇、能言善辩而不切实际。

最后批评到子思、孟子头上。子思是孔子的孙子,孟子又师从于子思的弟子,因而这一派又称"思孟学派"。荀子批评说:他俩主张效法先王,却抓不住要领,只是一副志大才高、见闻广博的神态。还根据往古旧闻编造"五行"邪说,荒唐难解,却标榜"此真先君子之言也"!而"子思唱之,孟轲和之"(子思首倡,孟子应和),那些愚昧的俗儒跟在后面瞎嚷嚷,不知道的还以为他们得了孔子、子游(一说"子弓")的真传呢,"是则子思、孟轲之罪也"!——这一回,荀子连"持之有故""言之成理"的套话都没说,可见他对思孟学派何等反感!

不过我们今天读《孟子》,里面并没有宣扬"五行之说"的内容。是荀子乱扣帽子,还是孟子另有著述,就不得而知了。

在儒家先贤中,荀子最推崇孔子和子弓。子弓即孔门弟子冉雍(字仲弓);他为人宽厚,品学兼优,孔子认为他的才能足可当个诸侯。荀子如此推崇子弓,莫非他是子弓的传人吗?

除了子弓,荀子对孔门其他弟子似乎都不够尊重。在《非十二子》结尾处,他又捎带着把"子张氏之贱儒""子夏氏之贱儒""子游氏之贱儒"统统贬损了一番。——然而荀子最不满的仍是孟子,另撰《性恶》一篇,专门声讨孟子。

《性恶》篇:人性善恶,挑战孟子

"人之初,性本善。性相近,习相远。"这是蒙学课本《三字经》开篇的几句,是孔孟学说——更准确地说,是孟子学说的核心。

不错，人性相近的命题是孔子提出来的，他讲过"性相近也，习相远也"的话；不过他没说人性到底是善还是恶。孟子接过孔子的话头，做出"人性本善"的判断，这才有了《三字经》开头的"六字真言"。

《荀子》批判孟子，也正从这里开始。他针锋相对地指出：人性中哪儿来的善？"人之性恶，其善者伪也！"——他所说的"伪"，不是虚伪；是"人为"，跟孔子所说的"习"差不多，指后天的学习和熏染。也就是说，"恶"是人的本性，"善"则是后天学习修养的结果。

荀子这样说，自然要摆证据，他说：

> 今人之性，生而有好利焉，顺是，故争夺生而辞让亡焉；生而有疾恶焉，顺是，故残贼生而忠信亡焉；生而有耳目之欲，有好声色焉，顺是，故淫乱生而礼义文理亡焉。然则从人之性，顺人之情，必出于争夺，合于犯分乱理而归于暴。(《性恶》)
> ◎疾恶：嫉妒，憎恶。残贼：残害，戕贼。◎文理：条文。◎从：同"纵"，放纵。犯分乱理：打乱等级名分，扰乱事理。暴：极度混乱。

荀子的道理是：从今天的人性看，人的好利之心是与生俱来的，任由发展，便有了争夺之心，哪里还会谦让呢？而人的嫉妒、憎恶之心也是与生俱来的，任由发展，便会导致残杀戕害，哪里又有忠信可讲呢？同样，人的耳目之欲也是与生俱来的，人人喜欢听美声、看美色，任由发展，便会发生纵欲混乱的行为，又哪里有什么礼义条文呢？总之，放纵人的本性，顺从人的情欲，就一定会产生争夺，导致乱伦悖理，直至社会秩序彻底崩溃！

荀子对孟子的批判，无非认为孟子没能体察"人性"和"人为"的区别。孟子说：人性本善，之所以表现出种种恶行，是因为丧失本性。荀子反驳说：

> 今人之性，饥而欲饱，寒而欲暖，劳而欲休，此人之情性也。今人饥，见长而不敢先食者，将有所让也；劳而不敢求息者，将有所代也。夫子之让乎父，弟之让乎兄；子之代乎父，弟之代乎兄，此二行者，皆反于性而悖于情也。然而孝子之道，礼义之文理也。故顺情性则不辞让矣，辞让则悖于情性矣。用此观之，然则人之性恶明矣，其善者伪也。（《性恶》）

◎长（zhǎng）：长者。◎用此：因此，由此。

荀子讲的似乎不无道理：从今人的本性来看，饿了就想吃饱，冷了就想穿暖，劳累了就想休息，这是人之常情。可是眼下有人饿了，看见长者在身边，就不敢先吃，因为要谦让；累了却不敢休息，因为要替长者代劳。子弟的谦让代劳，固然符合孝悌之道、礼义规定，却是违背人性的。顺着人情人性就不会谦让，谦让就有悖于人情人性。可见"人之性恶"，一切善的表现都是人为（"伪"）的结果。

荀子这番论辩看似逻辑严谨、环环相扣，却也不是没有漏洞。例如"饥而欲饱，寒而欲暖，劳而欲休"的确是人情人性，但能说那是丑恶的吗？显然不能。过分放纵欲望有可能导致恶，但欲望本身并不等同于恶，荀子在这上面打了"马虎眼"！

以下荀子又设问说："人之性恶（è），则礼义恶（wū）生？"——既然人性本恶，那么礼义又是从何而来？荀子回答：礼义是圣人人为制定的，不是从人性中产生的（"凡礼义者，是生于圣人之伪，非故生于人之性也"）。

他打比方说：陶匠抟土制造陶罐，这陶罐是陶匠人为制作的，不是由人性中天然生成的；木匠砍削木材制成器具，这器具是木匠人为加工的，也不是由人性中天然生成的。同样道理，圣人千思万虑，总结人为的善行，创制了礼义规矩，可知礼义规矩也是出于人为的创制，不是由人性中天然生成的。

荀子的类比，有点不伦不类：陶罐是用泥土烧制的，器具是用木材打造的，当然不可能"生于人性"。只有礼义才能跟人性挂钩。——荀子的结论，也因此缺乏说服力。

对付"人性恶"的撒手锏

荀子针对孟子"人性本善"的批评，一波接着一波。他又说：古往今来所说的"善"，是指"正理平治"（端正合理，公平守序）；所说的"恶"，是指"偏险悖乱"（邪僻险恶，悖理混乱）。若真的认为人性本来便是"正理平治"，那又何用圣王出世，创制礼义、规范大众呢？而且即便有圣王礼义产生，对于本来就"正理平治"的人性，又有什么提升、补益呢？

荀子话头一转，说：正因为人性恶，所以圣人才有创制礼义的必要。不过在荀子接下来的论述中，却隐藏着危险的因素。他说：

> 故古者圣人以人之性恶，以为偏险而不正，悖乱而不治，故为之立君上之势以临之，明礼义以化之，起法正以治之，重刑罚以禁之，使天下皆出于治，合于善也。（《性恶》）

◎法正：法政，法度。

荀子一口咬定"人性恶"，未尝没有替君主强势统治寻找根据的动机。他说：正因为人性本恶，所以古代的"圣人"才创立礼义法度，替百姓树立君主的威势来统领他们，倡导礼义来教化他们，建立法规来治理他们，加重刑罚来禁制他们作恶，于是乎整个天下变得安定有序，人们也都改恶从善了。一句话，加强君主的严厉统治，是本于人性、合乎天理的事！

如果不这样做，又会怎样？

> 今当试去君上之势，无礼义之化，去法正之治，无刑罚之禁，倚而观天下民人之相与也，若是，则夫强者害弱而夺之，众者暴寡而哗之，天下之悖乱而相亡不待顷矣。（《性恶》）

◎倚：立，站在一旁。暴：欺凌。哗：喧哗，指众声呵骂。不待顷：等不了一会儿。

荀子这是从反面推想：如果我们试着剥夺君主权势，取消礼义教化，去除政治法度，废止刑罚禁令，统治者只是袖手旁观，看着天下百姓随意相处，那样一来，强者就会损害弱者并劫掠他们，人多势重的族群就会欺凌人少势单的族群，众声呵骂、不准人家发言。天下秩序大乱，各国你攻我伐，这样一来，离人类的灭亡也就不远了！

由于对人性善、恶的基本判断不同，孟子和荀子的政治理想也产生了根本的分歧。我们还记得，孟子站在性善的立场，主张统治者施仁政、讲王道；要让百姓家家有屋室桑田，做到老有所养、壮有所为，再设立学校，教以"孝悌之义"，开掘人们隐藏于内心深处的善良本性……

而荀子的政治蓝图则基于"性恶"论，内中虽然也提到"礼义之化"，却又以浓重的笔墨强调"君上之势""法正之治""刑罚之禁"。在这样的体制下，百姓个个如潜在的罪犯，只能屈从于君主的绝对权威，受制于繁苛的法度和刑罚。我们看到的不再是儒家的伦常理想，而是法家的思想雏形。

在《性恶》篇中，荀子还有不少论述。例如说君子和小人、尧舜与桀跖的本性都是一样的。那么圣人又是怎样"炼"成的呢？不过是因为他"能化性，能起伪，伪起而生礼义"（能改变本性，能做出人为的努力，并因而创制礼义），如此而已。

当然，同属儒家，荀子与孟子也有相同的观点。如孟子曾说"人皆可以为尧舜"（《孟子·告子下》）；荀子也说"涂之人可以为禹"（路人都可以成为大禹）。按荀子的论说，禹之所以成为禹，是因为他能实行仁义法度；而仁义法度是可以了解学习的，普通人也都有这个潜质，当然也能成为禹那样的人。

不过荀子又说：人有脚，可以走遍天下，可是没见有谁真的走遍天下。所以说，"可以为，未必能也；虽不能，无害可以为。然则能不能与可不可，其不同远矣，其不可以相为明矣"。即是说，可以做到的，未必能去做；不能做的，也不妨可以去做。只是能不能做和可不可做大不相同，两者也很难调换。——这话的潜台词则是：人人都有圣人的潜质，但几乎没人能做到。

这个结论，可是有点泄气！

荀子骂谁"猪狗不如"

荀子是个"性情中人"，脾气一上来是要骂人，说有些人"曾狗彘之不若也"（连猪狗都不如）。此言出自《荣辱》篇，是从人们爱争斗的恶习说起：

> 斗者，忘其身者也，忘其亲者也，忘其君者也。行其少顷之怒，而丧终身之躯，然且为之，是忘其身也；家室立残，亲戚不免乎刑戮，然且为之，是忘其亲也；君上之所恶也，刑法之所大禁也，然且为之，是忘其君也。忧忘其身，内忘其亲，上忘其君，是刑法之所不舍也，圣王之所不畜也。乳彘不触虎，乳狗不远游，不忘其亲也。人也，忧忘其身，内忘其亲，上忘其君，则是人也

而曾狗彘之不若也。(《荣辱》)

◎畜：容留，允许。◎乳彘：哺乳的母猪。乳狗：喂奶期间的狗。

有人喜欢争斗，却不计后果，忘掉自身，忘掉亲人，忘掉了君主。——发泄片刻的愤怒，却搭上了一世的性命，这是忘掉自身；眼见家庭残破、亲人不免于刑杀，还是去做，这是忘掉亲人；明知争斗是君主所憎恶、刑法所厉禁的，还是去做，这就是忘掉君主！忧患当前而忘掉了自身，忘掉了亲人，忘掉了君主，这是刑法所不能赦免的，也是圣君所不能允许的！正在哺乳的母猪不会主动招惹老虎，正在哺乳的母狗不会离窝游荡，这是因为不忘血缘之亲的缘故。而作为人，忧患当前而忘掉了自身，对内忘掉了亲人，对上忘掉了君主，不是连猪狗都不如吗？

原来荀子不是凭空侮辱人，而是以猪狗为喻，说明人不可因一时之愤而丧失理智，否则智慧连动物都不如了！——然而争斗就一定要不得吗？孔子强调"智、仁、勇"，不争不斗何以体现"勇"？荀子说，勇也是分层次的：

有狗彘之勇者，有贾盗之勇者，有小人之勇者，有士君子之勇者。争饮食，无廉耻，不知是非，不辟死伤，不畏众强，恈恈然惟饮食之见，是狗彘之勇也。为事利，争货财，无辞让，果敢而振，猛贪而戾，恈恈然惟利之见，是贾盗之勇也。轻死而暴，是小人之勇也。义之所在，不倾于权，不顾其利，举国而与之不为改视，重死

持义而不桡,是士君子之勇也。(《荣辱》)

◎贾(gǔ)盗:商人和强盗。◎辟:同"避"。悻悻(móu)然:贪婪貌。◎振:当为"很",即"狠"。戾(lì):凶暴,乖张。◎倾:倒,趋向。桡(ráo):屈从。

你瞧,荀子再次以猪狗为喻:有猪狗的勇敢,有商贾、盗贼的勇敢,有小人的勇敢,也有士君子的勇敢。争吃争喝,没有廉耻,不分是非,不避死伤,不顾对方势大力强,馋涎欲滴时眼里只有吃喝,这是猪狗的勇敢。做事唯利是图,争夺财货,不讲谦让,下手果断,贪狠乖张,对眼前小利垂涎三尺,这是商贾和盗贼的勇敢。看轻死伤,出手暴烈,这是小人的勇敢。而道义当前,不为权势所动,不顾个人利益,把整个国家送给他也不能让他改变主张,看重生命却又坚持道义,不肯屈服,这才是士君子的勇敢!

猪狗、贾盗、小人、士君子——从这个序列中,我们看出荀子对等级的重视以及对商人、平民的轻蔑。

"僧多粥少"怎么办

荀子在《荣辱》篇中谈争斗,言谈话语间流露出对君主权威的高度认同——"上忘其君"就会滑向"狗彘不若"的泥潭;这类言论,孔子孟子都没说过。

孔孟很少单独讨论"忠君"问题。说到"君",总是跟"臣"并提。孔子说:"君使臣以礼,臣事君以忠。"(《论语·八

佾》）孟子则说："君之视臣如手足，则臣视君如腹心；……君之视臣如土芥，则臣视君如寇雠。"（《孟子·离娄下》）

荀子不然，他的学说格外强调等级差别。如在《荣辱》篇结尾处，他勾画出"至平"之世的蓝图：

> 夫贵为天子，富有天下，是人情之所同欲也；然则从人之欲，则势不能容，物不能赡也。故先王案为之制礼义以分之，使有贵贱之等，长幼之差，知愚能不能之分，皆使人载其事，而各得其宜。然后使悫禄多少厚薄之称，是夫群居和一之道也。（《荣辱》）

◎赡（shàn）：赡养，供给。◎案：语助词。◎悫（què）：通"谷"，这里指俸禄。

荀子说：贵为天子，富有天下，这是人同此心、心同此理的事，谁不想爬上天子宝座呢？可是让人人如愿，又是势所不容，也是物质上没法儿满足的。所以先王为天下制定礼义，让人群分出贵贱、长幼有别。至于聪明的、蠢笨的、有能力的、没能力的，也都有所区分。于是每个人都有事干，人人都能得到适合于自己的位置，薪酬俸禄也有多有少，跟地位职事相称。——这便是使人们群居相处、和谐一致的最佳方案。

把社会人群划分等级，并不是荀子的独家观点。儒家重礼，礼的主要内容之一便是亲疏有别、尊卑有序。不过只有荀子指出划分等级的原因，那就是社会财富有限，"僧多粥少"，不能让所有"和尚"都吃饱，因而必须树立权威，人为地划分出贵贱等级，让某些人的"多吃多占"合法化，同时又避免因无序争夺造成社会混乱。

当然，荀子还要给制定规则的人戴上一顶"仁人"的帽子，说是由于"仁人在上"（也就是君主在上），于是乎农民都卖力种庄稼，商人都绞尽脑汁获取财富，工匠们都极尽工巧制造器具，从士大夫往上直至公侯，无不以其聪明仁厚而尽职尽责，这就可以达到"至平"（极端公平有序）的理想之境！

有了严格的等级制度，于是君子们拥有天下却不觉得自己占得多，小人们监管城门、迎送旅客，把守关卡、巡夜打更，也不觉得自己收入少。古话说得好：不齐才能大齐，受约束才能和顺，有不同才能统一。（文摘九）

荀子这话，君主们一定爱听：做君主的谁会认为自己占得太多？总以为国库的财货不够多、拥有的国土不够广。——看来，荀子的脚跟儿是牢牢站在了君主一边的。

【文摘九】

不同而一（《荀子》）

故或禄天下，而不自以为多；或监门御旅，抱关击柝，而不自以为寡。故曰：斩而齐，枉而顺，不同而一。夫是之谓人伦。（节自《荣辱》）

◎禄天下：拿整个天下当俸禄。◎监门御旅：守城门，迎宾客。抱关击柝：看门，打更。柝（tuò），打更用的梆子。

◎斩：通"儳（chán）"，不整齐。枉：曲，委曲，指受礼义约束。

荀子主张"法后王"

孔子和孟子不满于东周"礼崩乐坏"的现实，总认为当世的君主做得不够好，因而建议他们效法尧、舜、禹、汤、文、武、周公。有人给孔孟扣帽子，说他们"开历史倒车"；其实他们是打着复古的旗号宣扬"仁政"理想，哪里真的要回到古代呢！

荀子倒也不反对施仁政、法先王，但他认为三代太遥远，古礼太模糊，为什么不能"法后王"呢？在《非相》篇中，他说了这样一段话：

> 辨莫大于分，分莫大于礼，礼莫大于圣王。圣王有百，吾孰法焉？故曰：文久而灭，节族久而绝，守法数之有司，极礼而褫。故曰：欲观圣王之迹，则于其粲然者矣，后王是也。彼后王者，天下之君也；舍后王而道上古，譬之是犹舍己之君而事人之君也。故曰：欲观千岁，则数今日；欲知亿万，则审一二；欲知上世，则审周道；欲审周道，则审其人所贵君子。故曰：以近知远，以一知万，以微知明，此之谓也。（《非相》）

◎分（fèn）：名分。◎法：效法。◎文：礼仪制度。族（zòu）：通"奏"。守法数之有司：指掌管礼法的官职。极：远。礼：学者认为此字为衍文。褫（chǐ）：废弛。◎后王：指当代统治天下的君主。◎周道：周朝的治理之道。

话从名分说起：区别各种事物，没有比弄清名分更重要的了；弄清名分，没有比遵循礼义更重要的了；而遵循礼义，又没有比效法圣王更重要的了。

历代圣王上百位，效法哪位好呢？荀子说：礼仪制度年代久远就会湮灭，音乐旋律年代久远就会失传，掌管礼法条文的官职年代久远也会废弛。所以说，要想了解圣王的伟绩，就得考察那些事迹最彰显的，那当然就是时代最近的"后王"了。

荀子所说的"后王"，就是当今的君主。他说：放着后王不学，却去称道上古的帝王，这就像舍弃自己的君主，去侍奉别国的君主一样。有道是：要想了解千年历史，就要观察当下；要想知道亿万，就要审视一二；要想了解前代的情形，就得研究本朝的治理之道；而研究本朝的治理之道，就要深入考察当下所敬重的君子。所以说，由近可以知远，由一可以知万，由隐微的征兆可以知晓显明的后果，说的就是这个道理。

在《儒效》篇中，荀子还公开批评那些口称"法先王"、不知"法后王"的"俗儒"。他把世人分为俗人、俗儒、雅儒、大儒几类。俗人不必说了，只是些不学无术、不讲正义、只知追求铜臭的凡夫俗子。而儒者当中，则有一种"俗儒"最有害。

荀子为俗儒画了一幅肖像：穿着古人的宽大袍服，系着宽阔的腰带，戴着中间隆起的帽子，一副道貌岸然的样子。他们含混地主张效法先王，却足以扰乱当世的学术，只是胡乱提出些见解，却不知"法后王而一制度""隆礼义而杀《诗》《书》"

（效法"后王"，统一制度，推崇礼义，贬低《诗》《书》）。他们的衣冠行为混同于流俗，却不知厌恶；言谈话语跟墨子没啥两样，却不知分辨。他们一味称道"先王"来欺骗愚人，借此求衣求食，攒下"仨瓜俩枣儿"便洋洋得意。他们跟在太子身后，侍奉着君主的宠臣，吹捧着君主的贵客，心安理得，像是人家的家生奴隶，从不敢有异议。这样的人，就是"俗儒"了！（文摘一○）

从这番议论中，我们不难看出荀子对"法后王"的推崇——他虽然没有公开反对"法先王"，却把主张"法先王"的儒者说成骗子，猛烈抨击，他的立场还用问吗？

【文摘一○】

俗儒（《荀子》）

故有俗人者，有俗儒者，有雅儒者，有大儒者。不学问，无正义，以富利为隆，是俗人者也。逢衣浅带，解果其冠，略法先王而足乱世术；缪学杂举，不知法后王而一制度，不知隆礼义而杀《诗》《书》；其衣冠行伪已同于世俗矣，然而不知恶者；其言议谈说已无以异于墨子矣，然而明不能别；呼先王以欺愚者而求衣食焉，得委积足以掩其口，则扬扬如也；随其长子，事其便辟，举其上客，亿然若终身之虏而不敢有他志：是俗儒者也。（节自《儒效》）

◎雅儒：正儒。◎隆：重。◎逢衣浅带：蓬松的衣服，宽阔的衣带。解果（xièluó）：又作"蟹蝼"，中间高两边低的帽子；或说"解果"为平正意。◎缪（miù）学杂举：学说荒谬，行为杂乱。一制度：统一制度。杀（shài）：降低，贬低。◎伪：通"为"。◎明：智慧。◎委积：积蓄。掩其口：自己糊口。扬扬如：得意的样子。◎长子：指太子。便辟（piánbì）：通"便嬖"，君主身边的宠信小臣。亿然：心安理得之貌。虏：奴仆。

荀子侃侃话秦国

荀子生活的战国（前475—前221）后期，经历长期兼并战争，周初的七十个诸侯国只剩了七个：秦、楚、齐、燕、韩、赵、魏，号称"七雄"。而地处西北的秦国历经四世经营，国力强盛，跃居七雄之首。荀子的学生李斯（约前284—前208）就前往秦国谋求发展，一直做到丞相。

李斯曾向老师讨教：秦国四代战无不胜，靠武力威震诸侯，可是秦人并未施行啥"仁义"，而是怎么便利怎么来，不也成功了吗？——显然，他是对老师的"仁义"之说提出质疑。

荀子回答：你所说的"便"，是"不便之便"；我所说的仁义，才是"大便之便"（最大的便利）。只有行仁义才能使百姓亲附，让他们乐于为君王去死。秦国眼下的情况则不同，四代都打了胜仗，却仍然提心吊胆，生怕天下诸侯联合起来攻打自己。所以说，秦人只是"末世之兵"，没能把握仁义这一根本。（《荀子·议兵》）

后来荀子亲自去了趟秦国，对秦国的印象似乎有所改变。《荀子·强国》篇中记述了荀子与范雎的一段对话——范雎是秦昭王的宰相,被封为应侯。他问荀子:你来秦国有什么观感啊?

荀子不吝赞美之词,说秦国关塞险固,地形有利,山林河谷美好,自然资源丰富,这是地理上的优越。进入国境,观察风俗,但见百姓淳朴,市井小调也不淫靡,人们的穿戴都很朴素,人人敬畏官吏,驯顺服从,跟古代百姓没啥两样。至于各级衙门中的官吏,也人人严肃,个个恭谨,忠信不懈,这又很像古代的官吏。及至进入国都,观察士大夫,只见他们出了家门踏入公门,出了公门又回归家门,没有个人私事,从不相互勾结、拉帮结派,洒脱超然、明通公正,也很像古代的士大夫。再看朝廷,退朝时,各种政事处理从无拖延,安闲自在如同没啥可治理的,这又很像是古代的朝廷!所以说,秦国四代战无不胜,并非侥幸,乃是理所必然!这就是我所看到的。所谓安逸而能治理,简要而又详明,不烦劳又有成效,这是治国的最高境界,秦国已经很接近了!(文摘一一)

那么秦国还有什么不足呢?荀子说:

虽然,则有其䚡矣。兼是数具者而尽有之,然而县之以王者之功名,则偋偋然其不及远矣!是何也?则其殆无儒邪!故曰粹而王,驳而霸,无一焉而亡。此亦秦之所短也。(《强国》)

◎䚡(xǐ):忧惧。◎县:通"悬",衡量。◎殆:表不肯定语气,大概。◎粹:这里指纯用儒术。驳:这里指用术驳杂。

兰陵荀子庙年年举行祭祀大典

荀子这里是说：尽管秦国已经具备以上种种优势，但仍有忧患，即用"王者"的功业名声来衡量，秦国还差着不少！差什么？就是没有儒者、没用儒术吧！荀子说：纯用儒术治国的，可以称王；用术驳杂的，犹可称霸；两者一样皆无的，就只好等着亡国了。这就是秦国的不足啊！

也就是说，秦国已经达到称霸的境界；若再能纯用儒术，便可上升到"王者"的境界。很明显，荀子这是拿实行王道当"诱饵"来自我推荐呢。——荀子一再标榜的"大儒"，大概便是指他自己吧？

【文摘一一】

荀子答范睢问（《荀子》）

应侯问孙卿子曰："入秦何见？"孙卿子曰："其固

塞险，形势便，山林川谷美，天材之利多，是形胜也。入境，观其风俗，其百姓朴，其声乐不流污，其服不挑，甚畏有司而顺，古之民也。及都邑官府，其百吏肃然，莫不恭俭、敦敬、忠信而不楛，古之吏也。入其国，观其士大夫，出于其门，入于公门；出于公门，归于其家，无有私事也；不比周，不朋党，倜然莫不明通而公也，古之士大夫也。观其朝廷，其朝闲，听决百事不留，恬然如无治者，古之朝也。故四世有胜，非幸也，数也。是所见也。故曰：佚而治，约而详，不烦而功，治之至也，秦类之矣。……"（节自《强国》）

◎固、塞（sài）：都是指险要的地方。便：有利。◎流污：淫邪污浊。挑：通"佻"，妖艳。◎楛（kǔ）：恶劣。这里指态度马虎。◎比周：私下勾结。朋党：结邦拉派。倜（tì）然：远离、超然貌。◎朝闲：退朝。◎四世：指秦孝公、秦惠文王、秦武王、秦昭王四朝。数：天数。◎佚：安逸。约：简要。

《成相》篇：打起"相"鼓唱起歌

《荀子》中有《成相》《赋》两篇，几乎可以看作纯粹的文学作品。——"成相"之"相"是一种击打乐器；"成相"便是一边击打乐器一边唱念有词的文艺形式。

《成相》篇中共有五十七段唱词，每段唱词句式整齐，差不多都是"三、三、七，四、七"的结构，并带有韵脚。这应该是当时流行的民间演唱形式吧。有人说它是后世弹词之祖，也有人说是唐宋曲子词的源头。善于学习的荀子便借鉴这种方式,用来宣传自己的政治观点。

选几段来看:

> 请成相,世之殃,愚暗愚暗堕贤良。人主无贤,如瞽无相何怅怅!(《成相》)
>
> ◎堕:毁弃。◎相("如瞽无相"):盲人的助手。怅怅:无所适从貌。

这是第一段,歌词里说:请听成相词,世间多灾殃,愚人心暗昧,诋毁害贤良。君主无贤臣,盲者无人帮,心中多迷茫!

再看两段:

> 曷谓罢?国多私,比周还主党与施。远贤近谗,忠臣蔽塞主势移。
>
> 曷谓贤?明君臣,上能尊主爱下民。主诚听之,天下为一海内宾。(《成相》)
>
> ◎罢(pí):通"疲",无能。◎还主:包围君主。还,借作"环",惑乱。施(yí):布满,一说环绕。◎爱下

汉代击鼓说唱俑

民：或作"下爱民"。◎宾：宾服，服从。

前一段解释国家疲弱的原因：啥叫国家疲？国人多私心。结党欺君主，满朝尽小人。贤士遭疏远，谗佞得近身。忠臣无出路，君主势沉沦。后一段称颂贤君贤臣：啥叫贤能士？君臣道分明。对上尊君主，对下爱黎民。君主听劝诫，四海来称臣。

也有讲说历史的：

武王怒，师牧野，纣卒易乡启乃下。武王善之，封之于宋立其祖。(《成相》)

◎易乡：转向，倒戈。启：微子启。下：投降。◎祖：祖庙。

这是讲说武王伐纣的史实：武王雷霆怒，兵发牧野间。殷兵尽倒戈，微子献城垣。武王善待启，封宋继香烟。——另外还有涉及当代史的篇章：

世之愚，恶大儒，逆斥不通孔子拘。展禽三绌，春申道缀基毕输。(《成相》)

◎逆：拒绝。斥：排斥，驱逐。孔子拘：指孔子受困陈蔡之间。◎展禽：即春秋时鲁大夫柳下惠。绌（chù）：通"黜"，罢免。春申：战国时楚相黄歇，号春申君。缀：通"辍"，停止。输：毁坏。

世人皆愚昧，无端厌大儒。堵塞求贤路，孔子困路途。展禽三遭斥,春申亦被诛,斩草连根除。——春申君是荀子的"伯乐",曾委任他为兰陵令。春申君遇害后,荀子也被牵连罢官;这段"成相"词,应是荀子含着泪写下的!

《赋》:荀子的谜语你猜到了吗

我们读《诗经》时曾提到"赋",那是一种诗歌修辞手法。到后来,"赋"又发展为一种文体样式——是一种介乎于诗歌和散文之间的文体,句多骈偶,时带韵脚,风格铺排,讲究辞采。赋与楚辞相衔接,在汉代最为盛行,因有"楚辞汉赋"之称。

其实最早拿"赋"做文体名称的,正是荀子。《荀子·赋》篇紧随《成相》之后,共收六篇文字;除一篇是诗外,其余五篇的结构形式都大同小异:开始是对某种事物的铺陈描述,之后以排比的形式提出问题,最后再给出答案。——五篇赋倒像是五则谜语。

看看第一篇:

爰有大物,非丝非帛,文理成章;非日非月,为天下明。生者以寿,死者以葬。城郭以固,三军以强。粹而王,驳而伯,无一焉而亡。臣愚不识,敢请之王。——王曰:此夫文而不采者与?简然易知,而致有理者与?君子所敬,而小人所不者与?性不得则若禽兽,性得之则甚雅似者与?匹夫隆之则为圣人,诸侯隆之则一四海者与?致明而约,甚顺而体,请归之礼。(《赋》)

◎爰（yuán）：于，在此。文理成章：花纹图案，暗喻礼节仪式、规章制度。◎"粹而王"三句：可参看"荀子侃侃话秦国"一节内容。伯，同"霸"。◎请：请问。◎文：文饰，花纹。采：华丽。◎不（"小人所不者与"）：同"否"。◎隆：尊崇。◎约：简约。体：得体。

赋中开头，以一位臣子的语气说道：这里有个大家伙，既非丝也非帛，却有图案、成纹理。它非日非月，却能照亮天下。活着的因它长寿，死去的靠它安葬。城郭有它便坚固，三军有它便强悍。一丝不苟地遵循，便可称王；若即若离，也能称霸；但完全抛弃，就会灭亡！恕臣愚昧，不得要领，还请大王指点教诲。

下面则假借君王口吻回答：它有花纹却不斑斓吧？它简明易晓又有条理吧？君子敬重它而小人否定它吧？人性中失了它便成禽兽，有了它就成为雅人君子吧？匹夫尊崇它可以成为圣人，诸侯尊崇它可以获得四海吧？极其明白而简约，十分顺畅而得体。归结起来，它就是——"礼"。

荀子真是位出色的宣传家！他能把枯燥的政治伦理以如此生动有趣的方式宣示出来。他又极富创造力，前头借用民间说唱创作《成相》多则，这里又发明谜语"赋"的体裁，可谓前无古人。赋中采用问答形式，被后来的汉赋多所借鉴。

除了这篇"礼赋"，还有"知（智）赋"，描绘的也是抽象概念。不过再往下，谜底中出现了实物，如"云""蚕"等。看看这一篇，猜猜它讲的是什么：

有物于此，生于山阜，处于室堂。无知无巧，善治衣裳。不盗不窃，穿窬而行。日夜合离，以成文章。以能合从，又善连衡。下覆百姓，上饰帝王。功业甚博，不见贤良。时用则存，不用则亡。臣愚不识，敢请之王。王曰：此夫始生钜，其成功小者邪？长其尾，而锐其剽者邪？头铦达而尾赵缭者邪？一往一来，结尾以为事。无羽无翼，反复甚极。尾生而事起，尾邅而事已。簪以为父，管以为母。既以缝表，又以连里：夫是之谓箴理。（《赋》）

◎山阜：山冈，铁矿石出自山中。◎穿窬（yú）：打洞，一般作为偷窃的代称。这里指穿针引线。◎文章：这里指衣服的花纹图案。◎合从（zòng）、连衡：本为战国时纵横家四处结盟的外交活动，这里喻指缝合衣物。◎始生钜、成功小：指制针用大铁块，而制成后针很小。◎尾：指线。剽（piáo）：末梢，针尖。◎铦（xiān）达：形容针尖很锐利。赵（diào）缭：形容线很长的样子。◎极：通"亟"，急。◎"尾生而事起"二句：尾巴长出就开始（指穿上线），尾巴打结就结束。邅（zhān），回旋，打结。已，结束。◎簪：一种大型铁针，可以制成缝衣针。管：盛针的管状容器。◎箴：同"针"。

这里仍是借臣子之口讲述：有一物在此，它生在山冈上，来到厅堂里。没智慧也没技巧，只是善于制作衣裳。它不偷不盗，却总要穿洞而行，夜以继日地撮合分离者，并生成各种图案花纹。它（如同奔走于诸侯间的谋士）既能"合纵"，又能

"连横"。在下可让百姓蔽体，在上则能美饰帝王。它功业广博，却从不显示自己的贤良。用它时它就出现，不用时它就潜藏。恕我愚昧，不得要领，还请大王指点教诲。

以下又是模拟君王口吻：这是那个开始制作时很大、制成后很小的物件吗？是尾巴挺长而头部很尖锐吗？是头部锐利无阻而尾巴长线缭绕吗？一来一去，尾巴打结就结束；没羽没翅，反复如穿梭。尾巴长长就开始，尾巴回旋就结束。簪子是它的父亲，管子是它的母亲。既可以缝面子，又可以连里子，这里讲的是"箴"的道理啊。——"箴"是一种告诫规劝的文体，同时又跟"针"字通用，亦即缝衣针。你猜对了吗？

辑五　法家流脉远，韩非集大成

儒家先生教出法家学生

前面说过，荀子是仅次于孔孟的儒家大师，不过他的主张跟孔孟又是有差异的。——时代不同，世事变易，也是很正常的。

汉代班固把儒家的核心主张概括成这样几句话："留意于仁义之际，祖述尧舜，宪章文武，宗师仲尼，以重其言，于道最为高。"也就是对"仁""义"格外推重，以古代圣君尧、舜的仁政理念为起点，拿周代文武、周公所制定的周礼当作宪章大法；尊孔子为儒家宗师，推重他的学说，认为它是天下最高的道！

拿这个来衡量，荀子显然没有背离儒家理念。不过他主张树立君主的绝对权威，对于"祖述尧舜，宪章文武"的"法先王"原则，也有微词；他还放大"礼"的尊卑等级观念，认为人性本恶，必须以法律、刑罚加以禁制，对"霸道"的兴趣显然大于"王道"。——这些已经带有明显的法家倾向。

再看班固是如何界定法家的。他说，法家思想乃出于"理官"，也就是刑狱之官。刑狱官的原则是厚赏严罚、说一不二，以此来辅助礼教。《易经》就有"先王以明罚饬法"（先代君王以严厉的惩罚整顿法令）的说法，这也是法家的优长之处。不过班固认为，法家的后继者爱走极端，不行教化，不讲仁爱，一味严刑酷法，常常搞得六亲不认、人性全无，显然是走了邪路（"汉志"）。

照《庄子·天下》篇的说法，儒学所宗为道术，而墨、道、名诸家的学说都为方术，全是道术的分支。——法家又何尝不是呢。荀子作为儒家学者，弟子韩非最终成为法家代表人物，似乎也印证了这一点。

当然，韩非（约前280—前233）的老师不只荀子一位，他还有不少私淑老师，多为前辈法家，如最早提倡以法治国的管仲（？—前645），他在先秦学者中"辈分"最高，比老子还早生百多年哩！此外，李悝（前455—前395）、商鞅（约前395—前338）也都是韩非未曾及门求教的老师。

在介绍韩非之前，我们先来看看这几位。

管子：仓廪实则知礼节

"管子"即管仲，字夷吾，比老子、孔子还要早生一个多世纪。那时属于春秋前期，管仲辅佐齐桓公成就霸业，名震一时。孔子对管仲十分钦佩，夸奖他"九合诸侯，一匡天下"，却很少使用武力。又说如果没有管仲，我们这些人早就变成外族奴隶了（"微管仲，吾其披发左衽矣"）！——这是因为管仲推行"尊王攘夷"的国策，尊崇周天子，抵抗北狄西戎等边鄙民族的侵扰，保卫了中原的安定。

不过据学者考证，流传至今的《管子》并非管仲亲笔所著，而是战国学者——很可能是稷下学宫的齐国学者们，追寻本朝贤相的伟业，总结他的治国经验，共同编纂而成，冠以"管子"的大名而已。

这部书后经西汉刘向编辑，有八十六篇，今存七十六篇。内中包括"经言"九篇、"外言"八篇、"内言"七篇、"短语"十七篇、"区言"五篇、"杂篇"十篇、"管子解"四篇、"管子轻重"十六篇。

由于编撰较迟，内中自然混杂了其他学派的思想见解，这让《管子》看起来更像是各派思想言论的"大杂烩"。儒家、道家、墨家、法家以及阴阳家、农家、名家、兵家的思想主张，在书中都能找到。

譬如管子提出"政之所兴，在顺民心；政之所废，在逆民心。民恶忧劳，我佚乐之；民恶贫贱，我富贵之"（《牧民》），便与《老子》的"圣人无常心，以百姓心为心"一致。此外，管子认为若刑罚繁而杀戮多，"则上位危矣"！这又让人想起《老子》所说的"民不畏死，奈何以死惧之"！——难怪"汉志"把《管子》列为道家著作。

不过后人并不赞同班固的意见，认为管仲实为法家鼻祖——《四库总目·子部》便将《管子》列入"法家"类。

《管子》中有两句话，常被人提起。一句是"仓廪实则知礼节，衣食足则知荣辱"，另一句是"四维不张，国乃灭亡"。这两句都出在《管子》首篇《牧民》。"牧民"便是管理百姓，从前的统治者把百姓看作羊，自己则是牧羊人。

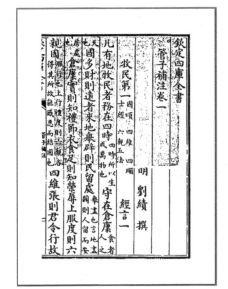

明人刘绩《管子补注》书影

《牧民》开篇就说：

> 凡有地牧民者，务在四时，守在仓廪。国多财则远者来，地辟举则民留处；仓廪实则知礼节，衣食足则知荣辱；上服度则六亲固，四维张则君令行。（《牧民》）
> ◎仓廪（lǐn）：粮仓。◎辟举：全部开垦。留处（chǔ）：久居。◎服度：服饰器物合于法度。六亲：指父、母、兄、弟、妻、子。四维：指礼、义、廉、耻四条纲领。维，绳索，喻纲领。

这是说，凡是拥有土地、统治百姓的君主，重要的任务是注重农时，重要的职守是充实仓廪。只有国家财力雄厚，远方的人才会归附；只有广辟田土，百姓才能久居安处。粮仓充实了，国家才有余力提倡礼节；百姓丰衣足食，才会分清荣耀耻辱。在位者在衣着、器物上严守制度，百姓才能六亲有序、家庭和睦；礼义廉耻这四条基本道德得以张扬，国君的政令才能畅行无阻。

我们知道，儒家最重道德，孔子认为宁可饿肚子，也不能丢弃信用！可管子认为，经济才是道德的基石。国家没有足够的财富粮食，百姓饥寒交迫，又哪里谈得上道德荣辱呢？

那么，孔子的话难道不对吗？也不是。孔子实行的是君子教育，理论中带有几分理想色彩；而管仲身居相位四十年，直接要对国家和百姓负责，他的话是在更广阔的背景下讲的。可以说，两位圣贤各强调问题的一个侧面，都没错。

其实孟子也十分关注经济，他认为"有恒产者有恒心，无恒产者无恒心"，也是这个意思。孟子还主张给每家农户分上五亩宅院、百亩耕田，让他们衣食无忧，然后建立学校，向他们"申以孝悌之义"。这里应该就有管子的影响。

"四维不张，国乃灭亡"

管子并不轻视道德教育，他认为提升道德可使政令畅通，并说过"四维不张，国乃灭亡"的话！且看他如何表述：

国有四维，一维绝则倾，二维绝则危，三维绝则覆，四维绝则灭。倾可正也，危可安也，覆可起也，灭不可复错也。何谓四维？一曰礼，二曰义，三曰廉，四曰耻。礼不逾节，义不自进，廉不蔽恶，耻不从枉。故不逾节，则上位安；不自进，则民无巧诈；不蔽恶，则行自全；不从枉，则邪事不生。(《牧民》)

◎维：大绳。◎复错：再造。错，通"措"。◎逾节：超越节度。自进：不走正路，非分求进。枉：弯曲，不正。◎自全：自求完美。

管子这是打比方：国家是由四条大绳子维系着——他大概把国家看成一根擎天大柱吧。他说，如果这四条绳子断了一条，擎天柱就歪斜了；若断两条，柱子就危险了；若是断掉三条，柱子就倒下了；若四条全断，柱子就彻底完啦！歪斜还能扶正，危险还可转安，倒下还能再立，彻底灭绝，也就不能再造了！

那么这四条绳子又是什么呢？分别是礼、义、廉、耻。人有礼，做事就懂规矩，不出格；有义，就不会有非分冒进之想；有廉，就不会隐瞒过恶；有耻，就不屑跟坏人同流合污。——做事安分不出格，君主也便安心；不非分冒进，人心就不会产生诈伪；不隐瞒过恶，人们自然会力求完美；不与坏人同流合污，邪恶的事就不会滋生蔓延。

这里所谓"国有四维"，主要是针对在位者讲的。宋代学者欧阳修撰写《新五代史》，在评价那位贪求富贵、丧失人格的三朝元老冯道时，把管子这段话总结为十六个字："礼义廉耻，国之四维；四维不张，国乃灭亡。"这四句话简明扼要，却包含了儒家道德的核心理念，读起来朗朗上口，成为中国人立身行事的准则。你看，管仲的影响有多大!

点数管子的一生事业，辅佐齐桓公称霸是其巅峰。他的种种治国理念及主张，被后来的法家汲取最多。

《管子》一书有《法禁》《重法》《法法》等篇，看题目就知是谈法治的。在《法禁》中，管仲提出三条要素：

> 法制不议，则民不相私；刑杀毋赦，则民不偷于为善；爵禄毋假，则下不乱其上。三者藏于官则为法，施于国则成俗，其余不强而治矣。(《法禁》)
>
> ◎议：议论，非议。◎偷：怠惰，轻视。◎假：假手于人。

这是说，法制一旦订立就不容非议，这样百姓就不敢相与营私了；死罪一旦定案，就不容宽免，这样百姓就不敢忽视行善了；封爵赐禄的权力要由君主牢牢把握，不能假手于人，臣下就不会欺君罔上了。这三条施于官府，就是铁打的法律；推行到全国，就成为民风民俗。有了这三条，其他事项不必费力，国家自然走上正轨。

在《重令》篇中，管仲又格外强调对法令的重视——"重令"之"重"既是重视，也有加大力度的意思。他说："凡君国之重器，莫重于令。"并列举五种死罪："亏令（损害法令）者死，益令（妄自增添法令）者死，不行令者死，留令（扣压法令）者死，不从令者死。五者死而无赦，唯令是视！"如此一来，谁还敢违抗法令！

不过管仲对统治者也提出警告,说若不节制"三欲",则在位者危矣。哪三"欲"呢?一是"求",也就是向老百姓索取财物;二是"禁",即发禁令不准百姓做这做那;三是"令",也就是颁布法令。管仲说:对于君主而言,这三样固然是多多益善,可是你"求"的太多,得到的反而越少,你的威信反也日见减损;你"禁"的太多,结果是有禁不止,人们渐渐变得满不在乎;你的"令"颁布越多,能实施的就越少,结果只能收获反抗!

管子不愧是明智的统治者,他的法治心得多半为后来的法家所汲取。韩非便对管子思想多有借鉴。从这个意义上看,管仲同样是韩非的老师,而且是比荀子资格更老的老师。

"画卵雕薪"与"百年树人"

法家的终极目标是富国强兵。主张"仓廪实则知礼节"的管子,当然要把"富国"放在首位。《管子》中有"轻重"十六篇,便是讨论经济政策的专论。——所谓"轻重",是关于货物、货币及价格关系的一套理论。

古人云:"民以食为天。"可农民辛苦种田,打下的粮食卖不出好价钱,不劳而获的粮商反而赚得盆满钵满。齐桓公想要削减商人的利润以补助农夫,让管仲想办法。管仲说:抬高粮价好了,每釜粮食提高三百钱,人们就会争着去开荒,农夫也就安心种地了。

可是怎么抬高粮价呢?管仲自有办法。他提出,让大小官员都来储存粮食:卿和附庸的小诸侯每户储粮一千钟,令大夫、列大夫分别储粮五百钟和一百钟，富商大贾之家也要储粮五十钟。储存的粮多，市面上的粮价自然上去了。如此，在上可以增加国家储备，在下可以提高农民收益。桓公听从管仲的建议，齐国农业果然发展迅猛。

有一回，齐桓公跟管仲哭穷，说国家有四大功臣，我从他们那里收不到一斗一升的粮赋。齐国有大片不毛之地，同样征不到赋税。还有一些农民自行开荒种地，更是一文钱也不交。——我是空有万乘之君的虚名啊！

管仲说：你靠号令解决就是了。你先发出号令，征兵到边疆屯垦务农；不过家藏十钟粮以上的，不在征召范围之内。这样一来，能去的大概不过百分之一；而民间藏粮的数字，你也就大致摸清了。下一步，你再下令说，国家用度不足，需要平价征购存粮，比上报的数字只能多不能少；国家照价付款，不赊不欠。这样一来，全国的存粮就全都归你啦！

桓公说：你的建议挺好，可国家不打仗，要这么多粮食干吗？管仲说：你可以用来资助贫困农民啊；让他们去开垦不毛之地，扩大农业生产。"此之谓籍于号令。"（这就叫借助号令替国家谋利。）——今天看来，管仲这是利用国家权威搞"阴谋诡计"呢！

管仲另一种经济观点是鼓励消费。他说人人都有吃喝玩乐的欲望，投其所好，才更容易役使他们。假如人们都过苦日子：身披兽皮、头戴牛角，吃着野菜、喝着河沟里的水，人人心里憋屈，又怎么甘心供你役使呢？应该尽量让人们吃好玩好、听歌听到腻，甚至把鸡蛋画上图案再去煮，把柴火雕上花纹再去烧。社会也就有了更多需求。而富人奢侈地消费，穷人才有活儿干。这一切百姓自己做不到，消费环境是需要有人来培养的。

管仲不但是经济学家，还是教育家。他有一段名言，至今脍炙人口：

一年之计，莫如树谷；十年之计，莫如树木；终身之计，莫如树人。一树一获者，谷也；一树十获者，木也；一树百获者，人也。（《权修》）

◎计：计划，打算。树：种植，培育。

这是说，做一年的打算，不如种五谷；做十年的打算，不如种树木；做终身的打算，则不如培育人才。种一收一的，是五谷；种一收十的，是树木；种一获百的，是培育人才。——管仲站得高，目光自然远大。后人有诗云："计利应计天下利，求名应求万世名。"说的就是这种境界吧。

法家人物：从李悝到商鞅

活跃在韩非之前的法家代表人物，还有李悝、申不害、慎到、商鞅等。

李悝是战国时濮阳（今河南濮阳）人，曾在魏国为相。他主持变法，废除了贵族的世卿世禄制度，奖励那些替国家出力建功的人。他还编了一部《法经》，对捕盗、囚禁、维持治安等程序做了详细规定。后来商鞅在秦国变法，便全盘接受了李悝的理论和做法。——可惜这部《法经》及李悝的著作《李子》没能传下来。

另一位法家人物申不害（约前385—前337），本是郑国的"贱臣"。后来韩国兼并了郑国，申不害凭着自己的学问见识，渐渐得到韩昭侯的信任，最终登上相位。他主持韩国变法：整顿吏治、训练军队、发展农业。他还十分重视手工业，尤其是兵器制造业。当时韩国的宝剑、弓弩制作精良、驰名天下！申不害为相的十五年里，列国没有敢轻易犯境的。

跟管仲、李悝一样，申不害也重视法治，不过他更看重"术"——也就是君主驾驭臣下的权术。他认为，君主要独掌生杀予夺的大权，要学会不露声色，把真实想法深藏于心中。如此才能掌控局势，不被臣下所蒙蔽。

申不害的思想中还掺杂着道家思想。而另一位活跃于战国时期的法家人物慎到，早年也曾学习黄老之术。

慎到（约前390—前315）生于赵国的邯郸，后来在齐国稷下讲学，先后在齐、楚做官。他的法治学说特别强调"势"，说是君主若没有绝对的权势，推行法治就是一句空话。

后来韩非集法家思想之大成，便综合了申不害的"术"、慎到的"势"和商鞅的"法"，形成一套"法""术""势"三位一体的完整法家理论。

就说说大名鼎鼎的商鞅吧。商鞅本名公孙鞅，是卫国宗室，因此又称卫鞅。后因在秦国作战有功，被封在商地，又称商鞅或商君。

商鞅年轻时喜欢刑名法术之学，受李悝影响很大。他到秦国寻求官位，背囊里便带着一部李悝的《法经》。

经人引荐，商鞅见到了秦孝公。他对孝公大谈五帝的治理之道，听得孝公直打瞌睡。五天后他再次求见，又跟孝公谈论王道，孝公仍不感兴趣。第三次，商鞅向孝公谈霸道。这一回，孝公倒是听得津津有味，并主动约商鞅进一步深谈。

商鞅调动三寸不烂之舌，一连跟孝公谈了好几天。孝公听得入迷，不觉把座席往前挪了又挪。事后商鞅对推荐人说：我用帝道、王道游说君主，那是几十年、上百年的事业，他嫌时间长，等不及。我转而向他推销强国之术，他格外喜欢——可是在德行上，就难跟商、周王道相比了。

商鞅获得孝公支持，曾两次主持变法，一切从基层做起：他把百姓编为十家一"什"，五家一"伍"，让各家相互监督检举，一家犯法，十家连坐。知情不举者要处以腰斩酷刑，告发奸恶的跟杀敌斩首同赏。百姓建立军功的赐爵受赏，为私事斗殴的则要加重惩罚。努力生产的，可以减免劳役赋税；搞商品投机以及因懒惰而贫困的，则将妻儿籍没入官。新法还规定：王族人员没有军功的，照样不能列入贵族名册！

新法颁布前，商鞅怕百姓不信服，便在都城南门立了一根三丈长的木头，说是有人能把它搬到北门去，立赏十金。百姓不知他葫芦里卖的啥药，没人敢动。很快赏金增加到五十金。有个胆儿大的去搬木头，果然得到五十金。百姓这才信服。

不过新法颁布后的一年里，议论的仍然不少。有一回太子犯了法，商鞅不好惩治他，便把他的老师公孙贾施以墨刑——"王子犯法与庶民同罪"；这样一来，再也没人敢轻视法条了。

商鞅变法十年，大见成效："秦民大悦，道不拾遗，山无盗贼，家给（jǐ）人足。民勇于公战，怯于私斗，乡邑大治。"那些议论新法不好的，这时也转而称赞新法。商鞅说：这些都是捣乱分子，把他们发配到边远地区去！——从此再没人敢随便发议论，甭管说歹还是说好！

然而商鞅为相十年，也深深得罪了王公贵族。连孝公的哥哥、太子的另一位老师公子虔，也因犯法被商鞅割掉了鼻子。因此孝公一死，太子即位，头一件事便是派人捉拿商鞅。商鞅拒捕被杀，死后五马分尸，诛及家族。

不过，商鞅变法无疑为秦国的强盛打下了牢固的基础，拉开了秦国一统天下的大幕。——不过他主张严刑酷法，也为秦的灭亡埋下祸根。

重农愚民，君主至上

商鞅的著作《商君书》又称《商子》，原有二十九篇，今存二十二篇。据学者考证，里面有商鞅的文字，也有其他法家学者的学说。

"人是铁，饭是钢"；要想富国强兵，首先要充实粮库，让人吃饱肚子。翻开《商君书》的《垦令》篇，看看商鞅是如何以法令的形式驱使百姓垦荒辟地、发展农业的。

法令从好几个方面来讲。一是官吏不要盘剥农民、占用农时，让农民有时间去垦荒种地；二是国家统一政策，按农田产量收税，让农民感到公平，并乐于去垦荒种地。

商鞅发展农业，搞的是"人海战术"，即驱使更多的人去开荒种粮。譬如士夫贵族俸禄丰厚，养着一大批食客，给农民增加了负担。这就要对贵族征以重税，逼着他们少养食客。食客没地方混饭吃，只好去务农开荒。

再如，商鞅下令不准商人随便卖粮，也不准农户随便买粮。这就逼着懒惰的农民努力生产，自食其力；而商人不能卖粮牟利，也只好去务农开荒。此外，一般士夫之家不准随便雇人兴土木、盖厅堂，城里靠出卖劳力的人没饭吃，也只好去务农开荒。

商鞅还下令取缔旅店，让那些心思奸诈、心浮气躁、到处乱窜、不喜务农的家伙无处栖身；开旅店的也无法谋生，自然也都去务农开荒。国家再把山林、湖泽统统收归国有，让打猎捕鱼的人没饭吃，也只好去务农开荒。国家再加重刑罚，建立连坐制度，使百姓中脾气暴躁的不敢争吵，刚强尚勇的不敢私斗，怠惰懒散的不敢四处游荡，奢侈靡费的不敢挥霍浪费，心思不正的也不敢四处欺诈。这五种人也只好老老实实去务农开荒……

此外，商鞅还大搞愚民政策，如不准百姓随便迁徙，让他们株守一地，没有"外交"（与邻国交游），"不贵学问"（不以学问为贵），只知闷头种地。——《商君书》中有《去强》《弱民》两篇，表达的也是这个意思。

所谓"去强"，是指百姓不服上命，跟官府对抗；这就需要去其强悍，让他们变得服服帖帖。"弱民"自然也是这个意思，"弱"在这里是动词，有弱化之意。

要想"去强""弱民"，就要加重刑罚、减少赏赐。商鞅说："王者刑九赏一，强国刑七赏三，削国刑五赏五。"这是说，若想成就王业，就得把刑罚力度提高到九分，奖赏只占一分。一般强国的刑、赏比例是七比三；如果刑、赏力度相当，就只能甘当弱国（"削国"）了。商鞅在这方面心狠手辣，据说有一回同时处决了七百人，渭水都给染红了！

一味崇尚强力镇压，自然也就谈不上仁义礼智。《商君书》中不止一次提到"六虱"，就是像虱子一样附着在人身上的弊病。如在《弱民》篇中，商鞅说社会由农民、商人、官吏构成，"六虱"便附着在这三种人身上，是"岁""食""美""好""志""行"。

"岁""食"是指农民有了余粮，终岁享乐；"美""好"是指商人获得厚利，奢华无度，制造出不合常度的器具；"志""行"指官员占据职位，不肯为国出力，所言所行成为病害。商鞅说，这六种病害一旦形成风气，军队出征，必败无疑！

在《靳令》篇中，商鞅再次提到"六虱"，说法又有变化。他说："六虱：曰礼、乐，曰《诗》《书》，曰修善，曰孝弟，曰诚信，曰贞廉，曰仁、义，曰非兵，曰羞战。"——这十二种"祸害"，几乎都是儒家理念，全被商鞅归入"六虱"之中。商鞅认为，国家有这十二种祸害，便无法驱使百姓"农战"（耕种、作战），国家则贫弱无疑。

总的说来，商鞅之法是"国家至上""君主至上"的法度，几乎完全改变了诸子对仁义礼智的一致认同；愚民弱民，把百姓变成只知服从、毫无个人权利和尊严的农奴、兵奴！

商鞅的下场十分悲惨。他被朝廷通缉，逃到边境小客栈，店主人说：商君有令，店主不能收留没有凭证的旅客，否则要连坐！商鞅仰天长叹道："嗟乎！为法之蔽（弊病）一至此哉!"商鞅虽然身死,但他所制定的法度,仍被秦国所尊奉。后来秦始皇收缴全国兵器,"焚书坑儒""以愚黔首(黔首即百姓)",用的也还是商鞅的办法。

然而商鞅的极端手段可以收效于一时,却很难令国家长治久安。秦统一中国仅仅十四年,便失去了江山。那是秦始皇的失败,也是商鞅酷法的失败!

韩非的悲剧人生

韩非约生于公元前280年,比荀子年轻三十几岁。他本是韩国的贵族,脑瓜聪明,博览群书。可惜落了个口吃的毛病,心里有话说不出,这一来反而锻炼了他的笔杆子,著书立说,下笔千言。

韩非师从儒家大师,却又喜欢"刑名法术之学",对"黄老"之说也很感兴趣——"刑名法术之学"就是指以管仲、商鞅、申不害等为代表的法家学派;至于"黄老",则是指道家思想。另外,韩非还吸收了墨家、阴阳家的观点。

当时的韩国虽然厕身"七雄",但国力较弱。韩非

韩非雕像

曾多次上书提出治国良策，全被韩王当成耳旁风。韩非痛心疾首，只有埋头著书。他一生所写文章极多，最有名的是《孤愤》《说难》《五蠹》《内外储说》《说林》等，内容大半为治国理政的真知灼见，说理爱用寓言。

真金不怕沙埋，这些不被韩王"待见"的文章传到国外，引起一位君主的极大兴趣，此人便是秦王嬴政。他读了《五蠹》等篇，大为赞叹，说：唉，我若能跟这位作者见见面，死而无憾啊！

李斯当即告诉秦王：这位作者是我的师弟韩非。秦王听了，即刻发兵攻打韩国。韩王本来没把韩非当回事，知道秦兵是为韩非而来，便顺水推舟，派韩非出使秦国。秦王反倒心生疑虑，失去了对韩非的兴趣。

李斯对这位老同学本来就心怀嫉妒，担心韩非的到来，会影响到自己的仕途。于是他伙同姚贾等人给韩非"穿小鞋"，向秦王进谗言说：韩非是韩国贵族，哪有不偏向本国之理？他向你建议放过韩国，先打赵国和齐国，就藏着私心呢！你若不用他，也别放虎归山，不如找个茬儿除掉他算了！

秦王一时糊涂，果然把韩非投入监狱。李斯还怕韩非不死，又派人送去毒药，逼他自尽。等秦王"纳过闷儿"来，想要赦免韩非时，韩非已自杀身亡！那年他还不到五十岁！

人死了，著作却留下来了。韩非的传世文章有五十五篇，编为一书，最初称《韩子》。唐宋时，为了跟另一位"韩子"（古文家韩愈）相区别，书名改称《韩非子》。

附录：

《韩非子》目录

一、初见秦，二、存韩，三、难言，四、爱臣，五、主道，六、有度，七、二柄，八、扬权，九、八奸，一〇、十过，一一、孤愤，一二、说难，一三、和氏，一四、奸劫弑臣，一五、亡征，一六、三守，一七、备内，一八、南面，一九、饰邪，二〇、解老，二一、喻老，二二、说林上，二三、说林下，二四、观行，二五、安危，二六、守道，二七、用人，二八、功名，二九、大体，三〇、内储说上七术，三一、内储说下六微，三二、外储说左上，三三、外储说左下，三四、外储说右上，三五、外储说右下，三六、难一，三七、难二，三八、难三，三九、难四，四〇、难势，四一、问辩，四二、问田，四三、定法，四四、说疑，四五、诡使，四六、六反，四七、八说，四八、八经，四九、五蠹，五〇、显学，五一、忠孝，五二、人主，五三、饬令，五四、心度，五五、制分。

《五蠹》：揭开"禅让"的秘密

若了解韩非的核心主张，还要读读他的《五蠹》《孤愤》《内外储说》《说林》《说难》等篇。

"蠹"是专门蛀蚀器物的蛀虫；书籍、木器等生了蛀虫，早晚会被蛀空的。自然，这里的"五蠹"是指五种蛀蚀社会的

"蠹虫"，分别是学者（儒家）、言谈者（纵横家）、带剑者（侠客）、患御者（逃避兵役的人）和工商之民（商人、工匠）。

韩非批判儒者，先从儒家的历史观说起。他说：上古之世，百姓少，禽兽多。百姓不堪禽兽之扰，于是有圣人出来，发明在树上搭巢，让百姓安居避害。百姓拥护他为王，号称"有巢氏"。百姓生吃瓜果蚌蛤，腥臭伤胃，又有圣人出来钻木取火，让百姓吃上熟食。百姓拥护他为王，号称"燧人氏"。中古之世洪水泛滥，鲧、禹父子挖掘河道，制服洪水；近古之世夏桀、商纣残暴昏乱，便有商汤、周武前去征伐，同样受到百姓拥护。

韩非话头一转说：

今有构木钻燧于夏后氏之世者，必为鲧、禹笑矣；有决渎于殷、周之世者，必为汤、武笑矣。然则今有美尧、舜、汤、武、禹之道于当今之世者，必为新圣笑矣。是以圣人不期修古，不法常可，论世之事，因为之备。（《五蠹》）

◎构木：以树枝搭建住所。钻燧（suì）：钻木取火。燧，古代取火的工具。夏后氏之世：夏朝。◎决渎：疏通水道。渎（dú），水沟，河川。◎美：赞美。◎期：期许，羡慕。修古：远古。法：效法。常可：永恒不变的常规。备：应对之策。

韩非说：如果到了夏代（有房子住、有火种用），有人还在树上筑巢并钻木取火，就一定会被鲧、禹所耻笑；到商、周时

（没有洪水）还要效仿大禹疏通河道，也一定会被商汤、周武耻笑。然而到了今天，竟有人还一个劲儿赞美尧、舜、汤、武、大禹的做法，就一定会被新时代的圣人所耻笑。所以说，真正的圣人不羡慕远古时代，不效法"永恒不变"的常规，总是根据当世的情形采取新办法来应对。

说到这儿，韩非讲了个寓言：

> 宋人有耕田者，田中有株，兔走触株，折颈而死，因释其耒而守株，冀复得兔，兔不可复得，而身为宋国笑。今欲以先王之政，治当世之民，皆守株之类也。（《五蠹》）

◎株：树。释：放下。耒（lěi）：古代翻土的农具。冀：希望。

宋国有个农夫，他的田里有棵树。有一回一只兔子跑得急，一头撞在树上，撞断脖子死掉了。农夫于是放下农具，整天在树旁守着，期待再有兔子送上门来。——然而兔子再也不曾出现，农夫的行为却被宋国人传为笑柄。韩非说：如今那些想用先王之政来治理当世百姓的，不是跟这位守株待兔的农夫一样愚蠢吗？

说到这儿，韩非大概认为道理还没讲透，又说：古代人少，男人不用耕田，摘些野果子就够吃了；女人不用纺织，禽兽的皮毛就穿不完。人少财货多，所以人们不用争夺，管理者也不必奖赏惩罚，社会自然安定。如今则不然，一家生五个儿子也不算多，每个儿子再生五个，爷爷没死，已经有了二十五个孙子！人多了，财货却不见多，人们辛苦劳动，所得甚微，因而起了争夺之心，即便加倍赏罚，社会仍不免于混乱。

韩非又解释为什么古人搞禅让，现在却行不通。他说：尧统治天下时，自己生活艰苦，住在茅草房里，房顶不修剪，椽子不砍削，吃粗粮，喝野菜汤，冬天披兽皮，夏天穿粗葛，生活质量还赶不上今天一个看大门的！禹也如是，亲自拿着农具走在大伙儿前头，累得大腿没肉、小腿没毛，现在的奴隶也没这么苦！

所以说，古代圣君让出天子之位，不过是让出了看门人的口粮、脱离了奴隶的苦海罢了，有什么可赞扬的？看看今天，一个小小的县官死了，留下的财富，也足够让子孙几代吃香的喝辣的，出门能坐上马车。所以说，辞让古代的天子"宝座"容易，辞掉今天的县官位子难啊！这都是历史变迁、利益变化的缘故。

烈火熔金，大盗缩手

为了说明经济对道德、制度的影响，韩非还举了不少例子：住在山上的人吃水困难，遇上年节，甚至拿水当贵重的礼物送人。可是住在低洼地的人，却要花钱雇人挖沟排涝。遇上荒年灾月，连亲弟弟都没饭吃；可是到了丰收的秋季，对远来的陌生人也会热情款待。

这么看，古人看轻财物，不是有仁心，而是物质丰富的缘故；今人相互争夺，也不是贪婪，而是物质匮乏的缘故。同样，古人辞掉天子，不是道德高尚，而是因为天子权小利薄；今人争夺官位、依附权贵，不是道德卑下，而是因为当官的权重利多。

因此，圣人制定政策，一定要考虑财富多少、权势轻重。"事因于世，而备适于事。"（政事要随着时代而变化，措施要适应变化着的政事。）

出身儒门的韩非，对儒家思想的批判毫不留情。他说，古今社会变化了，政治措施也要改一改。如果仍用儒家的"宽缓之政"来治"急世之民"（动荡时代的百姓），就如同没有笼头、马鞭却要驾驭烈马一样，一准儿会招致灾祸！

以下韩非又直接抨击儒、墨两家"称先王兼爱天下，视民如父母"的主张。他反问：君王对待百姓像父母疼爱子女，就一定能治理好国家吗？父母疼爱亲骨肉是天经地义的，然而还不见得家家和睦呢；君主爱百姓能超过父母爱子女吗？又怎么能保证百姓不叛逆呢？因此说，治理国家只能靠法制，该用刑就得用刑，仁慈和眼泪没用！

韩非的见解是："民者固服于势，寡能怀于义。"（百姓只屈服于权势，很少有人能被仁义感化。）这回他直接

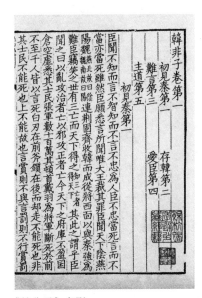

《韩非子》书影

拿孔子举例，说孔子是天下的大圣人，以仁义来号召天下，可是跟随他的也只有七十人。看起来，"能仁者寡，能义者难"，真正能秉持仁义的，说来说去也只有孔夫子一位。

可权势的力量却大得多。就说跟孔子打交道最多的鲁哀公吧，韩非称他是"下主"（不高明的君主）。可就是这位"下主"占据国君的位子，鲁国没人敢不服的。看来"民者固服于势"，连伟大的孔子也要向这位"下主"称臣。孔子是服从哀公的"义"吗？显然不是，是服从他的"势"啊！孔子尚且如此，又何况他人！

韩非又举例说：如今有个"不才子"（不成器的孩子），爹妈发怒训斥，他不改；乡亲们责骂讥诮，他无动于衷；老师苦口婆心地教诲，他依然故我。父母之爱、乡亲之德、师长之智，这三者加起来，都不能让他改变分毫。可是地方官带着家伙来执行法令、搜拿奸人，这小子怕得要命，顿时改变了恶习恶行！看来父母的慈爱只会让他更骄横，只有威权最管用！

为了说明严格执法的重要性，韩非还有更精彩的比喻：

布帛寻常，庸人不释；铄金百溢，盗跖不掇。不必害则不释寻常；必害手则不掇百溢。故明主必其诛也。是以赏莫如厚而信，使民利之；罚莫如重而必，使民畏之；法莫如一而固，使民知之。（《五蠹》）

◎寻常：古代长度计量单位，八尺为一寻，两寻为一常。庸人：常人。◎铄（shuò）金：熔化的黄金。溢：通"镒"，重量单位。掇：拿，夺。◎必其诛：诛罚坚定。

这里打比方说：一块一两丈的布头儿，一般人拿了就不肯放手；可是两千两正在熔化的黄金搁在那儿，就是大盗也不敢下手盗取！肯定无害时，一块布也不愿放过；注定伤手时，两千两黄金也没人敢要。所以说，英明的君主一定要坚定地执行刑罚，让刑罚像熔化的金块一样令人缩手！

韩非的结论是：君主的奖赏要优厚而守信，让百姓向往；君主的刑罚要严厉而果决，令百姓畏惧。法令要始终如一、固定不变，让百姓深信不疑！再让舆论称赞受赏的，抨击挨罚的，"则贤不肖俱尽力矣"（于是无论贤能的还是不成器的，全都拼命向前）。

驱除儒侠，以法为教

在做了一番铺垫之后，文章才进入"五蠹"正题，先说儒（学者）和侠（带剑者）对社会的蠹害：

儒以文乱法，侠以武犯禁，而人主兼礼之，此所以乱也。夫离法者罪，而诸先生以文学取；犯禁者诛，而群侠以私剑养。故法之所非，君之所取；吏之所诛，上之所养也。法、趣、上、下，四相反也，而无所定，虽有十黄帝，不能治也。（《五蠹》）

◎文：文学，这里指儒家推崇的诗书礼乐等。侠：游侠，即带剑者。禁：禁令，法令。礼：以礼相待。◎离法：触犯法律。离，通"罹（lí）"，触犯。取：录取，录用。◎私剑：不遵国家法令，仗剑为非。养：供养。◎趣：通"取"。

韩非说：儒者以"文学"扰乱法治，游侠靠武力干犯禁令，然而君主对这两种人却都待遇优厚，这正是造成社会混乱的原因啊！按说呢，触犯法律就该治罪，而儒生们却凭借着乱法的"文学"当上了官；干犯禁令就该处罚，但游侠们却因仗剑逞凶而受到供养。这么一看，法律禁止的，恰恰是君王任用的；官吏惩罚的，恰恰是君主供养的。禁止与录用、上级和下级，这四者刚好拧着干，没有固定标准，就是有十位黄帝再世，也不能让天下太平啊！

以下韩非又连举了两个例子，用以反驳儒家的主张：楚国有个叫"直躬"的少年，因告发父亲偷羊，被令尹杀掉了；理由是：他对君王忠心，对父亲却忤逆不孝。在另一个例子中，有个鲁国人跟着国君去打仗，却三番两次临阵脱逃，自称家有老父，自己死了没人赡养。孔子认为他是个孝子，还提拔他当了官。

韩非说：君主的直臣却是父亲的逆子，而父亲的孝子却是君主的叛臣。国家利益跟个人利益如此不同，"而人主兼举匹夫之行而求致社稷之福，必不几矣"（君主既要顾及个人品行，又要求取国家利益，肯定没有成功的可能）！

以下韩非又说："古者仓颉（jié）之作书也，自环者谓之私，背私谓之公，公私之相背也，乃仓颉固以知之矣。今以为同利者，不察之患也。"这是换个角度，从造字法的角度来解释"公""私"相悖的道理。原来古文字中的"私"像个倒置的问号，围绕自我画个圈；而"公"字则是在"私"字上加个"八"（即古"背"字），表示与私相背。由此可见，创造文字的圣人早就明白公私不能兼顾的道理；而今妄言公私兼顾者，是犯了没有深察的错误。

韩非因此说：

> 国平养儒侠，难至用介士。所利非所用，所用非所利；是故服事者简其业，而游学者日众，是世之所以乱也！（《五蠹》）
> ◎平：太平。难（nàn）：祸难，战争。介士：披甲之士，将士。◎服事者：指农民、士兵。简其业：对待本职工作不尽心。游学者：指儒者、游侠等到处碰机会的人。

国家太平时供养儒者、游侠，国难当头时，真正管用的却是披甲的将士。平时得好处的，国难当头却用不上；而用得上的，平时又得不到好处。于是乎，干实事的（农夫、士兵）都无心打理他们的本业，而游侠和儒生却一天天多起来。世道混乱的原因也正在这里！

对于百姓，韩非的策略是"重赏之下必有勇夫"。农夫辛苦种田能致富，士兵英勇杀敌能获赏，自然国富而民安。而韩非的理想之国也正是这个样子：

> 故明主之国，无书简之文，以法为教；无先王之语，以吏为师；无私剑之捍，以斩首为勇。是境内之

民，其言谈者必轨于法，动作者归之于功，为勇者尽之于军。是故无事则国富，有事则兵强，此之谓王资。既畜王资，而承敌国之衅，超五帝侔三王者，必此法也。(《五蠹》)

◎书简：书籍、文献。这里专指儒家的诗书之类。◎捍：通"悍"，强悍。斩首：指在战场上斩杀敌人，为国效力。◎轨于法：合于法，以法为轨。◎王资：统一天下的资本。◎衅（xìn）：同"衅"，缝隙，引申为弱点。侔（móu）：等同。

韩非说：明主的国度没有繁多的文献典籍，只拿法令当教材；没人谈论先王的教导，只拿官吏当老师。没有私人仗剑斗狠，人们只把为国杀敌当作勇敢。凡是境内百姓，发表言论的必须合于法度，从事劳作的必须回归农业，表现勇敢的全都归入军中。这样一来，和平时期则国家富有，发生战事则兵力强盛，这便是称王天下的资本。积累了雄厚的资本，再抓住敌国的弱点，要想超过五帝、赶上三王，就一定得这么办！

韩非所描绘的治国蓝图，后来被秦王采纳。秦始皇焚书坑儒、以吏为师的举措，应即源于这篇《五蠹》。

"五蠹"不除，后果严重

儒者和游侠是内部的"蠹虫"，"言谈者"则是外部的"祸水"——言谈者即纵横家。战国时期，各国之间除了兴兵动武，还借助外交手段相互结盟；后来形成"合纵""连横（又作'连衡'）"两大联盟。

"合纵"是指燕、齐、赵、韩、魏、楚等六国为了抗击日渐强大的秦国而结盟，由于这些国度是南北走向的，所以称合纵。"连横"则指秦国为了对付合纵，与六国分别结盟，因位置为东西方向，故称连横。

所谓纵横家，即指一批职业外交家，他们或主合纵，或主连横，四处游说，巧舌如簧；在为"雇主"效力的同时，也为个人牟取金钱、官位。最有名的纵横家是苏秦、张仪。然而在韩非眼里，他们也是"五蠹"之一。

韩非说，由于言谈者的游说、搅扰，朝中群臣也分成合纵、连横两派，争论不休。实则各怀鬼胎，没人真替国家考虑。言谈者夸大外交的作用，说什么"外事大可以王，小可以安"。韩非则认为，称王的前提是打败别人，安邦的前提是不被人打败。要使国家强大安定，光靠外交绝对不够，只有搞好内政才行。"今不行法术于内，而事智于外，则不至于治强矣"——而今不推行法治，不提高操纵群臣的能力，只在外交上耍小聪明，就达不到安定强盛的目标。

韩非又引用"鄙谚"说："长袖善舞，多钱善贾。"（袖子长，好跳舞；银钱多，好经商。）这是说条件优越、资本雄厚才容易把事做好。国家富足强大了，想怎么干都行。而类似周、卫那样的小国、弱国，不在治理内部下功夫，今天搞合纵、明天搞连横，最终也难逃亡国的命运！

"五蠹"中所谓"患御者"，是指追求个人利益而逃避兵役的人。当兵确实没啥好处,前进可能亡于刀剑,后退又会死于军法;抛家舍业去从军,家里就会穷困,因此人们避之唯恐不及。于是有人便依附权贵,替权贵修房子、服劳役,借此躲避兵役,获得安全。甚至不惜花费钱财贿赂当权者。这样一来,"公民"少而"私人"多,受损失的当然是国家。——这里的"公民"可不是现代意义上的公民,而是指为国家服役纳粮的在册之民。

那么"商工游食之民"怎么也成了蠹虫了?法家重耕、战,以农夫、士兵为正业;鄙视商人、工匠及流民。韩非说:明君治国,总希望商人、工匠、游手好闲的越少越好,因而极力贬低他们的身份。然而现在,商人、工匠有钱也能买到爵位,提升社会地位;奸商搜刮聚敛,收入是农夫的好几倍,尊荣超过了战士。结果经营耕、战正业的"耿介之士"越来越少,而从事工商"末业"的人却越来越多!

《五蠹》末尾,韩非又把五种人的危害做了归纳总结:儒者只会称颂先王,凭借仁义学说四处说教,衣冠楚楚、雄辩滔滔,质疑当代法律,动摇君主信心。纵横家则危言耸听,借助外国势力谋求个人私利,把国家利益抛于脑后。游侠剑客则聚集徒众,标榜节操,扬名立万,不惜触犯国家禁令。逃避兵役者则聚集在权贵门下,行贿舞弊,靠贵人的庇护逃避服役的劳苦。从事商业、手工业的,则靠着制造粗劣器具,积聚大量财富,囤积求售,从农夫身上牟取暴利。这五类人,都是国家的蠹虫。君主若不驱除这五类,不培养从事耕、战正业的正直之士,那么海内出现残破之国、灭亡之朝,也就不足为怪了。(文

摘一二）

这话措辞委婉，内涵却再尖锐不过。——"五蠹"不除，那"破亡之国，削灭之朝"就是你韩国、秦国啊！

【文摘一二】

五蠹之害（《韩非子》）

是故乱国之俗，其学者则称先王之道，以籍仁义，盛容服而饰辩说，以疑当世之法，而贰人主之心。其言古者，为设诈称，借于外力，以成其私，而遗社稷之利。其带剑者，聚徒属，立节操，以显其名，而犯五官之禁。其患御者，积于私门，尽货赂，而用重人之谒，退汗马之劳。其商工之民，修治苦窳之器，聚弗靡之财，蓄积待时而侔农夫之利。此五者，邦之蠹也。人主不除此五蠹之民，不养耿介之士，则海内虽有破亡之国，削灭之朝，亦勿怪矣。（节自《五蠹》）

◎籍：通"借"，依托，凭借。疑：质疑。贰：动摇。◎为（"为设诈称"）：通"伪"，假。遗：抛弃。◎五官之禁：泛指国家法令。五官，司徒、司马、司空、司士、司寇。◎积：聚集。私门：指权贵之门。货赂：贿赂。重人：权势者。谒（yè）：请托。退：逃避。◎苦窳（yǔ）之器：粗劣的器物。弗靡：奢侈。弗，通"费"。侔：谋取。

《韩非子》里"数字"多

先秦学者的文章各有千秋:孔子的话语简练而亲切,孟子的文章气势如虹,庄子的文字汪洋恣肆,墨子的语言朴实无华。而韩非的文章则显示着很强的逻辑性,看问题往往有多个角度——这从文章题目也能看出:《八奸》《十过》《三守》《六反》《八说》《八经》……全都带着数目字。

《八奸》揭示奸臣哄骗君主、篡夺君权的八种手段,即"同床""在旁""父兄""养殃""民萌""流行""威强""四方"。总起来,就是提醒君主警惕无孔不入的奸邪小人。

《十过》则提示君主要时时反省自身的十种过错。例如行"小忠"而违背"大忠",顾"小利"而损失"大利",刚愎自用而无礼于诸侯,不务政事而沉溺于靡靡之音,离朝远游而不听劝谏……

能察知臣下的忠奸,了解自身的不足,君主还要掌握三条治国驭下的原则,即所谓"三守"。在《三守》篇中,韩非提出:"人主有三守。三守完,则国安身荣;三守不完,则国危身殆。"——"守"即把握、控制。"完"是完备、完全。

"三守"中的第一"守"是这样的:

> 人臣有议当途之失、用事之过、举臣之情,人主不心藏而漏之近习能人,使人臣之欲有言者,不敢不下适近习能人之心,而乃上以闻人主。然则端言直道之人不得见,而忠直日疏。(《三守》)

◎当途：当道，当权大臣。用事：执政者。举臣：群臣。举，全部。近习：左右亲信。能人：指善于钻营得到重用的人。适：顺从。◎端言直道：讲真话，行为正直。疏：疏远。

这是说，有臣子向君主陈说当权者的失误、执政者的过失以及群臣的实情，君主不能藏之于心，随便泄露给身边亲信及得势之人。时间一长便造成这样的局面：想要进言的臣子向君主报告时，不敢不顺从众亲信及得势者的心意。如此一来，说话公正、做事正直的人就见不到君主，忠诚耿介之士也一天天被疏远。——这里讲的便是君主的驭人之术，强调君主应高高在上、掌控一切，一些绝密信息决不能跟臣下分享，不能让臣下猜透自己的心思，哪怕是心腹之人。

"三守"中的第二"守"是：

爱人，不独利也，待誉而后利之；憎人，不独害也，待非而后害之。然则人主无威而重在左右矣。(《三守》)

◎誉：这里指有人称誉。◎非：这里指有人否定、非议。

君主喜爱一个人，不能自作主张地奖赏他，非要等左右的人都夸奖他再去奖赏；君主痛恨一个人，不能自作主张地惩罚他，非要等左右的人都非议他再去惩罚。这样一来，君主便会失去权威，让左右亲近之人得势专权。——这里讲的仍然是"术"，然而其中又有造"势"的成分，即君主要把奖惩之权牢牢掌握在自己手中。

第三"守"仍强调"术""势"兼顾：

> 恶自治之劳惮，使群臣辐凑之变，因传柄移藉，使杀生之机、夺予之要在大臣，如是者侵。(《三守》)

◎恶（wù）：厌恶。惮：通"瘅（dān）"，劳累。辐凑：向中心聚拢。变：权变。传柄移藉：转移权柄和势位。藉，通"阼"，势位。夺予之要：剥夺与给予的决定权。

这是说，君主厌恶亲自处理政务，怕劳累、嫌麻烦，让群臣商量着办。这样一来，君主倒是落得清闲，然而权柄转移、势位颠倒，生杀予夺之权渐渐转移到大臣手中，这是对君权的严重侵害。——韩非再度指出"势"的重要，强调君主要不惜一切代价，把权力牢牢抓在自己手心里，这也是帝王之"术"的核心。

以下又说到"三劫"：大臣结党营私、公然篡权，这叫"明劫"；臣下通过独揽政事来篡权，这叫"事劫"；臣下专揽刑罚之权，则叫"刑劫"。韩非认为："三守不完则三劫者起；三守完则三劫者止。三劫止塞则王矣。"——原来"三守"和"三劫"有着因果关系，把握"三守"原则，就能防止"三劫"危险，君主就可以统一天下了！

《六反》《八说》两篇，仍是对儒家仁政主张的批判。韩非认为身处"大争之世"，唯有搞法治才能富国强兵；施仁政只会损害国家，其结果跟搞暴政没啥两样！

在韩非看来，搞法治才是"圣人之道"；只要法度严明，使

韩非故里新郑，相传又是黄帝故里

百姓人人畏法守法，有功必赏、有过必罚，哪怕"君不仁，臣不忠"，也不难成就王霸之业！

至于《八经》，则相当于八条"君主治国须知"；其中包括"因情""主道""起乱""立道""类柄""参言""听法""主威"，所谈也仍是法、术、势那一套。

自汉武帝"废黜百家，独尊儒术"，历代帝王无不把儒家经典高置于龙书案上。然而在帝王的座席、卧榻之侧，大概也少不了一部《韩非子》——揣摩韩非的"三守""六反""八经"之类，成为帝王们驭下治国的必修课。

《说林》：韩非的"卡片箱"

韩非不仅擅长说理，还很会"讲故事"。《韩非子》中的《说林》二篇及《内储说》《外储说》等六篇，汇集了大量历史故事、民间传说及寓言小品,差不多占了全书篇幅的三分之一。

这些带"说"字的篇章,如同韩非的"卡片箱""素材库"。大概他读书时遇到有意思的历史材料或故事传说,便把它记录并储备起来,于是便有了《说林》《储说》等篇。——"说"是一种叙事文体,后世的"小说",不也是以"说"命名的吗?

就来看几则《说林》故事:

> 汤以伐桀,而恐天下言己为贪也,因乃让天下于务光。而恐务光之受之也,乃使人说务光曰:"汤杀君而欲传恶声于子,故让天下于子。"务光因自投于河。(《说林上》)

◎以:通"已"。务光:夏末隐士高人。◎说(shuì):劝说。

商汤讨伐暴君夏桀,又怕天下人议论自己贪图君位,于是做个样子,要把天下让给务光;却又怕务光真的接受,便派人私下对务光说:汤杀掉了国君,想把这恶名转嫁到你身上。务光信以为真,便投河自杀了。

务光是传说中的高士,《庄子》中也提过他,说汤伐桀之前曾向他请教,还请他推荐人才,他都拒绝了。汤建立商朝后又想让位给他,务光推辞不受,后来干脆背着块大石头自沉于庐水。——韩非跟老师荀子一样,秉持"性恶论";在他看来,一切美好的历史传说背后,总有不为人知的隐秘,反映着人性的丑恶。

再如"子圉见孔子":

> 子圉见孔子于商太宰。孔子出,子圉入,请问客。太宰曰:"吾已见孔子,则视子犹蚤虱之细者也。吾今见之于君。"子圉恐孔子贵于君也,因谓太宰曰:"君已见孔子,亦将视子犹蚤虱也。"太宰因弗复见也。(《说林上》)
> ◎子圉(yǔ):宋人,生平不详。见:引荐。商:宋。太宰:官名,相当于相。◎蚤虱:跳蚤,虱子。

子圉把孔子介绍给宋太宰。孔子离开后,子圉入见太宰,问起对客人的印象。太宰说:我见过孔子后,再看你,就像跳蚤、虱子那样渺小!我打算把他介绍给国君。子圉唯恐孔子受宋君重用,于是对太宰说:国君见了孔子,也会把您看成跳蚤、虱子的。太宰于是打消了引荐孔子的念头。跟前一则一样,韩非洞察人性的阴暗,并要借此总结出驭人之术。

韩非推崇智谋,特别关注那些利用人性弱点以应对危机的例子,譬如这一则:

> 子胥出走,边候得之。子胥曰:"上索我者,以我有美珠也。今我已亡之矣。我且曰子取吞之。"候因释之。(《说林上》)
> ◎边候:守卫边界关卡的小吏。◎亡:丢失。

子胥即楚人伍员,这里说他遭受楚王迫害而出逃,被守边的小吏抓获。子胥镇定地说：君王搜拿我，是因为我手里握有一颗贵重的宝珠。但宝珠已被我弄丢了。我若见到君王，就一口咬定那珠子被你吞到肚子里了。守边小吏害怕被剖腹寻珠，只好把他放了。这显然是一则传说，它给人的启示是如何利用他人的惧祸心理，来实现自己的利益。

在另一则故事里，也涉及吞吃宝物的情节：

> 有献不死之药于荆王者，谒者操之以入。中射之士问曰："可食乎？"曰："可。"因夺而食之。王大怒，使人杀中射之士。中射之士使人说王曰："臣问谒者曰可食，臣故食之，是臣无罪，而罪在谒者也。且客献不死之药。臣食之而王杀臣，是死药也，是客欺王也。夫杀无罪之臣，而明人之欺王也，不如释臣。"王乃不杀。（《说林上》）

◎谒者：宫廷中负责通报传达的官吏。◎中射之士：君主的武职侍从。

有个人声称有"不死之药"，拿来献给楚王。传递官把药送进宫内，一名侍卫问：可以吃吗？传递官说：可以。侍卫一把夺过来吞进肚里。楚王闻听大怒，要把侍卫杀掉。侍卫托人向楚王申辩说：我问传递官可以吃吗，他说可以吃，所以我吃掉了，我是无罪的，罪在传递官。而且客人献不死之药，我吃后如果被王杀死，那就证明它不是不死之药，是客人欺骗了大王。大王杀掉无罪的我，只为证明客人欺骗大王，有什么意义呢？不如饶了我吧！楚王听他讲得有理，于是免他一死。

侍卫显然是在偷换概念：不死之药的效用是延年益寿，并不代表吃了可以刀枪不入。

"纣为象箸"与"隰子止伐"

韩非的寓言，大半依附于历史人物。"纣为象箸"便是借昏君商纣来讲说"见微知著"的道理：

> 纣为象箸而箕子怖，以为象箸不盛羹于土簋，则必犀玉之杯；玉杯象箸必不盛菽藿，则必旄象豹胎；旄象豹胎必不衣短褐而舍茅茨之下，则必锦衣九重，高台广室也。称此以求，则天下不足矣。圣人见微以知萌，见端以知末，故见象箸而怖，知天下不足也。（《说林上》）

◎象箸：象牙筷子。土簋（guǐ）：陶制食器。◎菽藿（huò）：菽，豆类总称。藿，豆类的叶。旄：牦牛。豹胎：母豹所怀胎仔。◎衣：穿。茅茨（cí）：茅草屋顶，也指茅屋。◎称（chèn）：相称。

商纣王用贵重的象牙制作了一副筷子，他的叔叔箕子见了，心生忧惧。他想：使用象牙筷子，就一定不会再拿陶罐盛肉汤，肯定要换成犀角碗、美玉杯。而玉杯牙筷也肯定不会拿来盛豆羹、擫豆蔓，一定要跟牛筋、象肉、豹胎之类的山珍野味相配。吃这样的美味，一定不甘心穿粗布短衣、坐在茅草屋下，肯定会穿上九层锦绣的华服，住进高台广厦。要想达到这样的标准，天下的财货可就不够用了。——圣人总是能从微小的征兆看到显著的后果，从不起眼的开端预测到事情的结局。所以箕子见到象牙筷子就忧惧，知道天下的财货已填不满纣王的欲壑！

见微知著的道理，我们在《易经》《春秋》等儒家经典里已屡次领教。韩非则用寓言形式说出，则更为生动形象。

另一则寓言仍以纣和箕子为主角：

纣为长夜之饮，欢以失日，问其左右尽不知也。乃使人问箕子。箕子谓其徒曰："为天下主而一国皆失日，天下其危矣。一国皆不知而我独知之，吾其危矣。"辞以醉而不知。（《说林上》）

◎失日：忘记了日期。

纣王饮酒通宵达旦，喝得昏天黑地，竟忘记了"今夕何夕"。问问身边的侍者，也没人知道。于是又派人去问箕子。箕子当然知道，不过他对身边随从说：做了一国之主，竟让全国都忘记日期，天下危险了！一国都不知道，唯独我知道，那么我也危险了！于是对来人说自己也醉了，不知道准确日期。箕子说了谎。不过在一群醉汉中，一个清醒者也只能装醉来保护自己。

《说林》中还有不止一则故事教人如何跟权势者打交道，以保护自己；如"隰（xí）斯弥伐树"：

隰斯弥见田成子，田成子与登台四望。三面皆畅，南望，隰子家之树蔽之。田成子亦不言。隰子归，使人伐之。斧离数创，隰子止之。其相室曰："何变之数也？"隰子曰："古者有谚曰：'知渊中之鱼者不祥。'夫田子将有大事，而我示之知微，我必危矣。不伐树，未有罪也；知人之所不言，其罪大矣。"乃不伐也。(《说林上》)
◎离：通"罹"，遭受。创：创伤。◎相室：家臣，管家。数：通"速"，快。

隰斯弥是齐国大夫，田成子即齐国权臣田常。隰斯弥陪田成子登上高台四处眺望——这高台大概是田成子新建的吧。只见三面视野开阔，一览无遗，只有南面，被隰斯弥家的树木挡住了视线。田成子倒没说什么，隰斯弥却已猜透他的心思，回到家中，隰斯弥命人砍树；刚砍了几斧子，又吩咐停止。管家问他为啥，他说：古人有谚语说，能看到深渊里的鱼是不吉利的。田成子是干大事的人，我若表现出察觉他的隐秘，我就危险了！不砍树算不了什么罪过；察知别人没说出口的心思，这个罪过就大了。于是不再砍伐。

春秋战国是"大争之世"，社会环境日益复杂险恶，身处其间的人不得不动脑筋、长心眼儿，相互算计又彼此提防，这一切磨炼了人们的思维能力。读《韩非子》，你处处能感觉到这一点。

"伯乐授徒"与"三虱争讼"

韩非已注意到事物因果关系的复杂性,一种后果可能是由多种原因导致的。在《说林》中,他讲了伯乐授徒的故事。

伯乐教两个学生如何相"踶(dì)马",也就是常用后蹄踢人的烈性马。学生甲相中一匹,学生乙从后面去摸马屁股,连摸三次,马都没踢人。甲以为自己相错了。乙说:你没错,但这匹马的前腿关节受伤肿大,无力支撑整个身体,因此后腿抬不起来。——同样的结果,原因可能有多种,可惜这个道理至今还有很多人不清楚。

有关伯乐的寓言,还有一则:

> 伯乐教其所憎者相千里之马,教其所爱者相驽马。千里之马时一,其利缓;驽马日售,其利急。此《周书》所谓"下言而上用者惑也"。(《说林下》)
>
> ◎时一:少见。利缓:获利慢。◎日售:每天都有售卖。◎《周书》:当为《逸周书》。下言:适用于一时一事的话。上用:用作普遍原则。

伯乐以善于识别千里马闻名,但他教人相马,总把识别千里马的技术教给他不喜欢的学生,而把识别普通马的技术教给他钟爱的学生。这又是为什么?原来,千里马不常有,学会识别千里马,很难靠这个赚钱发财。而普通马的交易多得很,学会识别普通马,也便吃穿不愁。韩非借用《周书》上的话

伯乐相马

说：把适用于一时一事的话当作普遍原则来使用，那简直是糊涂！——识别千里马的高端技术只能偶然一用，靠它谋生，只会饿死。

《说林》中还有一则"海大鱼"的故事，展示了一位舌辩者的风采：

> 靖郭君将城薛，客多以谏者。靖郭君谓谒者曰："毋为客通。"齐人有请见者，曰："臣请三言而已。过三言，臣请烹。"靖郭君因见之。客趋进曰："海大鱼。"因反走。靖郭君曰："请闻其说。"客曰："臣不敢以死为戏。"靖郭君曰："愿为寡人言之。"答曰："君闻大鱼乎？网不能止，缴不能缴也。荡而失水，蝼蚁得意焉。今夫齐

亦君之海也。君长有齐，奚以薛为？君失齐，虽隆薛城至于天，犹无益也。"靖郭君曰："善。"乃辍，不城薛。（《说林下》）

◎城薛：在薛邑修建城墙。◎缴：带丝绳的箭。絓（guà）：通"挂"。◎荡：放纵。◎隆：加高。◎辍（chuò）：停止。

靖郭君即齐国贵族田婴，他想给薛邑筑城墙，门客们纷纷劝止。靖郭君不耐烦，吩咐传达官：别给他们通报！有个齐国客人求见，说我只说三个字，多一个字你就烹杀我好了！靖郭君答应了。

客人快步上前，只说了"海大鱼"三个字，回头就走。靖郭君好奇，叫住他。客人故意拿捏说：我不敢拿性命开玩笑啊！得到靖郭君的特许，他才缓缓说：你听说过一种大鱼吗？它在海里游，网罗罩不住它，绳箭也拖不动它。但如果它忘情一跳，离水上岸，连蝼蛄、蚂蚁都能对付它！如今齐国就是你的大海，你长久保有齐国，还要筑薛城干啥？你失掉齐国，就是把薛邑的城墙筑得比天高，也毫无用处！靖郭君听了，恍然大悟，立刻停止了筑城计划。

齐客的比喻生动易晓，能一下子抓住要害、说服对方。他的求见方式更有意思：利用人的好奇心理，拿意义难明的半句话钩住对方，使自己获得陈说的机会。——那个时代重视人的智慧，因而诞生了一批洞悉人心又精于论说的士人，齐客便属此类。

《说林》中的寓言不全是借重人物说理，也有以动物为主角的，像"三虱争讼"：

三虱相与讼，一虱过之曰："讼者奚说？"三虱曰："争肥饶之地。"一虱曰："若亦不患腊之至而茅之燥耳，若又奚患？"于是乃相与聚嘬其母而食之。彘臞，人乃弗杀。(《说林下》)

◎讼：这里指争吵。◎若：你，你们。腊：祭祀名，于周历十二月（夏历十月）举行，要杀猪祭神。◎嘬（zuō）：吸吮，吸血。◎臞（qú）：瘦。

有三只虱子依附在猪身上，相互吵了起来。另一只虱子从旁路过，问：你们吵啥呢？三只虱子回答：我们在争肥美的地盘儿！过路虱子说：你们难道不怕腊祭的日子一到、烤猪的茅草连你们一同烧死吗，怎么还有心争地盘？三只虱子恍然大悟，赶忙聚在一块儿，猛嘬母猪的血。母猪因而消瘦，人在腊祭时放过这口瘦猪，选择了更肥的。

这里是借虱讽人，讥笑那些目光短浅、只争小利而不识大体的统治者。这类以动物为主角的寓言，庄子曾写过不少。例如《庄子·徐无鬼》中就写了一只在猪身上安家的"豕虱"，它自以为找到安乐窝，其结果则是在屠夫燃起的柴草火光中，跟猪肉一同被烧焦。——韩非对《庄子》的借鉴是显而易见的。

梦见灶头是啥征兆

《说林》的编排比较散乱，仿佛一堆未经整理的资料卡片。而以"储说"为名的六篇，则排列有序，条理井然。这六篇分别是《内储说上七术》《内储说下六微》《外储说左上》《外储说左下》《外储说右上》《外储说右下》。

"储说"仍有"素材库"的意思。它是由"经"和"说"组成的。"经"文一般只有寥寥几句,重在阐说道理;"说"则以讲故事的形式,对"经"加以佐证。

那么"储说"为何又分内、外呢?原来"内"是指君主的"内谋",也就是君主的内心盘算:如何提防被臣下哄骗,如何察觉臣下的奸术奸谋。"外"是指君主的外谋:怎样对臣下实施驾驭、控制。

就来看看《内储说上七术》吧。"上"是上篇,"七术"指君主的七种权术,分别是"众端参观"(多方验证臣下言行)、"必罚明威"(对有过错者坚决惩罚,以显君主之威)、"信赏尽能"(对臣下有功必赏,鼓励他们尽心竭力)、"一听责下"(一一听取臣下言论,以督责他们的行动)、"疑诏诡使"(用可疑和诡诈的使令来考察臣下)、"挟知而问"(明知故问,来考验臣下的真伪)和"倒言反事"(故意反着说或做,以测试臣下的忠诚度)。

且看第一条"众端参观"。其"经"为:

观听不参则诚不闻,听有门户则臣壅塞。其说在侏儒之梦见灶,哀公之称"莫众而迷"。故齐人见河伯,与惠子之言"亡其半"也。其患在竖牛之饿叔孙,而江乙之说荆俗也。嗣公欲治不知,故使有敌,是以明主推积铁

之类，而察一市之患。(《内储说上》)

◎参：参验，验证。听有门户：只听信某一人的话。臣壅（yōng）塞：被臣下蒙蔽。◎"其说在"数句：意谓对这一"经"文的解说，在以下几则"说"文中。

这是说，君主听取臣下的言辞，若不加以参验，就不能得到实情。君主如果只听信个别人的话，就会被臣下所蒙蔽——有关的"说"（例证），可参看下面的"侏儒之梦见灶""鲁哀公之称'莫众而迷'""齐人见河伯""惠子之言'亡其半'""竖牛之饿叔孙""江乞之说荆俗""嗣公欲治不知，故使有敌""明主推积铁""察一市之患"等。这些"说"共同证明着"经"中的观点。

譬如"侏儒之梦见灶"这一则：

卫灵公之时，弥子瑕有宠，专于卫国。侏儒有见公者曰："臣之梦践矣。"公曰："何梦？"对曰："梦见灶，为见公也。"公怒曰："吾闻见人主者梦见日，奚为见寡人而梦见灶？"对曰："夫日兼烛天下，一物不能当也；人君兼烛一国人，一人不能壅也。故将见人主者梦见日。夫灶，一人炀焉，则后人无从见矣。今或者一人有炀君者乎？则臣虽梦见灶，不亦可乎！"(《内储说上》)

◎侏儒：古代宫廷中身材矮小、专陪君主笑乐的弄臣。践：实践，应验。◎烛：照亮。壅：阻挡，遮挡。◎炀（yáng）：烘烤东西，烤火。

弥子瑕是卫灵公的宠臣，在朝中一手遮天、说一不二。有个侏儒见到灵公说：我昨晚的梦应验了！灵公问：你梦见啥？回答：我梦见了炉灶，预示着能见到你，今天果然见到了。灵公发怒说：我听说梦见太阳预示见到君主，你见寡人怎么梦见炉灶呢？侏儒回答：太阳能普照天下，没有东西能挡住它的光亮；国君如太阳，同样能照耀所有国人，没人能遮住他的光辉。因而将要见到君主，就会梦到太阳。至于炉灶，只要有一个人在灶头烤火，背后的人就见不到火光了。眼下大概正有一个人在您跟前烤火呢，（所以大家都见不到光亮。）如此说来，我梦见炉灶见到您，有啥不对啊？

这个侏儒胆子真大，敢于当面讥讽灵公，灵公的恼怒是可想而知的。然而事后他也一定会想想：那个挡住灶口的人是谁，莫非是弥子瑕？

"亡其半"与"三人成虎"

有关"众端参观"的"经"文中，还提到"惠子之言'亡其半'"，讲的是这样一则故事：张仪是战国时有名的纵横家，持"连横"之说，替秦国奔走。他来到魏国，劝说魏王联韩而攻齐、楚。魏相惠施是主和派，坚决反对跟齐、楚开战。他与张仪争论，而朝中大臣们全都偏向张仪，没人帮惠施说话。

眼看事情就要定下来，惠施还要做最后的努力。他进宫去见魏王，魏王说：先生不要再说了，攻打齐、楚肯定对我们有利，全国人都这么认为，哪里会错呢？惠施听了，说了下面这番话：

> 惠子因说："不可不察也。夫齐、荆之事也诚利，一国尽以为利，是何智者之众也？攻齐、荆之事诚不可利，一国尽以为利，何愚者之众也？凡谋者，疑也。疑也者，诚疑：以为可者半，以为不可者半。今一国尽以为可，是王亡半也。劫主者固亡其半者也。"（《内储说上》）

◎荆：这里指楚国。◎亡半：丢掉了一半。这里指有一半人的意见被遮蔽了。◎劫主者：挟持君主的人。

惠施说：大王不能不深思明察啊！或许攻打齐楚确实有利，可是全国的人都认为有利，这事就怪了：怎么聪明人一下子这么多啊？或许这事明明对我们不利，而全国的人却都认为有利，这同样奇怪：怎么蠢人一下子这么多啊？但凡谋划一件事，多因存在疑问才要讨论。有疑虑就会摇摆，认为行或不行的，往往各占一半。如今全国人一致认为可行，那说明大王至少失掉了一半人的真实意见！是谁让您失掉了一半？便是那挟持君主的奸贼啊！

诸位还记得，惠施是庄子的朋友，曾为魏相，又是位"名家"学者，最善辩论。他的这番话说理透辟、含义深刻——凡是"举国一致"的事，往往包含着祸因，可惜后人不曾接受惠子（实为韩非）的忠告，总在犯同样的错误！

"经"文中所谓"竖牛之饿叔孙"，讲的是一出因偏听偏信而导致家破人亡的悲剧。叔孙豹做鲁国国相，宠爱一个年轻侍者竖牛——"竖"即小厮,"牛"是他的名字。竖牛野心勃勃,想要侵夺叔孙豹的财产,又忌惮叔孙豹的两个儿子孟丙和仲壬。于是他处心积虑离间叔孙豹父子,施展种种手段,使得叔孙豹先后杀掉了两个儿子。当叔孙豹病重时,竖牛又支开众人,独自"侍奉"叔孙豹,最终将叔孙豹活活饿死。竖牛又秘不发丧,将叔孙家的财物席卷一空,逃到齐国去了。

韩非发议论说:"夫听所信之言而子父为人僇(同'戮',杀),此不参之患也。"——一味听信所宠信者的话,导致父子被杀,这就是对人言不加验证招来的祸患啊!

有些时候,消息来自多方面,如果不加参验,同样受蒙蔽。例如这个故事:

庞恭与太子质于邯郸,谓魏王曰:"今一人言市有虎,王信之乎?"曰:"不信。""二人言市有虎,王信之乎?"曰:"不信。""三人言市有虎,王信之乎?"王曰:"寡人信之。"庞恭曰:"夫市之无虎也明矣,然而三人言而成虎。今邯郸之去魏也远于市,议臣者过于三人,愿王察之。"——庞恭从邯郸反,竟不得见。(《内储说上》)

◎质:这里指君主将自己的亲人送往别国做人质。

魏国大臣庞恭陪着太子一同到赵都邯郸做人质,临行时对魏王说:如今有一个人说集市上有老虎,大王相信吗?魏王说:不信。庞恭又问:如果有两个人说呢?魏王仍说不信。再问:如果有三个人说呢?魏王说:那寡人就信了。庞恭说:集市上不可能有虎,这是明摆着的事;可是有三个人说,这事也变成"真"的了。如今我们要去的邯郸,比集市要远得多,议论我的人,肯定也不止三个,望大王详察,不要轻信啊。

尽管庞恭事前打了"预防针",可他从邯郸返回魏国后,魏王竟不肯见他。他还是被小人们算计了!——有个"三人成虎"的成语,就是由此派生出来的。

"掩袖工谗"与"炙上绕发"

《内储说下六微》开列了六种隐微情况,认为那是有害于君主权威的。其中第三种是"托于似类",简称"似类",即借用似是而非的手段欺骗人主、谋害他人。见于"说"中的有这样两件事。

一是齐国中大夫夷射一次在国宴上喝得大醉,走出来靠在廊门上。有个受过刖足之刑的看门人请求说:"足下无意赐之余沥乎?"(先生不想赏我一点剩酒吗?)看门人说得挺客气,可夷射却喝骂道:"去!刑余之人,何事乃敢乞饮长者!"(滚!你这受过刑的家伙,怎敢向长官讨酒喝!)看门人啥话没说,退了下去。

等夷射走后,看门人故意在廊门屋檐下洒了些水。第二天,齐王见到地上的水迹,呵斥看门人:谁在这里撒尿?看门人说:我没看见。不过,昨天中大夫夷射曾在这儿逗留。齐王大怒,立刻命人把夷射抓起来杀掉了!

这个被砍了脚的看门人,并未直指夷射做过此事,却制造了似是而非的"证据",使用了模棱两可的言语,最终将侮辱自己的中大夫置于死地。这个例子,对傲慢的贵族、糊涂的君主,都发出了警告。

另一件事发生在女人之间:

> 荆王所爱妾有郑袖者。荆王新得美女,郑袖因教之曰:"王甚喜人之掩口也,为近王,必掩口。"美女入见,近王,因掩口。王问其故,郑袖曰:"此固言恶王之臭。"及王与郑袖、美女三人坐,袖因先诫御者曰:"王适有言,必亟听从王言。"美女前近王甚,数掩口。王悖然怒曰:"劓之。"御因揄刀而劓美人。(《内储说下》)
> ◎诫:嘱咐。亟:急,立刻。◎悖然:勃然,大怒貌。◎揄(yú)刀:随手抄起刀。劓(yì):割鼻。

郑袖是楚王的爱妃,为人妒忌,工于心计。楚王新得一美女,郑袖做出关心的样子,对她说:楚王最喜欢女人用衣袖掩着口的样子,你接近楚王时,一定要做出这样姿势,才能讨他喜欢。于是美女每回见到楚王,总要用手掩着嘴。楚王很奇怪,私下问郑袖。郑袖说:这明明表示讨厌你的气味啊!

后来有一回,楚王、郑袖跟美女一块坐着,郑袖事先嘱咐侍从:大王有什么命令,一定要赶快执行。美女坐在楚王跟前,又几次掩口,楚王勃然大怒,吩咐:把她的鼻子割掉!侍从立刻操刀动手,没等楚王醒悟就把美女的鼻子割掉了。——唐代骆宾王在《讨武曌(zhào)檄》中抨击武则天"掩袖工谗,狐媚偏能惑主"，用的就是这个典故。

这个美女真可怜，直到遭受劓鼻酷刑，也不知自己错在哪里。——不过在尔虞我诈、钩心斗角的恶劣环境里，有人却能在灾祸来临时保持冷静，据理力辩，并终能摆脱困境。

"六微"之四为"有反"，也叫"利害有反"，是说要善于从反面考察谁得利谁受害。"说四"中有一则"炙上绕发"，记述了一位沉着自救的厨师：

> 文公之时，宰臣上炙而发绕之。文公召宰人而谯之曰："女欲寡人之哽耶，奚为以发绕炙？"宰人顿首再拜请曰："有死罪三：援砺砥刀，利犹干将也，切肉，肉断而发不断，臣之罪一也；援木而贯脔而不见发，臣之罪二也；奉炽炉，炭火尽赤红，而炙熟而发不烧，臣之罪三也。堂下得无微有疾臣者乎？"公曰："善。"乃召其堂下而谯之，果然，乃诛之。(《内储说下》)

◎宰臣：管理君王膳食的官员。炙（zhì）：烤肉。发：头发，发丝。◎宰人：厨师。谯（qiáo）：通"诮"，责问，责怪。哽（gěng）：噎住。◎砺：磨石。砥：磨。干将：古代著名的宝剑。◎木：这里指穿肉的木棍。贯脔（luán）：穿肉。贯，穿。脔，切成块的肉。◎奉：捧。炽炉：炽热的烤炉。◎堂下：指立于堂下的侍从。疾：恨。

晋文公在位时，有一回膳食官捧上烤肉来，肉上竟缠着头发！文公大怒，把厨师叫来骂道：你要把寡人噎死吗？为啥把头发缠在烤肉上？厨师伏地叩头拜了两拜，不慌不忙地说：我自知有三桩死罪——把刀磨得飞快，如同干将宝剑一样锋利，能轻易切断肉，却没能切断头发，这是我第一桩罪；拿木条穿肉块时，竟没有发现头发，这是我第二桩罪；我捧着炽热的烤炉，炭火烧得通红，肉烤熟了，头发竟没有烧断，这是我第三桩罪！您堂下的侍从中，该没有人暗中嫉恨我吧？——文公恍然大悟，召堂下侍从一审，果然是侍从暗做手脚，嫁祸于人。于是文公把侍从杀掉了。

这位厨师真是好口才，他那种临危不乱的沉着劲儿，尤其令人佩服。这个故事是对"六微"中"有反"（"利害有反"）的说明，意思是，当一件事发生时，不要相信"眼见为实"，要深入考察、清醒思考：如果国家受害，就要考察哪国将从中得利；如果臣下受害，就要考察谁是利害相反的人。——了解世道人心，不但要靠眼，更要靠脑！

"皇帝新衣"有中国版

《外储说》又分左上、左下，右上、右下四篇。如前所说，内容主要讲解君主之"外谋"。我们熟知的不少成语典故，如"买椟还珠""良药苦口""郢书燕说""郑人买履""曾子杀猪"等，便都出自这里。

"买椟还珠"故事是齐人田鸠在评价墨子时说的。楚王问田鸠："墨子者，显学也。其身体则可，其言多而不辩，何也？"——墨子是声名显赫的大学者，他身体力行，干得很不错;他的话也讲了不少,却缺乏文采,这是为什么?

田鸠回答说:从前秦伯把女儿许给晋国的公子,还陪嫁了七十个小妾。结果晋公子喜欢小妾,对秦伯的女儿反而不理不睬。这叫"善嫁妾",不能叫"善嫁女"。田鸠讲的另一件事,便是"买椟还珠":

> 楚人有卖其珠于郑者,为木兰之椟,薰以桂椒,缀以珠玉,饰以玫瑰,辑以翡翠。郑人买其椟而还其珠。此可谓善卖椟矣,未可谓善鬻珠也。(《外储说左上》)
>
> ◎木兰:一种名贵树木。椟(dú):匣子。薰:通"熏"。桂椒:两种香料。缀:与下文的"饰""辑"都有装饰的意思。玫瑰:红色的玉石。◎鬻(yù):卖。

有个楚人在郑国卖宝珠,用贵重的木兰木制成匣子,拿桂、椒等香料熏过,再用珠子玉石装点匣子,又是玫瑰石,又是绿翡翠。结果郑人买去后留下漂亮的匣子,把宝珠还给了楚人。这叫善于卖匣子,不能叫善于卖宝珠。

田鸠接着说:如今世人的言论,净说些夸夸其谈的漂亮话,君主们喜欢文章的辞采,却忘记它的功用。至于墨子的学说,传播先王之道,论说圣人之理,并广为宣传;如果辞藻太华丽,只怕人们记住辞藻却忘记内容。因文辞而损害功用,这跟楚人卖珠、秦伯嫁女类似。墨子的言论朴实无华,道理就在这儿。

这则寓言意在告诫君主,不要被漂亮的言辞所迷惑。而另一则寓言则警示君主要分辨有用无用的话语。

燕王好微巧。卫人曰："能以棘刺之端为母猴。"燕王说之，养之以五乘之奉。王曰："吾试观客为棘刺之母猴。"客曰："人主欲观之，必半岁不入宫不饮酒食肉。雨霁日出，视之晏阴之间，而棘刺之母猴乃可见也。"燕王因养卫人，不能观其母猴。郑有台下之冶者谓燕王曰："臣，削者也。诸微物必以削削之，而所削必大于削。今棘刺之端不容削锋，难以治棘刺之端。王试观客之削，能与不能可知也。"王曰："善。"谓卫人曰："客为棘刺之母猴也，何以理之？"曰："以削。"王曰："吾欲观见之。"客曰："臣请之舍取之。"因逃。（《外储说左上》）

◎微巧：精巧细微的小玩意儿。◎棘刺：酸枣树上的刺。母猴：又称"沐猴"，即猕猴。◎五乘之奉：五乘土地的赋税。一乘为六里见方。◎霁（jì）：雨住转晴。晏：阳，引申为晴。◎冶者：铁匠。削：刻，也指刻刀。削者是打制刻刀的人。◎理：治理，这里指雕刻。

燕王喜欢小巧的玩意儿，有个卫国人说：我能用酸枣刺的尖尖儿刻个猕猴。燕王听了很高兴，用五乘土地的税收供养着他。过了一阵子，燕王对客人说：我想看看你刻的猕猴。客人说：君王要看也行，但必须做到半年不进后宫，不跟后妃来往，不饮酒、不吃肉。还要等到雨停日出、半晴半阴时，才能见到。——燕王哪里做得到？只好养着卫客。

郑国台下地方有个铁匠给燕王出主意说：我是打刻刀的，

我知道，微雕一定要用刻刀，而所刻的材料，肯定要比刻刀大。如果酸枣刺的尖尖儿容不下刀锋，就难以雕刻。你看看客人的刻刀，就知道他能不能做到了。于是燕王提出要看刻刀，卫人说等我给你回屋去取，却头也不回地逃走了！

看来燕王是位糊涂君主，竟分辨不出骗子的花言巧语，智商还不如"台下之冶者"。不过这个故事有点眼熟：愚蠢的君主花重金供养狡猾的骗子，期待着那看不见的"宝贝"。而最终揭穿骗术的，则是身份微贱的人。——丹麦童话大王安徒生笔下的《皇帝的新衣》，讲的不是同样的故事吗？只是安徒生生活于19世纪，比韩非足足晚生了两千年！

18、19世纪，欧洲一度掀起中国文化热。安徒生是否受过中国文化的启发呢？这还有待于学者的深入探查。

公仪休的"吃鱼哲学"

《外储说左上》还有一则"虞庆为屋"的寓言：

> 虞庆将为屋，匠人曰："材生而涂濡。夫材生则挠，涂濡则重，以挠任重，今虽成，久必坏。"虞庆曰："材干则直，涂干则轻。今诚得干，日以轻直，虽久，必不坏。"匠人诎，作之成。有间，屋果坏。（《外储说左上》）
>
> ◎虞庆：虞卿，是战国时赵国的上卿。材生：木材没干透。涂濡：泥土是湿的。◎挠：弯曲。◎诎（qū）：没话说。

◎有间：过了一阵子，不久。

虞卿准备盖房子，匠人说：木材没干透，容易弯曲；泥巴是湿的，分量重。用弯曲的木材承受湿重的泥巴，今天勉强盖起来，日久必坏。虞庆却说：木材干了能挺直，泥巴干了会变轻。只要今天干了，以后只会更轻更直，哪里坏得了！匠人无言以对，只好照办。屋子盖成不久，果然坏掉了。——此事告诫君主：讲得头头是道的，不一定就是真理。这故事的另一个启示是：外行领导内行，难免要"盖塌房"的！

另一则寓言讲述了大致相同的道理：有个叫儿说的宋国人，能言善辩，跟人家辩论"白马非马"的论题，整个稷下学宫的学者全不是他的对手。可是他骑着白马过关卡时，还得老老实实替白马纳牲口税。他的言谈可以对付一国的学者，可是到了税吏那儿，人家可不听你这一套！

《外储说》中还有不少有意思的寓言。像"画鬼容易画马难"、"郢书燕说"（文摘一三）、"郑人买履"（文摘一三）、"曾子杀猪"、"夔一足"、"举贤不避亲仇"、"薛公献珥"、"宋人酤酒"（文摘一三）、"吴起出妻"、"公仪休不受鱼"等。

"薛公献珥"（《外储说右上》）讲的是薛公（即孟尝君田文）的故事。齐威王的夫人死了，威王有十个宠姬，该选哪一个填补夫人的空缺呢？薛公作为宰相，有责任就新的人选提出建议。这事很重要，如果建议被驳回，不但很丢脸，而且直接影响到薛公的官位。

薛公于是制作了十对玉珥献给威王，并把其中一对制作得格外精美。第二天，薛公见最精美的玉珥被其中一位姬妾佩戴，便毫不犹豫地建议让她做夫人。这则寓言意在警告君主：臣下对君主的窥测无所不在，千万别让臣下猜中你的心思！

有个"公仪休不受鱼"的故事，至今还有教育意义：

公仪休相鲁而嗜鱼，一国尽争买鱼而献之，公仪子不受。其弟谏曰："夫子嗜鱼而不受者，何也？"对曰："夫唯嗜鱼，故不受也。夫即受鱼，必有下人之色；有下人之色，将枉于法；枉于法，则免于相。虽嗜鱼，此不必致我鱼，我又不能自给鱼。即无受鱼而不免于相，虽嗜鱼，我能长自给鱼。"此明夫恃人不如自恃也，明于人之为己者不如己之自为也。(《外储说右下》)

◎下人之色：迁就他人的态度表情。◎致：送。

公仪休在鲁国为相，特别喜欢吃鱼。人们都争着买鱼送给他，可他一条也不肯收。弟弟劝他说：你那么爱吃鱼，为什么不接受呢？公仪休回答说：正因我特别爱吃鱼，所以才拒绝接受。假如我接受了，"吃了人家嘴短"，就要迁就人家。一迁就，就要违法替人办事。而违法就难免被罢官。我那么爱吃鱼，可罢了官，谁还会送鱼给我？到那时，我又没钱自己买，想吃也吃不上。而今我不收别人送的鱼，便不会被罢官，也就总有鱼吃了！

韩非子评论说：公仪休是个明白人，知道靠别人不如靠自己的道理。——可惜如此浅显明白的道理，至今还有许多人不懂。真希望那些握有大大小小权力的人，在罢官或入狱之前，能读到这则寓言。

【文摘一三】

郢书燕说（《韩非子》）

郢人有遗燕相国书者，夜书，火不明，因谓持烛者曰"举烛"云而过书"举烛"。举烛，非书意也。燕相受书而说之，曰："举烛者，尚明也；尚明也者，举贤而任之。"燕相白王，大说，国以治。治则治矣，非书意也。今世举学者多似此类。（节自《外储说左上》）

◎郢（yǐng）：楚国都城，位于今湖北荆州城北。过书：错误地书写。◎说（"燕相受书而说之"，音 shuì）：解释。下文中的"说"（"大说"），通"悦"。尚明：崇尚光明。

郑人买履（《韩非子》）

郑人有且置履者，先自度其足而置之其坐，至之市，而忘操之。已得履，乃曰："吾忘持度。"反归取之。及反，市罢，遂不得履。人曰："何不试之以足？"曰："宁信度，无自信也。"（节自《外储说左上》）

◎置（"置履"）：购置。度（duó）：量。坐：座位。操：拿。◎市罢：市场关门，交易停止。

宋人酤酒（《韩非子》）

宋人有酤酒者，升概甚平，遇客甚谨，为酒甚美，县帜甚高著，然不售，酒酸。怪其故，问其所知。问长者杨倩，倩曰："汝狗猛耶？"曰："狗猛，则酒何故而不售？"曰："人畏焉。或令孺子怀钱挈壶瓮而往酤，而狗迓而龁之，此酒所以酸而不售也。"夫国亦有狗，有道之士怀其术而欲以明万乘之主，大臣为猛狗迎而龁人，此人主之所以蔽胁，而有道之士所以不用也。（节自《外储说右上》）

◎酤（gū）：买酒，卖酒。升概：这里指量具。遇：对待。谨：恭谨。县：通"悬"，挂。帜：酒旗。著：显著，鲜明。不售：卖不出去。◎挈（qiè）：带着，拿着。瓮：盛酒瓦器。迓（yà）：迎着。龁（hé）：咬。◎蔽胁：（被）蒙蔽和挟持。不用：不被任用。

辣手撰文抒"孤愤"

汉代司马迁在《史记》中为韩非立传，说到著述时，特别提到《五蠹》《孤愤》《说难》及《说林》、内外《储说》等篇。

《孤愤》意在总结"法术之士"失败的原因。——"法术之士"即聪明有本领的人，又称"智术能法之士"或"智法之士"。韩非说：法术之士最大的敌人，就是朝中一手遮天的"大臣""重人"。他们掌控着国家大权，别国的诸侯有求于他，也要奉承他；朝中百官要升官，也都来依附他；君主的亲信也替他们隐瞒罪行；学者也都为他们唱赞歌。这样一来，法术之士就很难接近君主了。

况且法术之士也有很多弱点：你跟君主关系疏远，又怎能争得过君主的亲信？你是新来的客卿，又怎能争得过君主的旧人？你的主张多半违背君主的心思，又怎能争得过那些阿谀逢迎的小人？你地位低微，又怎能争得过官高爵显之辈？你只凭一张嘴，又怎能争得过上上下下众口一词？

韩非还不忘打比方，说中原的君主固然控制不了千里之外的越国，可是由于大臣弄权，你自己国家的权力，跟越国一样不受你的控制啊！韩非这里举齐、晋两国的例子来说明：

> 人之所以谓齐亡者，非地与城亡也，吕氏弗制而田氏用之；所以谓晋亡者，亦非地与城亡也，姬氏不制而六卿专之也。今大臣执柄独断，而上弗知收，是人主不明也。与死人同病者，不可生也；与亡国同事者，不可存也。今袭迹于齐晋，欲国安存，不可得也。（《孤愤》）

◎吕氏：齐在周初是吕尚（姜姓）的封国，子孙世袭，故称吕氏。弗制：不能控制。田氏：本为春秋时陈国公子，后到齐国，称田氏。公元前481年，田氏杀死齐简公吕壬，掌握了政权。前386年田和立为齐侯，取代了吕氏。◎姬氏：晋国周初是周成王之弟唐叔虞的封国，姬姓。六卿：春秋末年，晋国有六家掌权的贵族，分别是范氏、中行氏、知（智）氏、赵氏、韩氏、魏氏。◎执柄：把持权柄。◎同事：同样的作为。

人们之所以说齐国灭亡了，不是说齐国的土地、城镇不存在了，而是说吕姓国君不能控制国家，大权被田姓篡夺了。人们之所以说晋国灭亡了，不是说晋国的土地、城镇不存在了，而是说姬姓国君不能控制国家，大权被六卿把持了。如今大臣专权独断，而君主不懂得收权，这就要怪君主不明智了。跟死人得同一种病的，不可能活命；跟灭亡之国国情相似的，也不可能独存。而今的君主踩着齐、晋的脚印走，要想让国家平安稳定，那是不可能的！

不过韩非坚信，那些篡权者早晚要垮台，因为"智士"和"贤士"知其必败，是不会依附他们的。

韩非此文写于何时，至今仍是个谜。文中所说的"大臣""重人"又是指谁，也难做判断。有一种说法，认为韩非此文写于秦国狱中，所谓"大臣""重人"，当指李斯之辈。面对李斯的妒忌、陷害，韩非辣手撰文，迎头痛击！他多希望能唤醒秦王，及早识破李斯的面目。——只是不知这篇文章能否被送到秦王手中？

韩非的另一篇文章《说（shuì）难》，论述说服君主的种种困难。韩非用大半生研究如何向君主推销自己的主张；他在文中把君主的心理揣摩得那么透彻，把说服者与被说服者的关系剖析得入情入理。这不但可以看作最早探讨论辩之术的文章，也可看作最早的心理学论文。——这篇《说难》，被司马迁一字不漏地抄入《史记·老子韩非列传》中。

《韩非子》收于《四库总目·子部》"法家"类，题为《韩子》。这一类共收法家著作八部，包括《管子》《商子》《邓析子》等。——《邓析子》在"汉志"中被列入名家。

辑六　杂家推《吕览》，兵书地位高

名家惠施多怪论

咱们前面说过，"汉志·诸子略"的"十家"中有名家。怎么叫"名家"呢？据班固在"汉志"中解释说：名家是从礼官中派生出来的。古人最重名位，名位不同，礼数也有差异。孔子说过：一定要纠正名不副实的问题。名分不正，就不能理直气壮、言通意顺，事情也就办不成。而辨正名、实，正是名家的专长。

名家又称"辩者"，他们热衷于讨论一些怪异的命题，相互纠缠论辩，乐此不疲。听听惠施（约前370—约前310）的"怪论"吧——他是庄子的朋友，是名家的代表。他的论题是：大到极点而没有外围的，叫"太一"；小到极点而没有内核的，叫"小一"（"至大无外，谓之大一；至小无内，谓之小一"）。有一种物质，没有厚度，不可累积，却有千里之大（"无厚，不可积也，其大千里"）。天可以跟地一样低，山可以跟泽一样平（"天与地卑，山与泽平"）。太阳刚升到中天就偏斜，万物刚一出生就踏上死亡之路（"日方中方睨，物方生方死"）；今天才踏上越国土地，其实昨天就到了（"今日适越而昔来"）；我知道天下的中央在哪儿，是在北方的燕国以北、南方的越国以南（"我知天下之中央，燕之北、越之南是也"）。

这些论题看似荒谬，然而从科学的角度分析，有的却又讲得通，例如"今日适越而昔来"，便可从地球不同部位存在时差来解释：如果一个人在星期一到达东方的越国，远在西方的人会认为他是在"昨天"（星期日）到达的——因为西方此刻还是星期日。

至于"天下之中央，燕之北、越之南是也"，则可用地球是球体来解释：一人从燕地向北进发，另一人从越地向南进发，两人背道而行，总有一天会碰面，那里便可看作"天下之中央"了。

惠施有著作《惠子》，已经失传，我们所了解的惠施论辩内容，记录在《庄子·天下》篇中。不过《天下》篇对惠施的评价并不高，说他空有雄心，不懂道术，其行为不过像只蚊子嗡嗡叫，无益于世。并说：可惜啊！惠施才华横溢，却无益于世；一味追求名实之辩而难以自拔。试图提高嗓门来消除回声，用快跑来甩掉影子，又怎么做得到呢？可悲啊！

"白马非马"说公孙

至清代，《四库总目·子部》取消了"名家"的独立地位，把名家著作归入"子部"其他门类，如《邓析子》入"法家"，而《尹文子》和《公孙龙子》则入了"杂家"。

邓析（前545—前501）是春秋时郑国人，对刑法很有研究，喜欢替人打官司——他应当是今天律师的祖师爷吧。

邓析有个"两可"理论，也就是这么讲也通，那么讲也行。相传有一年发大水，有个富翁淹死在水里。有人捞起富翁的尸体，向富翁家要高价。富翁家属来向邓析请教。邓析说：你回去安心等着吧，除了你家，谁还会花钱赎尸呢？捞尸的见富翁家没动静，也来向邓析讨主意。邓析说：你回去安心等着吧，这尸体除了他家赎，还有谁会来赎？邓析的两番话听着都有理，可这事却结了"死扣"。

邓析与子产同朝为官。子产有一套刑法条文，铸在鼎上。邓析有所不满，自己也编了一套刑法，写在竹简上，因称"竹刑"。他还聚徒讲学，扩大影响。这让子产十分恼火，终于找借口把他杀掉了。

邓析有《邓析子》传世，应是后人托名之作。——而《尹文子》据考也是伪托之作。比较可靠的作品，大概只有公孙龙的《公孙龙子》了。

公孙龙（约前320—前250）是赵国人，比惠施、庄子都要晚生半个世纪。他撰有《公孙龙子》十四篇，今存六篇。其中《白马论》和《坚白论》尤其著名，分别讨论"白马非马"和"离坚白"的观点。

怎么叫"白马非马"呢？公孙龙借主客辩论的形式，做出陈述：

（客曰：）"白马非马，可乎？"（主）曰："可。"（客）曰："何哉？"（主）曰："马者，所以命形也；白者，所以命色也。命色形者，非命形也。故曰：白马非马。"（《白马论》）

关于"白马非马"，公孙龙子的解释是这样的："马"是用来称呼马的形体的，"白"是用来指示马的颜色的。颜色和形体相结合，才可称作"白马"，跟单单用来称呼形体的"马"，当然不是一回事，所以说"白马非马"。

以下主、客你来我往，还有好几番争辩，最后占上风的当然是公孙龙。不过公孙龙有偷换概念之嫌："马"固然可以理解为"命形"（对其形体的称呼），然而它同时又是马这个种类的总称，因此"白马"当然属于"马"的范畴。

至于"离坚白"，是这样一番理论：

（客曰：）"坚白石三，可乎？"（主）曰："不可。"（客）曰："二，可乎？"（主）曰："可。"（客）曰："何哉？"（主）曰："无坚得白，其举也二；无白得坚，其举也二。"（《坚白论》）

◎坚白石：这里指石头和它的两个属性——坚硬，白色。三：指三个概念同时存在的情况。◎无坚得白：指在看到白色时，不能同时知道它是坚硬的。下文中的"无白得坚"与之相反。举：这里指得悉，知道。

客问：石头的属性有三条——坚硬、白色、石形。这三种特性者，人能同时感受到吗？主人回答：不可以。客又问：其中两者可以同时感受到吗？主人回答：可以。客问：为啥？主人解释说：当你看见石头时，不知道它是坚硬的，只看见它是白色的，这就是说，你只能同时知道"石、白"这两项。当你伸手摸石头时，你只知道它是坚硬的，却不知它是白色的，因而也只知道其中两项。

在以下的辩论中，公孙龙又提出"藏"的概念，认为"坚"与"白"呈分离状态（要不怎么叫"离坚白"呢），当你感知其中一项时，另一项则隐藏起来。

关于"离坚白"的讨论，让人们联想到"盲人摸象"的故事。我们对事物的总体认识，往往是个别认知的综合。公孙龙恰恰讲出这个道理。有的学者评价说，从"白马非马"来看，公孙龙是"唯心"的；可是从"离坚白"来看，他又是"唯物"的。

《公孙龙子》中另有《指物论》《通变论》《名实论》，也都是公孙龙的重要辩题，只是没有"白马非马"及"离坚白"那么有名罢了。

阴阳家：邹衍创立"五行"说

庄子对公孙龙的评价是"能胜人之口，不能服人之心"。各位还记得，在《庄子·秋水》篇里，庄子通过魏牟之口讲了个"井底之蛙"的寓言，把公孙龙羞辱了一番。看来庄子对公孙龙的学说很不"感冒"。不过公孙龙的"诡辩"功夫确实了得，据说整个稷下学宫无人能敌，只输过一场，那对手，便是讲究"阴阳""五行"之说的邹衍——他代表的流派又称"阴阳家"。

邹衍（约前324—前250）是土生土长的齐国人，老家在今山东章丘。他最早也师从儒家，大概当时儒生太多吧，没有哪位君主肯重用他们。后来他从儒家学说中获得启示，创立了"阴阳五行"之说，居然一举成名。

"阴阳"之说起于《易传》："是故《易》有太极，是生两仪，两仪生四象，四象生八卦。"(《周易·系辞》)——这里的"两仪"便是指相互对立依存的阴、阳两极。

至于"五行"的概念，乃出自《尚书·洪范》。《洪范》"九畴"第一条便是"五行"，也就是水、火、木、金、土。古人认为，世界便是由这五种物质构成的。只是《洪范》并未深究五行之间的关系，邹衍在此基础上，创造出一套"五行相克""五德终始"的理论来。

照邹衍的说法，五行之间存在着相生相克的规律（"五行生克""五行生胜"）。从相克这一面讲，土克水、木克土、金克木、火克金、水克火。想想不无道理：水来土掩，故土克水；而木生于土，乃是对土的利用。此外，金属工具可以加工木材，火又能熔化金属，水则能灭火，如此循环往复，相克相生。

五行存在于天地之间，自然也影响到人类社会。邹衍说，历史上每一朝代都秉承着某种"德性"，或为土德，或为木德，或为火德……某一朝的"德"衰败了，便有相克的"德"去取代它，人间朝代的更替，早由老天注定！

可惜邹衍的著作《邹子》没能流传下来。不过据学者考证，《吕氏春秋》中还保存着邹衍的学说片断：

> 凡帝王者之将兴也，天必先见祥乎下民。黄帝之时，天先见大螾大蝼。黄帝曰："土气胜！"土气胜，故其色尚黄，其事则土。及禹之时，天先见草木秋冬不杀。禹曰："木气胜！"木气胜，故其色尚青，其事则木。及汤之时，天先见金刃生于水。汤曰："金气胜！"金气胜，

故其色尚白，其事则金。及文王之时，天先见火赤乌衔丹书集于周社。文王曰："火气胜！"火气胜，故其色尚赤，其事则火。代火者必将水，天且先见水气胜。水气胜，故其色尚黑，其事则水。水气至而不知数备，将徙于土。（《有始览·应同》）

◎祥：祥瑞，好的兆头。◎螾（yǐn）：蚯蚓。蝼：蝼蛄。◎事：这里指奉祀。◎杀：衰谢。◎金刃：兵器。◎火赤乌：传说中的神鸟，由火幻化而成的赤色乌鸦。丹书：这里指天赐祥瑞之书。集：止，栖。周社：周朝的社木。◎数备：气数具备。

这是说，一位帝王将要兴起，老天一定要向人间降下祥瑞。譬如黄帝将登基时，天下出现了形体很大的蚯蚓和蝼蛄，黄帝便说：这是土气胜出。土色为黄，所以黄帝时旗帜礼服都以黄色为尚，祭祀则重土德。大禹时代将临时，天下的草木秋冬不败，大禹说：这是木气胜出。木色为青，夏朝旗帜服饰以青色为尚，祭祀重木德。同样，商汤尚金德，旗帜服饰用白色；周文王尚火德，旗帜服饰用红色。

邹衍还预测说：将来取代火德者，一定是崇尚水德的民族，旗帜用黑色。——后来秦始皇接受邹衍的学说，果然崇水德，打黑旗。

天下九州：足不出户的"地理大发现"

邹衍的"五德终始说"一开始只是闭门自纂，算不上什么大学问。可后来竟打动了诸侯，纷纷请他去讲学。试想在那个弱肉强食、列国混战的时代，哪家诸侯不想借助超自然的力量争霸称雄呢？而邹衍的"学说"，刚好为君主们提供了诱人的理论根据。

在齐国，宣王、闵王相继在位，爷儿俩都野心勃勃。邹衍这套方案，刚好契合了他们的心思。齐闵王不满足诸侯的位子，妄想做天子。他自封"东帝"，要跟"西帝"秦昭王平分天下。邹衍也因此名重一时，当上齐国的上大夫。

后来燕昭王招贤纳士，也请邹衍前往。燕王还"拥彗先驱"，就是抱着扫帚走在前面，表示亲自扫除迎接之意。燕王还为邹衍建造宫室，拜他为师。那是邹衍一生中最光辉的日子。

据说邹衍有一回巡游至渔阳郡，一时兴起，吹起律管。——渔阳位于今天北京的密云、怀柔一带，此地有寒谷，冰封雪盖、五谷不生。然而邹衍一吹律管，顿时暖风融融，冰雪消融。百姓们及时播种，经夏历秋，竟然五谷丰登！后来唐代大诗人李白游历至此，听到这段传说，即兴赋诗道："燕谷无暖气，穷岩闭严阴，邹子一吹管，能回天地心。"诗题即《邹衍谷》。据说邹衍遭人诬陷而下狱，他仰天大哭，五月盛夏竟然天降寒霜！

邹衍常常谈天说地，很少有人能跟他搭上话，因此人送外号"谈天衍"。不错，邹衍考虑的都是大问题，他还有个"大小九州"的学说，也是一般人想不到的。——"九州"的概念，是儒家经典《尚书·禹贡》中提出来的。传说大禹治水时，把中国分为九州，乃是冀、兖（yǎn）、青、徐、扬、荆、豫、梁、雍。

然而据邹衍讲，这还只是"海内九州"的情形，海外还有大九州。司马迁《史记》转述了邹衍的"九州"观念：

儒者所谓中国者，于天下乃八十一分居其一分耳。中国名曰赤县神州。赤县神州内自有九州，禹之序九州是也，不得为州数。中国外如赤县神州者九，乃所谓九州也。于是有裨海环之，人民禽兽莫能相通者，如一区中者，乃为一州。如此者九，乃有大瀛海环其外，天地之际焉。（《孟子荀卿列传》）

◎序：排列次序。◎裨（bì）海：小海。"人民禽兽"三句：元代张燮《岛夷志略·序》引此文作"人民禽兽莫能相通如一区中者，乃为一州"，似更清楚。◎大瀛海：大海。

按这个说法，中国只占天下的八十一分之一。中国的别称为"赤县神州"，赤县神州内分为九州，即大禹所分的九州，然而这些都不算数。在中国以外，还有九个像中国赤县神州这么大的州，这才是邹衍所说的"九州"。这九州中的每一州都有小海环绕，各州之间的人和禽兽不能相互流通。九州合在一起，又形成一大州。而这样的大州又有九个，每大州又有大海环绕；再往外就是天地相接之处了。

有人指出，邹衍的描述中有数学错误：赤县神州以外的州不应是九个，而是八个，连同赤县神州才是九个。——其实何必较真呢，把"九"看作虚数好了。重要的是，在交通、通信极不发达的古代，邹衍坐在屋子里，竟能想象出中国以外还有广阔的海洋洲陆，各洲间又有大海相隔，百姓、禽兽难以流动沟通。这跟世界的真实模样已相差无几了！

直至两千年后，愚蠢而傲慢的清朝统治者还认为中国是天下的中心，硬说许多外国国名是跨海而来的红毛"夷人"随口编造，好向中国皇帝讨赏的。——你看这差距有多大！

邹衍的阴阳五行说还影响到哲学、医学、历法、建筑风水等领域。汉代盛行的"谶纬"之学，便是以阴阳五行为基础的。董仲舒"废黜百家，独尊儒术"，却对邹氏之学情有独钟，并借此鼓吹君权神授。——然而流传至今，《四库总目》中竟没有"阴阳家"的专著，如此大起大落，邹衍生前肯定没有想到。不过他的观点，却广泛存在于儒、道家著作中。

合纵连横，苏秦、张仪

在"九流十家"中，纵横家也占着一席之地。前面说过，所谓纵横家便是韩非《五蠹》中所说的"言谈者"，又称"策士"。他们奔走于列国之间，全力推销自己的外交、军事理念。他们不属于哪个国家，谁肯用我就替谁出力——这种机制脱离了"从一而终"的传统忠君模式，很有几分"现代"风范。

别小看这些纵横家，他们是些智慧超群、能言善辩的智者，能做到大局在胸、随机应变，又擅长揣摩君主心思，凭着一条三寸不烂之舌，便能打动君主、求取富贵！主张"合纵"的苏秦与主张"连横"的张仪，便都是著名的纵横家——"纵横"的名称也由此而来。

有关苏秦、张仪的言行事迹，《战国策》及《史记》中多有记述。就说说苏秦（？—前284）吧。他字季子，是雒阳（洛阳）人，那里属于东周管辖。他本来力主"连横"，跑到秦国游说秦惠王。那时商鞅刚死，秦王对这类策士很反感。苏秦十次上书都不见回应。眼看身上的皮袍子磨破了，随身携带的百金盘缠也花光了，他只好打道回府。

嫂子见他灰溜溜地回来，饭都懒得给他做；妻子在织机上织布，好像没瞧见他似的。爹娘也都绷着脸不跟他讲话。——苏秦受了刺激，发愤苦读。他从书箱里翻出一卷《太公阴符》，日夜揣摩，废寝忘食。困得不行，就用锥子扎自己大腿，血一直流到脚跟儿。他发狠说：我就不信不能说服君主，让他们高官厚禄地礼聘我！

一年以后，苏秦再度出发。这一回他选择了赵国，对赵王大谈他的合纵设想。赵王大为高兴，封他为武安君，让他当了相国，还赐他大量车马财富；派他去游说各国。最终合纵成功，苏秦被推举为"从（纵）约长"，佩戴六国相印，好不威风！

他前往楚国路经洛阳时，周天子命人扫洒道路迎接他。家人待他的态度也大变样：妻子仍然不看他——是不敢正眼儿看他。嫂子匍匐在地，拜了又拜。苏秦明知故问："嫂！何前倨（倨傲，傲慢）而后卑也？"嫂子说："以季子之位尊而多金。"苏秦感叹说："嗟乎！贫穷则父母不子（不拿自己当儿子），富贵则亲戚畏惧。人生世上，势位富贵，盖（hé，通'盍'，何）可忽（忽视，小看）乎哉！"这话说得直白，却又满含辛酸！——苏秦有《苏子》三十一篇，已经失传。

张仪（？—前309）是魏国贵族后裔，据说曾跟苏秦是同学。他游说诸侯，开头也不顺利。一次他陪楚相喝酒，事后楚相丢了一块玉璧，怀疑是他偷的，把他痛打了一顿。他被人抬回家，妻子抱怨他不务正业。张仪张嘴问："视吾舌尚在不？"妻子说：还在。张仪说："足矣！"——他有足够的自信：只要舌头还在，就不怕诸侯不听从！

后来他果然受到秦王信任，被任命为相，施展连横策略，不断欺骗拉拢列国，让他们相互攻伐。例如他曾向楚王许诺，如果楚齐断交，秦国愿将商于之地六百里割给楚国。贪婪的楚王果然跟齐国断交，可张仪口中的六百里这时却变成了六里。张仪还收买楚国的奸臣、宠妃，排挤忠臣屈原。——这些事都熟在人耳，无需多说。张仪撰有《张子》十篇，也已失传。

苏秦跟张仪都曾师从鬼谷子。鬼谷子（约前400—前320）是春秋时人，姓王名诩（xǔ），因隐居清溪鬼谷，人称"鬼谷先生"。他有《鬼谷子》十几篇传世。书中也谈阴阳张弛之道，看似道家，实则讲说权谋、研讨舌辩，尽是些"阴谋诡计"，素来被排斥于正统文化之外。——也有人说《鬼谷子》就是失传的《苏子》。总之，它是一部纵横家的典籍，在《四库总目》中收于"子部·杂家·杂学"之属。

班固认为纵横家乃出于"行人之官"。"行人"即使者、外交官，他们身负国家重托，出使四方，因头脑敏捷、口齿伶俐，故能维护国家利益与尊严。后因"邪人"滥用诈术、背信弃义而变得声名狼藉——苏秦、张仪的名声及结局就都不大美妙！

杂家名著《吕氏春秋》

再来看看杂家吧。班固认为，杂家出于"议官"——议官应即史官。为什么叫"杂家"呢？是因为这类学问主张"兼儒、墨，合名、法"（"汉志"），也就是杂凑百家，兼收并蓄，"于百家之道无不贯综"（颜师古）。现代学者胡适认为杂家跟道家关系密切，说杂家是道家的前身，道家是杂家的新名。

"汉志"中的杂家著作不多，只有二十部，代表作为吕不韦的《吕氏春秋》和刘安的《淮南子》。《四库总目·子部》将杂家的范围大大扩展，充分体现了杂家兼收并蓄的特点。"杂家"下分六属，为"杂学""杂考""杂说""杂品""杂纂""杂编"；连收录带存目，足有八百多部。

照《四库总目》解释，"以立说者（自创学说的）谓之杂学"；因而《吕氏春秋》《淮南子》以及墨家的《墨子》、名家的《公孙龙子》《尹文子》和纵横家的《鬼谷子》，都包括在"杂学"之内。

就说说《吕氏春秋》的编纂者吕不韦（约前292—前235）吧，他本是卫国人，在赵都邯郸经商，买卖做得很大，然而他总想做更大的买卖。他见秦国的公子异人（又名子楚）在赵国当人质，认为奇货可居——异人是秦国太子安国君的儿子，在国内外都不受"待见"。于是吕不韦花重金到秦国游说，说服安国君的宠姬华阳夫人，立异人为嫡嗣，也就是太子的太子。

后来安国君继位为王，不上一年就死了。太子异人登上王位，是为秦庄襄王。吕不韦的"投资"有了回报，理所当然地当上了秦国的丞相。

三年以后，庄襄王驾崩，太子嬴政继位，也就是后来的秦始皇。吕不韦仍为相国，号称"仲父"，很有点"天老大，我老二"的意思！他手下有食客三千、家僮上万。秦国一切政事都要听命于他。他派兵东征西讨,不断扩大疆土,并灭掉早已名存实亡的东周小朝廷。

吕不韦野心勃勃,还想在文化上搞点儿名堂。他对秦国百年来贯彻的法家方略并不认同。他认为,统一天下,先要建立一种包容百家的思想体系。他亲任"主编",组织手下门客共同编纂一部大书,以道家思想为基础,汲取诸子百家的思想精华,想以此作为秦国的治国指南,同时奠定自己在思想文化上的"导师"地位。——这部书便是《吕氏春秋》,又称《吕览》。

以前的诸子著作多为诸子门徒及后学编纂而成,难免篇章杂乱,不成体系。《吕氏春秋》则经过精心编排和统一设计,结构体系十分完备。

全书分为"纪""览""论"三部分。"纪"按四季十二个月,分为十二纪,每纪又含五篇文章,总共六十篇。"览"则按内容分为八览,每览八篇,共六十四篇。"论"则分为六论,每论六篇,六六三十六。总括起来,全书共有文章一百六十篇,约二十万言,可谓鸿篇巨制,前无古人!

据说书成之日,吕不韦命人把书稿悬于咸阳城门,说是谁能增减一字,便赏他千金;结果竟没人做到!——哪

《吕氏春秋》书影

里是做不到，吕丞相势焰熏天，谁又敢去捋他的虎须？

秦王嬴政登基时只有十三岁，不得不事事听命于"仲父"。待他亲政后，便借端免去吕不韦的相国职位，让他回封地养老；不久又命他举家迁蜀。吕不韦见大势已去，没等新诏令到来，便饮鸩自尽了。

半抄半纂的《吕览》

《吕氏春秋》的编纂，其实就是"抄书"。譬如纪分为四季十二个月：春季为《孟春》《仲春》《季春》，夏季为《孟夏》《仲夏》《季夏》……每月又含有五篇文章，其中第一篇，便几乎全抄《礼记·月令》。不过也有人说，《月令》原是阴阳家的著作，倒是《吕氏春秋》抄袭在前，《礼记》抄袭在后。

试看《吕氏春秋·孟春纪》第一篇《孟春》，大意是说：春天头一个月，太阳在营室（星宿名，后面的"参宿""尾宿"同为星宿名）的位置上。傍晚时参宿在天空正南，早上尾宿在天空正南。这个月，太阳在东方，本月"值班"的天帝是太皞，陪伴的神灵是句（Gōu）芒。本月的代表动物是鳞族，代表的音声是五音中的角，测量气候的律管为太蔟，代表数字是八，对应的味道是酸味，气息是膻气。家中的祭祀对象是门户，祭祀时应献上动物的脾脏。

以下对气候风物的描写颇有诗意："东风解冻，蛰虫始振。鱼上冰，獭祭鱼，候雁北……"——春风东来，吹融冻土。蛰伏一冬的小虫开始振作，潜藏水底的鱼儿也游到冰层下，水獭开始抓鱼，大雁也启程北还……

自然界迎来欣欣向荣的春天，天子自然也要顺应天时，搬到明堂左边的房子居住。出行乘坐鸾鸟装饰的车子，用黑马驾车，车上插着青旗。天子身着青衣，腰配青玉；用餐以麦子、羊肉为主，祭祀的器具花纹简朴疏朗。天子率领众臣举行盛大典礼，到东郊去迎接春天的到来……一切都井然有序，这应当便是儒家构建的礼制理想吧！

《孟春纪》第二篇为《本生》，意为保全生命是天子和百官的根本任务：

> 始生之者，天也；养成之者，人也。能养天之所生而勿撄之谓天子。天子之动也，以全天为故者也。此官之所以立也。立官者，所以全生也。（《孟春纪·本生》）

◎撄：触犯。◎全天：保全（上天赋予的）生命。故：根据。

这是说，最初创造生命的，是天；而养育生命使之成长的，是人。能保育天所创造的生命而不去摧残他们，这样的人就叫天子。天子的一切举动就是为了保全人们的生命，这又是天子设立百官的初衷。

下面接着说：那些糊涂君主滥设官职、荼毒生灵，这就失去了它的本来意义。如同操练军队本来是为了防寇，结果反而用来镇压自己人！在执政理念上，吕不韦的主张跟儒家近似，与"九罚一赏"、严刑治国的法家大相径庭！

在《季春纪·论人》篇中，作者还指出君主应"反诸己"。这同样是典型的儒家观念。文中又说：前世的亡国之君，总认为罪在别人，因而每天杀戮不止，直到亡国还不醒悟；三代的君主则认为罪在自己，因而每天勤奋施政、不知懈怠，所以最终成就王业。

吕不韦还提出治国要"法天地"，主张君道虚，臣道实。他说："古之善为君者，劳于论人而佚于官事，得其经也。"（《仲春纪·当染》）好的君主，把精力用在识别、任用臣子上，不必操心具体政务，这便是抓住要领了。

这话本是道家的老生常谈，但出自吕不韦之口，又另有含义，似乎在说：秦王自管当"甩手掌柜"，一切国事交给我"仲父"全权办理就是了！——不知嬴政读懂其中含义没有？如果读懂了，又该做何感想？

吕氏与你探讨养生之道

既然是指导社会的全面纲领，《吕氏春秋》的内容可谓包罗万象。除了哲学思想、政治理念，还包括大量史料及科学文化方面的内容，如天文、历法、音乐、教育、医疗、养生、农业技术等等。

即如《孟春纪·本生》篇中，便提到养生问题。说是有一万人张弓搭箭射一个目标，这目标肯定会被射中！世上万物那么繁盛，如果都集中去伤害一个人，这人肯定"没跑儿"；但若万物都被利用来养育一个人，这人准定能长命百岁！

所以圣人就要制约万物，以保全自己的生命（"故圣人之制万物也，以全其天也"）。这样一来，人的天然生命得以保全，精神和谐、目明耳聪、嗅觉灵敏、口齿伶俐，浑身三百六十个关节都畅通舒泰。如此身心健康的人，不说话就能获得别人信任，不思虑就能处事得当，"精通乎天地，神覆乎宇宙"，对于外物也无不承受、无不包容，就像天地一样。他上做天子而不骄傲，下当百姓也不忧闷。这就是所谓"大写的人"吧？文中称之为"全德之人"！

吕不韦又说：一个人如果"不知道"（不了解养生之道），那么与其富贵，还不如贫贱：

> 贵富而不知道，适足以为患，不如贫贱。贫贱之致物也难，虽欲过之，奚由？出则以车，入则以辇，务以自佚，命之曰"招蹶之机"。肥肉厚酒，务以自强，命之曰"烂肠之食"。靡曼皓齿，郑卫之音，务以自乐，命之曰"伐性之斧"。三患者，贵富之所致也。故古之人有不肯贵富者矣，由重生故也；非夸以名也，为其实也。（《孟春纪·本生》）

◎致物：获取物质（指衣食财富等）。◎辇（niǎn）：车的一种，多为贵族所乘。佚（yì）：安逸。招蹶（cù）之机：导致人跛脚瘸腿的机具。◎强（qiǎng）：勉强。◎靡曼皓齿：指美色。靡曼，皮肤细腻。郑卫之音：指靡靡之音。伐性之斧：伤害性命的利斧。

这段文字明白如话：人若身处富贵而不懂养生之道，这富贵便足以变成祸患，还不如贫穷微贱的好。穷人很难获得衣食钱财，想要过度享用，又如何获取？富贵人则不同，出来进去不是乘车就是坐轿，务求安逸，这车轿就是招瘸找病的器具啊！肥肉醇酒，已经醉饱还要强塞，这些都是烂肠子的毒药啊！明眸皓齿、靡靡之音，极尽声色之乐，这都是砍伐性命的利斧啊！这三种祸患都因富贵而招致。因而古人不求富贵，是珍视生命而非图虚名，完全出于实在目的！

这段"贫富养生论"讲得何等通俗明白！可两千年来痴迷不悟、争蹈覆辙者，仍大有人在！

《季春纪·尽数》篇也讲养生——"尽数"就是要活够寿数、终其天年的意思。若要"尽数"，先要"去害"。哪些"害"呢？在食物上，要忌"大甘（甜）、大酸、大苦、大辛（辣）、大咸"。在情感上，要忌"大喜、大怒、大忧、大恐、大哀"。这五种情绪都会对生命产生危害。至于外界环境，则"大寒、大热、大燥、大湿、大风、大霖（接连不断的雨）、大雾"，也都对人体有害。

《尽数》篇中还有一句尽人皆知的话，即"流水不腐，户枢不蝼，动也"[户枢：门轴。蝼：蝼蛄，秦晋间称为"蠹（dù）"，这里指遭虫蛀蚀]。这是说，流动的水不会腐臭，经常开合的门轴不会生蛀虫，这是因为不断运动的缘故。

人的形体精气也是要不断活动的。精气不流动，就会造成"气郁"，郁积到头部、耳部、眼部、鼻部、腹部、脚部，就会造成各种病痛。——这已经从养生之道深入到医学的致病原理了。

曲歌"候人",琴听山水

儒家崇礼重乐,因而《吕氏春秋》还收有一些专讲音乐的篇章。像《仲夏纪》的《大乐》《侈乐》《适音》《古乐》,《季夏纪》的《音律》《音初》《制乐》《明理》等,都是讨论音乐的专文。

这些篇章,同样有抄撮《礼记》的痕迹。如将音乐分为"治世之音""乱世之音""亡国之音",便是《礼记·乐记》的文字,只是小有出入而已。

另外,《吕览》还从地域角度评价音乐差异,说东、西、南、北的乐调各有不同。就说"南音"吧,《音初》是这样说的:

禹行功,见涂山之女。禹未之遇而巡省南土。涂山氏之女乃令其妾候禹于涂山之阳。女乃作歌,歌曰:"候人兮猗!"实始作为南音。周公及召公取风焉,以为"周南""召南"。(《季夏纪·音初》)

◎行功:巡行治水。功,事。涂山:地名,一说为会稽(今浙江绍兴西北),一说为今安徽怀远之当涂山。◎妾:侍女。阳:山的南坡为阳。◎猗(yī):语助词,相当于"兮"。◎取风:采风,即到民间搜集民歌民谣。

原来,大禹治水到处巡视,偶遇涂山氏之女,竟一见钟情。可是大禹忙于治水,没等成亲就又到南方去巡视。这位涂山氏的姑娘派了侍女到南坡上等候禹归来。侍女等得久了,就唱起来:"等人啊(等得太久啦)!"——这就是南方音乐的起源。后来周公和召公派人到那里采风,所采民歌都收进《诗经·国风》的《周南》《召南》里。而这句"候人兮猗",恐怕是中国最古老的诗歌了,比《诗经》还要早得多!

"北音"的创始也有个故事:生活在北方的有娀(sōng)氏头领有两个漂亮姑娘,族中特意为她俩筑起九层高台,两人吃饭时都有音乐伴奏。

乐声惊动了上天,天帝派了燕子前去探看。两姐妹见了燕子,争着去扑,用玉筐把燕子罩住。可玉筐揭起,燕子竟一下子朝北飞去,只留下两枚燕子蛋。于是姑娘们作歌一首,歌尾唱道:"燕燕往飞!"(燕子燕子飞走了)——这就是最早的"北音"了。

我们还记得有娀氏女子简狄吞吃燕卵生下契(Xiè)的传说,这两则故事应当有着一定联系。

有美好的音乐,还得有懂音乐的人,楚人钟子期就是著名的音乐鉴赏家。《吕氏春秋》有不止一则故事讲到他。如《季秋纪·精通》篇里便有这么一段:钟子期半夜听人击磬,听了一会儿,把击磬人叫来问:"子何击磬之悲也?"击磬人回答:我爹爹不幸杀了人,只好给人家偿命;我娘跟我都被没(mò)为官奴。娘给公家造酒,我替公家击磬。我有三年没见到娘啦。昨晚在人家里见到娘,我想把她赎出来,却又没钱,况且连我自己也是身不由己呢,因此心中悲苦。

钟子期叹道:"悲夫,悲夫!心非臂也,臂非椎非石也。悲存乎心而木石应之!"——太悲惨了,太悲惨了!心不是手臂,手臂不是木槌不是石磬。可是悲哀存于心中，就能在木槌、石磬上反映出来！

故事的寓意是：君子内心诚恳，自会显现于外；自己有所感，便能影响到别人，哪里用得着絮絮叨叨地去说教呢。

钟子期的好友伯牙是个有名的音乐家，最擅长弹琴。两人之间有着这样一段佳话：

伯牙鼓琴，钟子期听之。方鼓琴而志在太山，钟子期曰："善哉乎鼓琴！巍巍乎若太山！"少选之间，而志在流水，钟子期又曰："善哉乎鼓琴！汤汤乎若流水！"钟子期死，伯牙破琴绝弦，终身不复鼓琴，以为世无足复为鼓琴者。(《孝行览·本味》)

◎伯牙：春秋时楚国人，善弹琴，相传有名曲《高山》《流水》。鼓：弹奏。◎太山：大山。一说泰山。◎少选：一会儿。汤汤（shāng）：水大流急貌。◎破、绝：都用作动词。

高山流水听琴图

你看，伯牙在琴声中表现出大山的意象，钟子期马上就能听出来，说：弹得好啊，好一座巍峨的大山！伯牙的琴声又表现出流水的意象，钟子期立刻察觉，说：弹得好啊，好一派奔腾的流水！后来钟子期死了，伯牙把琴一摔，拉断琴弦，终身不再弹琴：他认为世上再没有值得为之弹琴的人了！

寓言结尾处点明寓意："非独琴若此也，贤者亦然。虽有贤者，而无礼以接之，贤奚由尽忠？犹御之不善，骥不自千里也。"——不但弹琴赏琴是这样，对待贤者也如是。即便有贤者，统治者不能以礼相待，贤者又如何能尽忠效力？这又像驾车人不能识马用马，良马不能自己日行千里啊。

在寓言中，作者借此喻彼，意在说明君主应如何对待贤者；可真正打动读者的，仍是伯牙、子期相敬相知、生死不渝的友谊！

《吕览》中的寓言

《吕氏春秋》中还有不少为人熟知的寓言，如"疑人偷铁""刻舟求剑""掩耳盗钟"（文摘一四）和"掣肘"等。

"掣肘"出于《审应览·具备》，说鲁君派宓子贱去治理亶父那地方。宓子贱深知鲁君"耳根子软"，常因听信谗言而干涉官员执政。于是他请鲁君派两名亲信跟他一同前往。到任后，宓子贱让鲁君的两个亲信抄写公文，却不时在旁拉拉他们的胳膊——也就是所谓"掣肘"。这样一来，公文的字迹自然抄得歪七扭八，宓子贱又借机训斥两人，两人受不了，跑回去向鲁君告状。

鲁君一听就明白了,叹息说:这是宓子贱在讽劝我呢!我总爱瞎指挥,干扰官员推行政令。不是你俩提示,我差点又犯了老毛病。于是派人告诉宓子贱:从今以后亶父全归你管,只要有利于亶父,你可自作主张,五年后再向我汇报就是了。——三年以后,有人到亶父暗访,发现治理得非常好。人们在夸奖宓子贱时,也不忘称赞鲁君知错能改。而"掣肘"一词,也便由此而来,意谓有人从旁干扰、难以开展工作。

"荆人涉澭"的寓言,出自《慎大览·察今》。荆人(即楚人)想要偷袭宋国,事先派人在澭水水浅处做了标记。哪知赶上澭水暴涨,楚人不知,夜间仍从标记处蹚水过江,结果淹死一千多人,楚军哗然,响动如同房倒屋塌一般!

作者想借此说明:"今世之主法先王之法也,有似于此。其时已与先王之法亏(通'诡',不同)矣,而曰此先王之法也,而法(效法)之,以此为治,岂不悲哉?"——如今的时势已经有所不同,却偏要用过时的法度来治理国家,不是太可悲了吗?这则寓言体现的,显然是法家的主张。

看问题不但要注意时势的变化,还要从细微处着眼,预见久后的效果。《察微》中有这么一则寓言:

> 鲁国之法,鲁人为人臣妾于诸侯,有能赎之者,取其金于府。子贡赎鲁人于诸侯,来而让,不取其金。孔子曰:"赐失之矣。自今以往,鲁人不赎人矣。"取其金,则无损于行;不取其金,则不复赎人矣。子路拯溺者,其人

拜之以牛，子路受之。孔子曰："鲁人必拯溺者矣。"孔子见之以细，观化远也。（《先识览·察微》）

◎臣妾：这里指男女奴仆。府：公家府库。◎行：品行，德行。◎溺者：落水的人。

原来，鲁国制定了这样的法规：凡有鲁国男女被卖到别国当奴仆的，有人能将他们赎回，可以由国库补给金钱。孔门弟子子贡是个道德高尚的人，从别国赎了鲁人回来，却谦让推辞，不肯去领金钱。孔子说：端木赐（子贡名）做得不对啊，从今往后，鲁国没人再肯赎人了！

孔子的意思是：你拿了金钱，合理合法，也无损你的品行；你不拿金钱，倒是挺高尚，可此风一开，那些出于获利目的拯救奴仆的人就失去了积极性，结果鲁人奴仆没人拯救，不是更糟吗？

孔子的另一个弟子子路就做得很好，他救了个溺水的人，人家送他一头牛表示感谢，他坦然接受了。孔子判断说：今后鲁国人一定还会勇于拯救溺水者。——孔子能从眼前的细微小事，观察到民风教化的长远趋势，自然比弟子们智高一筹。

《吕氏春秋》中的寓言故事，还有"三豕涉河""荆人遗

《吕氏春秋》的德文译本

弓""子罕之宝"（文摘一四）等。此外如"伊尹空桑"，是关于圣贤伊尹的民间传说；"黎丘丈人"则记述了"奇鬼"如何捉弄醉汉，简直就是一篇志怪小说了。——《吕氏春秋》的可读性，也因此超过其他诸子著作。

【文摘一四】

疑人偷铁（《吕氏春秋》）

人有亡铁者，意其邻人子。视其行步，窃铁也；颜色，窃铁也；言语，窃铁也；动作态度，无为而不窃铁也。扣其谷而得其铁。他日，复见其邻之子，动作态度，无似窃铁者。其邻之子非变也，己则变矣。变也者无他，有所尤也。（节自《有始览·去尤》）

◎亡铁（fū）：丢了斧子。铁，同"斧"。◎扣（hú）：挖掘。谷：坑。◎尤：这里有局限的意思。

刻舟求剑（《吕氏春秋》）

楚人有涉江者，其剑自舟中坠于水，遽契其舟，曰："是吾剑之所从坠。"舟止，从其所契者入水求之。舟已行矣，而剑不行，求剑若此，不亦惑乎？以故法为其国，与此同。时已徙矣，而法不徙，以此为治，岂不难哉！（节自《慎大览·察今》）

◎遽（jù）：速，赶紧。契：刻。◎故法：旧法。为（"为其国"）：治理。◎徙：改变。

掩耳盗钟（《吕氏春秋》）

范氏之亡也，百姓有得钟者。欲负而走，则钟大不可负。以椎毁之，钟况然有音。恐人闻之而夺己也，遽掩其耳。恶人闻之可也，恶己自闻之，悖矣。为人主而恶闻其过，非犹此也？恶人闻其过尚犹可。（节自《不苟论·自知》）

◎范氏：春秋末年晋国上卿范昭子。亡：逃亡。◎负：背，扛。◎椎：锤子。况然：形容巨大的声响。◎恶（wù）：怕。悖（bèi）：谬误，不合理。◎"为人主"三句：君主讨厌听到自己的过错，不是跟这个一样吗？讨厌别人知道自己的过错，倒还可以理解。过，过错。

三豕涉河（《吕氏春秋》）

子夏之晋，过卫，有读史记者曰："晋师三豕涉河。"子夏曰："非也，是己亥也。夫'己'与'三'相近，'豕'与'亥'相似。"至于晋而问之，则曰"晋师己亥涉河"也。（节自《慎行论·察传》）

◎己亥：己亥日，这是干支纪日的表达方式。

荆人遗弓(《吕氏春秋》)

荆人有遗弓者,而不肯索,曰:"荆人遗之,荆人得之,又何索焉?"孔子闻之曰:"去其'荆'而可矣。"老聃闻之曰:"去其'人'而可矣。"故老聃则至公矣。(节自《孟春纪·贵公》)

◎遗:遗失。索:寻找。◎"故老聃则至公"句:这句是对这则寓言的总结。荆人很豁达,说荆人丢了弓,必定是荆人捡到,谁用不是用?孔子去掉"荆",只留"人",意思是何必荆人捡到,谁都可以捡来用。老子干脆去掉"人",认为人以外的动物及大自然都可以拥有这张弓,因此说老子"至公"。至公,最无私。

子罕之宝(《吕氏春秋》)

宋之野人耕而得玉,献之司城子罕,子罕不受。野人请曰:"此野人之宝也,愿相国为之赐而受之也。"子罕曰:"子以玉为宝,我以不受为宝。"故宋国之长者曰:"子罕非无宝也,所宝者异也。"(节自《孟冬纪·异宝》)

◎野人:山野之人,老百姓。司城:官名,即司空。子罕:春秋时宋国的执政大臣,相当于相国。◎赐而受之:赏脸接受。◎我以不受为宝:我拿不随便接受财物这种高尚品行当作宝贝。◎异:与众不同。

《淮南子》：汉代的杂家典籍

杂家的另一部名著，是西汉淮南王刘安领衔编纂的《淮南子》。刘安（前179—前122）是汉高祖刘邦的孙子，十六岁袭封淮南王。按辈分，是汉武帝刘彻的叔叔。

刘安喜欢读书，多才多艺，不但文章写得漂亮，琴也弹得很好；对声色犬马那一套，他却毫无兴趣，在贵族里，也算是个异类吧。

刘安门下聚集着几千门客，其中有不少文学之士。大概想模仿吕不韦编纂《吕氏春秋》，刘安也组织一班门客，编撰一部大书，题名《鸿烈》，又称《淮南鸿烈》或《淮南子》。——"鸿"为大，"烈"为明，而刘安编书，就是要阐述宏大而光明的"道"啊。

西汉前期，统治者对黄老之术很感兴趣，秉承"无为而治"、与民休息的治国方略，于是才有了"文景之治"。《淮南子》便是在这样的背景下产生的。此书以道家思想为底色，又融合了儒、墨、名、法等思想观念，这一点也跟《吕氏春秋》十分近似。

《淮南鸿烈》原本部头很大，有内篇二十一卷，外篇三十三卷。不过今天只有内篇保存下来。单看各篇标题，已能感觉其内容的丰富：《原道训》《俶真训》《天文训》《地形训》《时则训》《览冥训》《精神训》《本经训》……其中涵括天文、地理、时序以及幽冥变化、人文精神、神话传说、历史教训……

至于编写的方法，仍不免"千古文章一大抄"。譬如宣扬道家思想，也仍是那几句老生常谈："是故清静者，德之至也；而柔弱者，道之要也；虚无恬愉者，万物之用也。肃然应感，殷然反本，则沦于无形矣……"（《原道训》）——不同的是，在抽象论述之外，书中还列举了不少生动的小故事，用来印证哲人的思想。

看看《道应训》中的一则寓言：赵简子立儿子无恤为继承人，大臣董阏（è）于表示担忧：无恤是庶出，立他合适吗？简子说：立无恤，是因他能为社稷而忍辱。

简子死后，无恤继位，是为赵襄子。一次他跟晋国权臣智伯一道喝酒，智伯喝醉了，打了他几巴掌。有人建议襄子杀掉智伯，襄子说：先君立我为嗣，是因为我能为社稷忍辱，可不是因为我能杀人啊。

后来智伯勾结韩、魏，攻打赵都晋阳。襄子派兵出击，大败联军，擒杀智伯，还拿智伯的头骨做了酒器。讲罢这个故事，作者总结说："故老子曰：'知其雄，守其雌，其为天下溪。'"——这样的讲述，生动地解释了老子的"雄""雌"观念。赵襄子的忍辱负重、能屈能伸，也给人留下深刻印象。

另一则故事同样是用寓言印证老子的名言：

> 昔者，司城子罕相宋，谓宋君曰："夫国家之安危，百姓之治乱，在君行赏罚。夫爵赏赐予，民之所好也，君自行之；杀戮刑罚，民之所怨也，臣请当之。"宋君曰："善。寡人当其美，子受其怨。寡人自知不为诸侯笑

矣。"国人皆知杀戮之专，制在子罕也，大臣亲之，百姓畏之，居不至期年，子罕遂却宋君而专其政。故老子曰："鱼不可脱于渊，国之利器，不可以示人。"（《道应训》）

◎相：用作动词，做国相。◎期（jī）年：一年。却：赶走，废黜。

子罕做了宋国的国相，对宋君说：国家的安危、百姓的治乱，都取决于在位者赏罚分明。而赐爵行赏是人人欢迎的事，就由国君你亲自主持；杀戮刑罚是百姓所抱怨的，就由我来承担好了。宋君说：好啊，我来承受美誉，让你承担埋怨，我知道诸侯不会耻笑我了！

事情结果如何？国人都知道生杀大权掌握在子罕手中，于是大臣亲附他，百姓畏惧他，不上一年，子罕就废掉宋君，自立为君。

作者仍引老子的话说：鱼儿不可离开深渊，国家的利器不能轻易拿给人看——更何况拱手送给别人！

兼容百家，颇多神话

《淮南子》崇尚道家，也不排除儒、墨。书中有这样的论述：

孔子弟子七十，养徒三千人，皆入孝出悌，言为文章，行为仪表，教之所成也。墨子服役者百八十人，皆可使赴火蹈刃，死不还踵，化之所致也。……古者设法而不犯，刑错而不用，非可刑而不刑也；百工维时，庶绩咸熙，礼义修而任贤德也。故举天下之高，以为三公；一国之高，以为九卿；一县之高，以为二十七大夫；一乡之高，以为八十一元士。故智过万人者谓之英，千人者谓之俊，百人者谓之豪，十人者谓之杰。（《泰族训》）

◎还踵："旋踵"，转身、退缩。化：教化。◎错：措，设置。◎维时：按时。庶绩咸熙：百业振兴。庶绩，众行业。咸，都。熙，振兴。◎三公：中央朝廷中最为尊显的三个官职。一说指司马、司徒、司空；一说指太师、太傅、太保。◎九卿：三公之下具体职掌政事的高级官员，历代九卿名目不同。◎元士：低级官吏。

这里肯定了儒、墨两家对道德教化的重视，表达了任人唯贤的政治理想。先说孔子、墨子都重视教化；又说圣王在位时，虽然也设置刑法，只是摆个样子，不是非用不可，就尽量不用。重在教育百姓顺应时序，振兴百业；同时推行礼治、任用贤人。例如推举天下的高人任命为三公，再将国内的高人任命为九卿，又把一县中的高人任命为二十七大夫、一乡中的高人任命为八十一元士。文中还定义所谓"英""俊""豪""杰"，分别是指万里挑一、千里挑一、百里挑一、十里挑一的智者贤才。——当然，这一切显然只是理想。

《淮南子》包罗万象，堪称秦汉（主要是先秦）人文思想的百科全书。其中《天文训》《览冥训》等篇还记录了几则神话，如"共工触山""女娲补天""后羿射日"等，几乎是尽人皆知。

不知是否巧合，这几则神话几乎都是灾难题材的。看看"共工触山"吧：

> 昔者共工与颛顼争为帝，怒而触不周之山，天柱折，地维绝。天倾西北，故日月星辰移焉；地不满东南，故水潦尘埃归焉。（《天文训》）
> ◎不周之山：传说中的神山，相传在昆仑山西北。地维：维系大地的绳索，亦指大地四角。◎水潦（lǎo）：过多的积水。

共（Gōng）工相传是炎帝后裔，颛顼（Zhuānxū）则是黄帝后裔，又是五帝之一。共工与颛顼争当天帝，结果共工战败。一怒之下，他用头猛撞不周山——不周山原是"擎天柱"，一旦被撞折，顿时天塌地陷。天空塌了西北角，所以日月星辰也都向西北移动；大地陷了东南角，陆地上的江河泥沙也都流归东南。

这个神话巧妙解释了日月东升西落及水向东流的自然现象。而"女娲补天"又像是这个神话的延续："往古之时，四极废，九州裂；天不兼覆，地不周载……"你瞧，"四极"就是"四维"，"天不兼覆，地不周载"便是"天倾西北""地不满东南"。于是大神女娲"炼五色石以补苍天，断鳌足以立四极"（熔炼五彩的石块修补天空，斩断大海龟的四足当柱子，支撑天空四角），还杀死发动水患的黑龙，用芦草灰止住洪水。百姓也终于得救！（文摘一五）

至于"羿射十日"的事,发生在尧的时代,时间应在女娲补天之后。那时天空中"十日并出"——这应该是对大旱之灾的夸张描写吧。尧于是派神射手羿去射太阳,连同各种害人的怪兽也一同消灭掉。当天地恢复正常时,"万民皆喜,置尧以为天子"。在这则神话的结尾,羿的功劳反被人遗忘了。

中国神话在先秦早期文献中并不多见,倒是从战国后期开始,渐渐多起来。这或许是受楚

古代画家笔下的女娲

文化影响的结果吧。南方的楚文化带有浓郁的浪漫色彩,在其影响下,汉代文化也染上浪漫的色调——神话的繁盛是这种影响的一个方面。

【文摘一五】

女娲补天(《淮南子》)

往古之时,四极废,九州裂,天不兼覆,地不周载,火爁炎而不灭,水浩洋而不息。猛兽食颛民,鸷鸟攫老弱。于是女娲炼五色石以补苍天,断鳌足以立四极,杀

黑龙以济冀州，积芦灰以止淫水。苍天补，四极正，淫水涸，冀州平，狡虫死，颛民生。（节自《览冥训》）

◎四极：天空四角。不兼覆：不能完全覆盖。不周载：不能全部承载。爁（làn）炎：大火延烧状。浩洋：水势很大的样子。◎颛民：善良无辜的百姓。鸷（zhì）鸟：猛禽。◎鳌：大海龟。淫水：洪水。

"杂家"一门笔记多

"杂家"六类中的"杂考"之属，所收是带有考证性质的作品。如宋人吴曾的《能改斋漫录》、赵与旹（shí）的《宾退录》、洪迈的《容斋随笔》、王应麟的《困学纪闻》以及清人顾炎武的《日知录》等。

"杂说"是指"议论而兼叙述者"，有汉代王充的《论衡》、应劭的《风俗通义》、宋代宋敏求的《春明退朝录》、沈括的《梦溪笔谈》、苏轼的《仇池笔记》《东坡志林》、赵彦卫的《云麓漫钞》、陆游的《老学庵笔记》、罗大经的《鹤林玉露》、周密的《齐东野语》，明代叶子奇的《草木子》，清代王士禛的《居易录》《池北偶谈》等。

"杂品"是指"旁究物理、胪陈（罗列展示）纤琐"之作。这里的"品"，有品鉴之意。所涉内容，多为生活中的"赏心悦目之具"。举明人文震亨的《长（zhǎng）物志》为例，全书分为"室庐""花木""水石""禽鱼""书画""几榻""器具""位置""衣饰""舟车""蔬果""香茗"十二类，展示了一幅士大夫高雅生活的全景图。这一类书籍，还有宋人周密的《云烟过眼录》，明代高濂的《遵生八笺》等。

"杂纂"则指"类辑旧文，途兼众轨"（辑录前人文字，兼收并蓄）之作。有宋人曾慥的《类说》、江少虞的《事实类苑》，元末明初陶宗仪的《说郛》，明人陆楫的《古今说海》、徐应秋的《玉芝堂谈荟》等。

至于"杂编"，则指"合刻诸书，不名一体者"，在《四库总目》中有明代陆深的《俨山外集》、胡应麟的《少室山房笔丛》和清代冯班的《钝吟杂录》，都是作者本人的著作汇编。

以上所举"杂家"著作，除《吕氏春秋》《淮南子》《墨子》《公孙龙子》等"杂学"之属，多半是以笔记形式呈现，且带有学术色彩。而笔记作品中还有一些故事性较强、类似野史传闻的作品，则收入"子部·小说家类"，也就是人们常说的"笔记小说"了，后面还要提到。

农家著述有残篇

"农家"也是"九流十家"之一，代表人物是楚人许行。有学者说他是墨家禽滑厘的弟子，按辈分应属墨子的徒孙。墨子门徒以工匠、武士居多，许行则代表着农民。这一派尊奉神农氏——也就是传说中的炎帝，相传炎帝发明了耒耜（lěisì）等农具，同时还是医药之神。

许行带着几十个弟子过着简朴的生活，穿着粗麻衣，靠打草鞋、织席子过活。滕国国君收留了他们，拨给土地，让他们从事农耕生产。可许行仍对滕君有意见，说他不劳而获，还拥有大量财富；真正的明主应当跟农民一道下田劳作，余下时间再治理国家。

许行的主张很能打动人。儒门弟子陈相、陈辛兄弟便转投他的门下。为此孟子跟陈相有一番辩论，我们在《讲给孩子的国学经典·儒家经典》中已有介绍。

只是许行的主张具体是啥，今人已无从了解。"汉志"中著录的农家著作有九部，像《神农》《野老》《宰氏》《尹都尉》等，可惜一部也没传下来。

不过据考证，农家的一些主张保存在《管子》的《地员》篇及《吕氏春秋》的《上农》《任地》《辩土》《审时》等篇中，又分为理论和技术两部分。

例如《吕氏春秋·士容·上农》说，古代圣王引导百姓，把农业放到了第一位。这除了是让百姓土里刨食、填饱肚子，更重要的是让百姓变得心思淳朴，便于役使。百姓一旦专心务农，就会思虑持重、少发议论，国家的政令也便容易推行。百姓拥有土地，则安土重迁、不愿挪窝，这样一来，国家征税征兵，也就更方便。

而弃农经商者到处游走，国家有难他们就远走高飞；又因这些人走南闯北、见多识广，变得心思诡诈，很难管理。总之，引导百姓务农，好处多多。——你读着这些，对古代君主为何重农轻商，也便明白了大半。据说这篇《上农》是根据农家著作撰写的，但你读一读却发现，作者几乎完全站在统治者的立场上。

倒是《管子·地员》篇，看起来更像是农家著作。篇中对土地做了分类，指出何种土地适合种植何种植物，讲得十分详细。

班固在"汉志"中说，农家出自"农稷之官"，其主张则是"播百谷，劝耕桑，以足衣食"。并说农家末流不尊奉"圣王"，主张"君臣并耕"，扰乱了"上下之序"。——这显然是站在儒家立场讲话，对农家而言，有欠公平。

《四库总目·子部》"农家"收书还不到二十部（连同存目）。后魏贾思勰的《齐民要术》、明徐光启的《农政全书》，是农书中的经典之作。

"医家"属子部，"类书"卷帙繁

《四库总目·子部》尚有兵家、医家、天文演算法、术数、艺术、谱录、类书、小说家、释家诸类。

其中"医家"所收医学典籍约两百部（包括存目），称得上经典的有汉代张仲景的《金匮要略》和《伤寒论》、晋代葛洪的《肘后备急方》、唐代孙思邈的《千金方》、明代李时珍的《本草纲目》等。另有少量兽医之书如《马经》《水牛经》等，也附于"医家"之后。

"天文演算法"类则包括算术及天文历法书籍——前人多把《周髀（bì）算经》《九章算术》等算学书籍归入"小学"；至《四库总目·子部》，则与"天文"合并，大概因为天文历法的推算少不了算学吧。

中国古人对天文历法早有研究，儒家六经中便有不少相关内容，宋人王应麟撰有《六经天文编》，加以总结。宋代学者积累了丰富的天文历法知识，还制造浑仪，以水力推动，模拟天体的运行，并撰有《新仪象法要》。

古代学者在天文历法的研究上，抱着开放的态度。如明代学者贝琳的《七政推步》，便是在西域"回回历"的基础上编著的。今天的年轻人喜欢谈星座，但很少有人知道，像"巨蟹""狮子""天秤""天蝎"等这些星座名称，正是由贝琳翻译，并首次介绍到中国来的。此外，明人徐光启还与外国传教士龙华民、汤若望等合编了"西洋新历"《新法算书》。

"术数"类则收录算命、相面、阴阳风水等书。这类书原属阴阳家范畴，与《周易》联系密切。又分"数学""占候""相宅相墓""占卜""命书相书""阴阳五行"等属。

"艺术"类是《四库总目》创立的新门类，下分"书画"、"琴谱"、"篆刻"、"杂技"（包括乐器、音律、弈棋）四属。——我们今天常用的"艺术"一词，应即诞生于此。

"谱录"类原指姓氏族谱等，至《四库总目·子部》，则专收图谱类图书，下分三属，如《古今刀剑录》《歙州砚谱》《墨经》等属于"器物"；《茶经》《酒谱》《糖霜谱》《饮膳正要》等属于"食谱"；《洛阳牡丹记》《刘氏菊谱》《禽经》《蟹谱》等属于"草木鸟兽虫鱼"。

《四库总目·子部》中又有"类书"一类。何为"类书"？那是一种资料性工具书，就是把群书中各门类或某一门类的资料加以辑录，按某种顺序分类编排，方便使用者寻检、征引。

就拿清代康熙年间编纂的《佩文韵府》来说吧，这是清康熙年间官修的一部类书，相当于一部大型的诗文辞藻典故词典。书中共收入历代诗文辞藻典故一百四十万条，按词语的最后一字，依韵部次序排列。——文人作诗填词，要选择押韵的辞藻典故，在书中一查便得，十分方便。

综合性的类书往往篇幅巨大，动不动就几百卷甚至上千卷，如《佩文韵府》便有四百四十四卷。此外唐代《艺文类聚》为一百卷，宋代《太平御览》和《册府元龟》各一千卷，清代的《渊鉴类函》为四百五十卷。而部头最大的，又非《永乐大典》莫属。该书编纂于明永乐年间，全书收书七八千种，两万多卷！诗词歌赋、戏曲小说，无所不包，无愧"大典"二字。

《永乐大典》的编排方式，是把大部头的著作拆成小段，按各段小标题首字依韵部排列。如书中第一万三千一百三十九卷"送"字韵的"梦"字下，便抄有《梦斩泾河龙》一节；那是元代《西游记平话》的一部分，原书已失传，只有这段故事借《永乐大典》保存下来。可惜的是，《永乐大典》的绝大部分已毁于战乱，否则的话，我们不难从书中辑出《西游记平话》全文来。——类书也有专收某一类资料的，如《古今同姓名录》《职官分记》等。

不入流的小说家

诸子十家中有个"小说家"，这个"小说"跟我们今天所说的"小说"不大一样。

我们还记得，"小说"一词最早出自《庄子·外物篇》，本意是指浅薄的言词和学识。到了汉代，小说的含义又有所变化。依班固定义："小说家者流，盖出于稗官。街谈巷语，道听涂说者之所造也……"（稗官：小官，这里专指采风之官。涂：同"途"。《汉书》。）

班固是说，"小说家"出自采风之官（"稗官"）。——我们读《诗经》时便知道，采风者的主要任务是搜集民间诗歌，由乐府配乐，唱给君王贵族听。大概街巷流传的无根传言、小道消息，也在采集范围之列吧。

正因小说出身低微（"街谈巷语""道听途说"），难免被人看不起。班固在评价小说时就说过这样的话：

孔子曰："虽小道，必有可观者焉，致远恐泥，是以君子弗为也。"然亦弗灭也。闾里小知者之所及，亦使缀而不忘。如或一言可采，此亦刍荛狂夫之议也。（《汉书·艺文志》）

◎孔子曰：这段话见于《论语》，是子夏所说。泥，阻滞。◎闾里：街巷。"闾"一作"阎"。缀：连缀，记录整理。◎刍荛（chúráo）：割草打柴的人，泛指百姓。

引文中的"小道"，不一定指小说，是泛指一切为"圣人"不齿的小学识、小技能。不过孔子说过：即便是小道，也必有可取之处，只是君子不去做罢了，怕的是玩物丧志，阻碍了大目标的实现。——班固又说：君子不感兴趣，自有街巷中的好事之徒记录整理，使之流传。这些作品中，哪怕有一句半句有价值，也算是替老百姓发声啊。

班固的评价代表了儒家的看法，对"小说家"的作品，他们压根看不上。因而"汉志"最后总结说："诸子十家，其可观者九家而已。"——那无足观的一家是谁？自然是小说家。十家中缺了小说家，只剩"九流"，"九流十家"的称谓便是这么来的。

哪些作品可称"小说"

"小说家"在《四库总目·子部》中独占一类，地位略有攀升——至少是在道家、释家之上。

不过四库馆臣的小说概念依旧不那么明晰，小说类收书也显得十分庞杂，又分为三派，"其一叙述杂事，其一记录异闻，其一缀辑琐语"。这里面"记录异闻"的作品问世最早，如《山海经》《穆天子传》等，至迟都是战国时的作品。

《山海经》其实是部舆地书，书中又分为"山经""海经""大荒经"三部分。介绍各地的山川地貌以及出产，还记录了不少奇闻异事。有的学者把它视为"古今语怪之祖"，而书中记载的"夸父逐日""精卫填海""鲧禹治水""刑天舞干戚""西王母"等故事，也被视作小说的雏形。

《穆天子传》的由来，最具传奇性。西晋太康二年（281年），有个叫"不准"（Fǒubiāo，音同"否彪"）的盗墓贼在河南汲县盗挖魏襄王陵墓，在墓中发现大量竹简文书，足足装了几十车！后经学者整理，共得失传的先秦古书十多种，人们给这批古书取名，叫"汲冢书"或"竹书"。

"汲冢书"中就包括《穆天子传》及《周穆王美人盛姬死事》等篇，统称《穆天子传》。写周穆王驾八骏西巡见西王母，以及爱妃盛姬死于巡行途中，以皇后之礼安葬的盛大场面。——也有人认为此书出于晋人伪造。

此外，小说"异闻"之属还收有班固《汉武故事》《汉武帝内传》，晋王嘉《拾遗记》、干宝《搜神记》，唐袁郊《甘泽谣》，宋洪迈《夷坚志》等。

至于宋李昉领衔编写的《太平广记》，则是小说渊薮。全书五百卷，涵括汉代至宋初的文言笔记小说，几乎一网打尽。——该书内容依类编排，如神仙、道术、方士、异人、医卜、伎巧，乃至龙、虎、狐、蛇、禽鸟、草木……共分九十大类，一百五十多个小类。——其实这书本该列入"类书"；大盖为了强调其"小说"性质吧，四库馆臣硬把它塞到"子部·小说"类中。

"小说·杂事"之属包括晋葛洪的《西京杂记》，南朝宋刘义庆的《世说新语》，残唐五代王仁裕的《开元天宝遗事》，宋孙光宪的《北梦琐言》、司马光的《涑水记闻》、欧阳修的《归田录》、岳珂的《桯史》，元末明初陶宗仪的《辍耕录》等。

"小说·琐语"之属有晋张华的《博物志》、梁任昉的《述异记》以及唐段成式的《酉阳杂俎》等。——《酉阳杂俎》中记录了不少民间传说故事，其中《叶限》一篇，记录扫灰姑娘叶限得神人之助，去参加节日狂欢，匆忙中遗失一只金色的鞋子，并因此与年轻的国王结缘。学者认为这是风靡世界的"灰姑娘"故事的最早原型。

《四库总目》分类琐细，标准和界限不够严谨明晰。譬如一些笔记内容纷杂，归于"小说"亦可，归于"杂家"亦可，全看编纂者的着眼点如何。而四库馆臣给出的论据，并非条条有说服力。这种混乱的情况，例子很多，学者对此多有诟病。

更大的问题是，四库馆臣思想保守，面对白话文学近千年来取得的巨大成就，竟视而不见！清代的不说，明代的《三国演义》《水浒传》《西游记》以及大量宋元话本小说，都没有机会跻身皇家书库，这又是《四库全书》的一大缺憾。

顺带说到，《四库总目·子部》最后两类，是"释家"类和"道家"类。"道家"前面已有介绍。"释家"即佛家，《四库总目·子部》对它的处理方式与"道家"相同，即不录经书（佛教经书有《大藏经》，是个庞大的家族），只收录少量阐释佛法的著作，以及佛教故事、禅宗语录、佛祖高僧传记等，诸如《宏明集》《法苑珠林》《五灯会元》《宋高僧传》等，连同存目，也只有二十五部。

《孙子兵法》，"庙算"决胜

再说说"兵家"吧。"汉志·诸子略"中没有兵家，倒不是因为轻视兵家，相反，是格外重视它，另立"兵书略"，与"诸子略"平起平坐。"兵书略"下又分"兵权谋家""兵形势家""阴阳家""兵伎巧家"四家，共收兵书五十三种，七百九十篇。

至《四库总目》，"兵书略"并入"子部"，单立"兵家"。在"子部"十四类中，"兵家"紧随"儒家"之后，居于次席。四库

孙武

馆臣解释说:"儒家尚矣,有文事者有武备,故次之以兵家。"

最古老的兵书有三部,即《孙子》《吴子》《司马法》。——《孙子》又称《孙子兵法》或《吴孙子兵法》。作者孙武(约前545—前470)是春秋时齐国田氏家族的后裔,祖上因有功于国,赐姓孙氏。

孙武最喜研读兵法,他到吴国谋求发展,由伍子胥引荐,见到了吴王阖闾。他与吴王畅谈兵法,并献上自著兵法十三篇。阖闾很感兴趣,还出动后宫上百名妃嫔宫女,交给孙武指挥操练。

不料孙武号令发出,宫女们笑得前仰后合。孙武三令五申,娘子军依旧队形不整。孙武于是下令将两名美女队长斩首。吴王连忙求情说:寡人没有这两位妃子陪伴,食不甘味!孙武却说:将在外,君命有所不受!硬是把两人杀了。等号令再发,全队肃然,进退回旋,如同一人!

以后吴王拜孙武为将军,"西破强楚""北威齐晋",吴国成为春秋五霸之一,有孙武一大半功劳。——《孙子》原为十三篇,到班固撰写"汉志"时,已增为八十二篇。后来又屡失屡得,据说汉末曹操也曾对它做过整理;有的学者甚至怀疑,现存的《孙子兵法》实为《曹氏兵法》。直到20世纪70

年代，山东临淄银雀山出土了西汉时的《孙子兵法》残简，孙武的作者地位才无人质疑。只是这部《兵法》也经后人增益，已非"原装"。

今天见到的这十三篇，包括《计篇》《作战篇》《谋攻篇》《形篇》《势篇》《虚实篇》《军争篇》《九变篇》《行军篇》《地形篇》《九地篇》《火攻篇》《用间篇》，总共五千字。内容则涉及用兵之道、军队建设、战略战术等，内中蕴含着丰富的哲学、军事思想。

《计篇》位于十三篇之首，提纲挈领，提出许多重要观点。——照咱们想，一部兵书，开篇总应陈说用兵伐谋的重大意义吧？可孙武开口却说："兵者，国之大事也。死生之地，存亡之道，不可不察也。"——打仗是关乎国家、百姓生死存亡的大事，因此不可不慎察熟虑。

"察"什么？有五条："一曰道，二曰天，三曰地，四曰将，五曰法。""道"是要让百姓跟君主同心同德，这样才能同生死、共患难。"天"是指天时，如昼夜阴晴、寒暑、时令等。"地"是指地势的高低、远近、广狭、生死。"将"是说将领要有勇有谋、赏罚分明、爱护士兵。"法"即训练管理得法、号令严明。这五项条件缺一不可。

至于用兵之道，不靠人海战术，不拼物资消耗，重要的是运用计谋：

> 兵者，诡道也。故能而示之不能，用而示之不用。近而示之远，远而示之近。利而诱之，乱而取之，实而备

之，强而避之，怒而挠之，卑而骄之，佚而劳之，亲而离之。攻其无备，出其不意。此兵家之胜，不可先传也。（《计篇》）

◎诡道：诡诈之道。◎挠：挑逗。

用兵要道以"诡诈"为主。所以，能打要假装不能打，准备进攻却装作不想进攻。打算攻近处，却假装要攻击远处，反之亦然。还要利用敌人的贪欲去引诱他；敌人混乱则乘势攻取，敌人力量充实就防备着他，敌人强大就要避其锋芒，敌将易怒就故意挑逗他，敌将谨慎就故意麻痹骄纵他。敌人安逸，就要劳累他；敌方团结，就要离间他。要攻其不备、出其不意。这些都是兵家取胜的妙招，要随机应变，无法事先传授。

其实更重要的是开战之前的"庙算"，也就是在朝堂上考虑有无胜算、决定是否用兵。把种种条件及后果考虑得越周密，取胜面就越大；考虑不周，取胜面就缩小。至于"无算"（根本不算计），就不必说了，几乎必败无疑。也就是说，从"庙算"那一刻起，胜负已经决定了！

"不战"是兵家的最高境界

统治者欲壑难填，总想通过武力手段快速攫取土地、掳获徒众及财货。可是作为军事家，孙武却有着清醒的认识。他说：战争一起，出动战车千辆，辎重车千辆，披甲士兵十万人，要越境千里输送粮草。前方后方的用度，加上对往来使者的款待，种种军备器具的修理补充，一天就要耗费千金（《作战篇》）。在另一处，他又说：十万大军出征千里，受其影响而不能正常从事农业生产的，多达七十万家（《用间篇》）。——《墨子》中也有类似论述，墨子比孙武晚生七八十年，他的"非攻"理论显然受孙子影响不小。

正因如此，在不得不打时，就要速战速决。"兵闻拙速，未睹工久也"——用兵只听说指挥简单、但求速胜的，没见因擅长打仗而故意拉长战争进程的。大军在外，时间一长，势必锐气受挫、战斗力减弱；再加上金钱物资的巨大消耗，必定导致国力削弱，其他国家便会乘虚而入，此时即便有贤人智者，也无法收拾这个烂摊子！孙武的结论是："故不尽知用兵之害者，则不能尽知用兵之利也。"——话虽简单，道理却不容辩驳。

《谋攻篇》是讨论智谋的，同时提出衡量战争利弊的原则：

> 孙子曰：凡用兵之法，全国为上，破国次之；全军为上，破军次之；全旅为上，破旅次之；全卒为上，破卒次之；全伍为上，破伍次之。是故百战百胜，非善之善者也；不战而屈人之兵，善之善者也。故上兵伐谋，其次伐交，其次伐兵，其下攻城。（《谋攻篇》）
>
> ◎全：使完整。破：打破。◎军、旅、卒、伍：都是古代军队的编制，万人为一军，两千人为一旅，百人为一卒，五人为一伍。◎伐谋：以谋略战胜。

"全国""全军""全旅""全卒""全伍"，便是让对方的国家及军、旅、卒、伍整体屈服，不战而降。如果经历激烈战斗而城邑残破、人员死伤惨重，便显不出军事家的水平，不是最佳结局。——学者指出：这里的"全"字，包含了孔子所说的"仁"，老子所说的"道"，是《孙子兵法》的精髓！"兵不顿，而利可全，此谋攻之法也"（无须长期屯兵于外，而利益可以完整获取，这就是以智谋攻敌的真谛），可见孙子把"全"当作获胜的标志。

军人常把"百战百胜"当作夸耀的资本，可孙武却说，那还不是最好的结局；不战而胜，才是"善之善者"！

孙武还把各种交战方式按优劣排队：战神（"上兵"）靠智谋胜敌，次一等的靠外交取胜，再次一等才是兵戎相见；至于围地攻城、久攻难下，那是最笨拙的将军，只能算不及格！

孙武还提出具体的用兵之法："十则围之，五则攻之，倍则分之，敌则能战之，少则能逃之，不若则能避之。故小敌之坚，大敌之擒也。"——兵力十倍于敌人，就包围而全歼之；五倍于敌，则直接进攻；两倍于敌，就分而击之；兵力相当，可视情况进攻；若兵力少于敌人，就撤退；弱于敌人，就尽量避开。弱小的军队还要硬拼，便只有被强大敌人俘虏的份儿了。这些全都是宝贵的经验之谈。

孙武在《谋攻篇》中总结说："故曰：知己知彼者，百战不殆；不知彼而知己，一胜一负；不知彼不知己，每战必殆。"其中所谓"一胜一负"，是说胜负概率各占一半。——这些话今天已是熟在人耳的金科玉律，不仅限于打仗。

《孙子兵法》其余各篇，有的谈实力（《形篇》《势篇》），有的谈战术运用（《虚实》），有的谈战机（《军争》《九变》），也有谈地形（《地形》《九地》）的……其中最后一篇《用间（jiàn）》，专谈战略侦察，说与其兴师动众、劳民伤财，不如在谍报工作中多投金钱，做到"先知"——当然不是靠求神问卜、夜观天象那一套，是要深入敌方侦察，从敌人口中套取。

孙武指出间谍有五种（"五间"），即"因间"（利用敌方乡民做间谍）、"内间"（收买敌方官员做间谍）、"反间"（把敌方间谍转化为我方间谍）、"死间"（冒着生命危险潜入敌方做间谍工作）、"生间"（从敌方获得情报活着回来）。——我们今天在《潜伏》《暗算》等谍战影视剧中见到的现代谍报活动，也仍未摆脱孙武画下的圈圈。

时移世变，兵书留痕

1972年在山东银雀山发现《孙子兵法》残篇的同时，还发现《孙膑兵法》十六篇，抄在竹简上。《孙膑兵法》又叫《齐孙子》，在"汉志"中紧随《孙子兵法》之后，此前失传已久。

"齐孙子"即孙膑，是孙武的后裔，生活于战国初年。他因受同窗庞涓忌害，被施以膑刑（取去膝盖骨）。后来逃到齐国，投在田忌门下。有名的"田忌赛马""围魏救赵"等故事，便都是孙膑导演的。

日后孙膑亲统齐军，在马陵大败魏军，逼庞涓自尽。《齐孙子》第一篇《擒庞涓》，便记录了这次战役。除了战例的记录，

当代学者解读银雀山汉简的研究著作

书中也有对军事理论的阐述和讨论，继承并发展了《孙子兵法》。因而这部《齐孙子》跟《吴孙子》一同，成为古代兵书的双璧。

至于《四库总目·子部》"兵家"中的《吴子》，也叫《吴子兵法》或《吴起兵法》。吴起是战国时著名的军事家，他的事迹，见于《史记·孙子吴起列传》。《吴子》一书在"汉志"中已有著录，原书四十八篇，至《四库总目》仅存六篇，包括"图国""料敌""治兵""论将""应变""励士"，据考为后人伪托之作，但仍有一定价值。后世将《吴子兵法》与《孙子兵法》合称《孙吴兵法》；宋人还将《吴子兵法》列入《武经七书》中。

《司马法》是一部更古老的兵书，作者相传是姜太公。齐威王命人整理该书，把后世将军穰苴（Rángjū）的兵法也附于书中，于是有人称此书为《司马穰苴兵法》，颇有些名不副实。穰苴是春秋时齐国的军事家，事迹见于《史记·司马穰苴列传》。

古人作战，特别重礼法，《司马法》就保存了不少古代的战术原则，如"逐奔不过百步"（追击败逃者不要超过百步）、"纵绥不过三舍"（人家主动撤退，跟踪不要超过九十里）、"不穷不能而哀怜伤病"（不残杀失去战斗力的人，对伤病者应予怜悯救治）、"成列而鼓"（等敌人列好战阵再发动进攻）、"争义不争利"，等等。——还记得宋襄公与楚人作战时"不鼓不成列"的表现吧？其实他是坚守《司马法》那一套呢。只是时代变了，人们作战不再讲究"礼法"，"高尚"的宋襄公自然成为人们耻笑的对象。

不错，《司马法》又称《军礼司马法》，原书一百五十五篇，讲"礼"的部分远过于讲"兵"；因而"汉志"将它归在"六艺略"中的"礼"类，不做兵书看待。《四库总目·子部》"兵家"类著录《司马法》一卷，仅存"仁本""天子之义""定爵""严位"四节，不到五千字，显然已非原貌。